大学赤本シリーズ

294

成蹊大学

文学部－A方式

教学社

は　し　が　き

おかげさまで，大学入試の「赤本」は，今年で創刊70周年を迎えました。

これまで，入試問題や資料をご提供いただいた大学関係者各位，掲載許可をいただいた著作権者の皆様，各科目の解答や対策の執筆にあたられた先生方，そして，赤本を使用してくださったすべての読者の皆様に，厚く御礼を申し上げます。

以下に，創刊初期の「赤本」のはしがきを引用します。これからも引き続き，受験生の目標の達成や，夢の実現を応援してまいります。

本書を活用して，入試本番では持てる力を存分に発揮されることを心より願っています。

編者しるす

＊　＊　＊

学問の塔にあこがれのまなざしをもって，それぞれの志望する大学の門をたたかんとしている受験生諸君！　人間として生まれてきた私たちは，自己の欲するままに，美しく，強く，そして何よりも人間らしく生きることをねがっている。しかし，一朝一夕にして，この純粋なのぞみが達せられることはない。私たちの行く手には，絶えずさまざまな試練がまちかまえている。この試練を克服していくところに，私たちのねがう真に人間的な世界がはじめて開かれてくるのである。

人生最初の最大の試練として，諸君の眼前に大学入試がある。この大学入試は，精神的にも身体的にも，大きな苦痛を感ぜしめるであろう。あるスポーツに熟達するには，たゆみなき，はげしい練習を積み重ねることが必要であるように，私たちは，計画的・持続的な努力を払うことによって，この試練を克服し，次の一歩を踏みだすことができる。厳しい試練を経たのちに，はじめて満足すべき成果を獲得できるのである。

本書は最近の入学試験の問題に，それぞれ解答を付し，さらに問題をふかく分析することによって，その大学独特の傾向や対策をさぐろうとした。本書を一般の参考書とあわせて使用し，まとはずれのない，効果的な受験勉強をされるよう期待したい。

（昭和35年版「赤本」はしがきより）

挑む人の、いちばんの味方

赤本創刊70周年

1954年に大学入試の過去問題集を刊行してから70年。赤本は大学に入りたいと思う受験生を応援しつづけてきました。これからも，苦しいとき落ち込むときにそばで支える存在でいたいと思います。

そして，勉強をすること，自分で道を決めること，努力が実ること，これらの喜びを読者の皆さんが感じることができるよう，伴走をつづけます。

そもそも赤本とは…

受験生のための大学入試の過去問題集！

70年の歴史を誇る赤本は，500点を超える刊行点数で全都道府県の370大学以上を網羅しており，過去問の代名詞として受験生の必須アイテムとなっています。

なぜ受験に過去問が必要なのか？

大学入試は大学によって問題形式や頻出分野が大きく異なるからです。

赤本の掲載内容

傾向と対策

これまでの出題内容から，問題の「**傾向**」を分析し，来年度の入試に向けて具体的な「**対策**」の方法を紹介しています。

問題編・解答編

- 年度ごとに問題とその解答を掲載しています。
- 「**問題編**」ではその年度の試験概要を確認したうえで，実際に出題された過去問に取り組むことができます。
- 「**解答編**」には高校・予備校の先生方による解答が載っています。

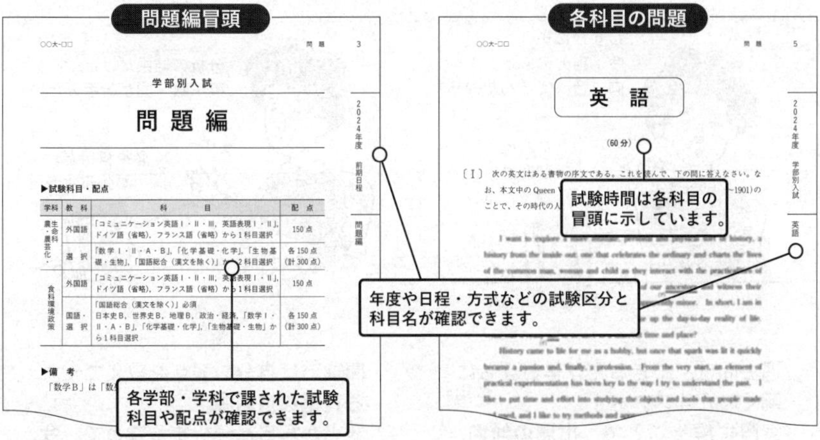

他にも，大学の基本情報や，先輩受験生の合格体験記，在学生からのメッセージなどが載っていることがあります。

掲載内容について

著作権上の理由やその他編集上の都合により問題や解答の一部を割愛している場合があります。なお，指定校推薦入試，社会人入試，編入学試験，帰国生入試などの特別入試，英語以外の外国語科目，商業・工業科目は，原則として掲載しておりません。また試験科目は変更される場合がありますので，あらかじめご了承ください。

受験勉強は

過去問に始まり，

STEP 1

なにはともあれ

まずは解いてみる

しずかに…
今，自分の心と
向き合ってるんだから
ムーン
それは
問題を解いて
からだホン!

過去問は，**できるだけ早いうちに解く**のがオススメ！
実際に解くことで，**出題の傾向，問題のレベル，今の自分の実力**がつかめます。

STEP 2

じっくり具体的に

弱点を分析する

分析の結果だけど
英・数・国が苦手みたい
スリー
必須科目だホン
頑張るホン

間違いは自分の弱点を教えてくれる**貴重な情報源。**
弱点から自己分析することで，**今の自分に足りない力や苦手な分野**が見えてくるはず！

合格者があかす 赤本の使い方

傾向と対策を熟読
（Fさん／国立大合格）

大学の出題傾向を調べるために，赤本に載っている「傾向と対策」を熟読しました。

繰り返し解く
（Tさん／国立大合格）

1周目は問題のレベル確認，2周目は苦手や頻出分野の確認に，3周目は合格点を目指して，と過去問は繰り返し解くことが大切です。

赤本の使い方 解説

過去問に終わる。

STEP 3

志望校にあわせて

苦手分野の重点対策

明日からはみんなで頑張るよ！
参考書も！ 問題集も！
よろしくね！
呼んだ？
なにを!?
どこから!?
グッ
グッ

参考書や問題集を活用して，苦手分野の**重点対策**をしていきます。**過去問を指針**に，合格へ向けた具体的な学習計画を立てましょう！

STEP 1▶2▶3

サイクルが大事！

実践を繰り返す

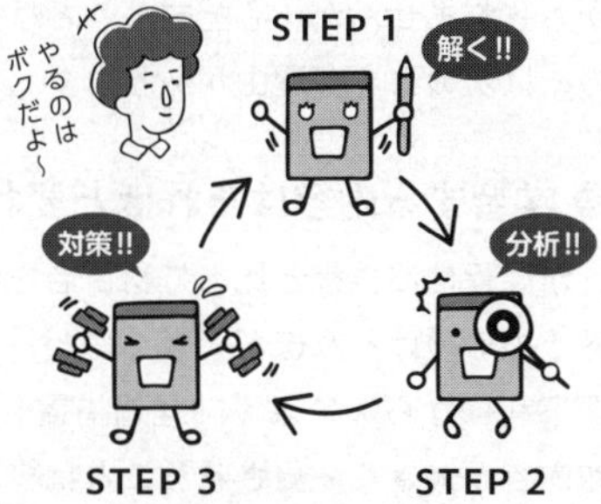

やるのはボクだよ～
STEP 1
解く!!
分析!!
STEP 2
対策!!
STEP 3

STEP 1～3を繰り返し，実力アップにつなげましょう！
出題形式に慣れることや，**時間配分を考えること**も大切です。

目標点を決める

(Yさん／私立大合格)

赤本によっては合格者最低点が載っているので，それを見て目標点を決めるのもよいです。

時間配分を確認

(Kさん／私立大学合格)

赤本は時間配分や解く順番を決めるために使いました。

添削してもらう

(Sさん／私立大学合格)

記述式の問題は先生に添削してもらうことで自分の弱点に気づけると思います。

新課程入試 Q&A

2022 年度から新しい学習指導要領（新課程）での授業が始まり，2025 年度の入試は，新課程に基づいて行われる最初の入試となります。ここでは，赤本での新課程入試の対策について，よくある疑問にお答えします。

Q1. 赤本は新課程入試の対策に使えますか？

A. もちろん使えます！

旧課程入試の過去問が新課程入試の対策に役に立つのか疑問に思う人もいるかもしれませんが，心配することはありません。旧課程入試の過去問が役立つのには次のような理由があります。

● 学習する内容はそれほど変わらない

新課程は旧課程と比べて科目名を中心とした変更はありますが，学習する内容そのものはそれほど大きく変わっていません。また，多くの大学で，既卒生が不利にならないよう「経過措置」がとられます（Q３参照）。したがって，出題内容が大きく変更されることは少ないとみられます。

● 大学ごとに出題の特徴がある

これまでに課程が変わったときも，各大学の出題の特徴は大きく変わらないことがほとんどでした。入試問題は各大学のアドミッション・ポリシーに沿って出題されており，過去問にはその特徴がよく表れています。過去問を研究してその大学に特有の傾向をつかめば，最適な対策をとることができます。

出題の特徴の例	・英作文問題の出題の有無 ・論述問題の出題（字数制限の有無や長さ） ・計算過程の記述の有無

新課程入試の対策も，赤本で過去問に取り組むところから始めましょう。

Q2. 赤本を使う上での注意点はありますか？

A. 志望大学の入試科目を確認しましょう。

過去問を解く前に，過去の出題科目（問題編冒頭の表）と2025年度の募集要項とを比べて，課される内容に変更がないかを確認しましょう。ポイントは以下のとおりです。科目名が変わっていても，実際は旧課程の内容とほとんど同様のものもあります。

英語・国語	科目名は変更されているが，実質的には変更なし。 ▶▶ **ただし，リスニングや古文・漢文の有無は要確認。**
地歴	科目名が変更され，「歴史総合」「地理総合」が新設。 ▶▶ **新設科目の有無に注意。ただし，「経過措置」（Q３参照）により内容は大きく変わらないことも多い。**
公民	「現代社会」が廃止され，「公共」が新設。 ▶▶ **「公共」は実質的には「現代社会」と大きく変わらない。**
数学	科目が再編され，「数学C」が新設。 ▶▶ **「数学」全体としての内容は大きく変わらないが，出題科目と単元の変更に注意。**
理科	科目名も学習内容も大きな変更なし。

数学については，科目名だけでなく，どの単元が含まれているかも確認が必要です。例えば，出題科目が次のように変わったとします。

旧課程	「数学Ⅰ・数学Ⅱ・数学A・数学B（数列・ベクトル）」
新課程	「数学Ⅰ・数学Ⅱ・数学A・**数学B（数列）**・**数学C（ベクトル）**」

この場合，新課程では「数学C」が増えていますが，単元は「ベクトル」のみのため，実質的には旧課程とほぼ同じであり，過去問をそのまま役立てることができます。

Q3. 「経過措置」とは何ですか？

A. 既卒の旧課程履修者への対応です。

多くの大学では，既卒の旧課程履修者が不利にならないように，出題において「経過措置」が実施されます。措置の有無や内容は大学によって異なるので，募集要項や大学のウェブサイトなどで確認しておきましょう。

◯旧課程履修者への経過措置の例

- 旧課程履修者にも配慮した出題を行う。
- 新・旧課程の共通の範囲から出題する。
- 新課程と旧課程の共通の内容を出題し，共通範囲のみでの出題が困難な場合は，旧課程の範囲からの問題を用意し，選択解答とする。

例えば，地歴の出題科目が次のように変わったとします。

旧課程	「日本史 B」「世界史 B」から１科目選択
新課程	「**歴史総合**，日本史探究」「**歴史総合**，世界史探究」から１科目選択※ ※旧課程履修者に不利益が生じることのないように配慮する。

「歴史総合」は新課程で新設された科目で，旧課程履修者には見慣れないものですが，上記のような経過措置がとられた場合，新課程入試でも旧課程と同様の学習内容で受験することができます。

要チェックだホン

新課程の情報は WEB もチェック！
より詳しい解説が赤本ウェブサイトで見られます。
https://akahon.net/shinkatei/

科目名が変更される教科・科目

	旧課程	新課程
国語	国語総合 国語表現 現代文A 現代文B 古典A 古典B	現代の国語 言語文化 論理国語 文学国語 国語表現 古典探究
地歴	日本史A 日本史B 世界史A 世界史B 地理A 地理B	歴史総合 日本史探究 世界史探究 地理総合 地理探究
公民	現代社会 倫理 政治・経済	公共 倫理 政治・経済
数学	数学Ⅰ 数学Ⅱ 数学Ⅲ 数学A 数学B 数学活用	数学Ⅰ 数学Ⅱ 数学Ⅲ 数学A 数学B 数学C
外国語	コミュニケーション英語基礎 コミュニケーション英語Ⅰ コミュニケーション英語Ⅱ コミュニケーション英語Ⅲ 英語表現Ⅰ 英語表現Ⅱ 英語会話	英語コミュニケーションⅠ 英語コミュニケーションⅡ 英語コミュニケーションⅢ 論理・表現Ⅰ 論理・表現Ⅱ 論理・表現Ⅲ
情報	社会と情報 情報の科学	情報Ⅰ 情報Ⅱ

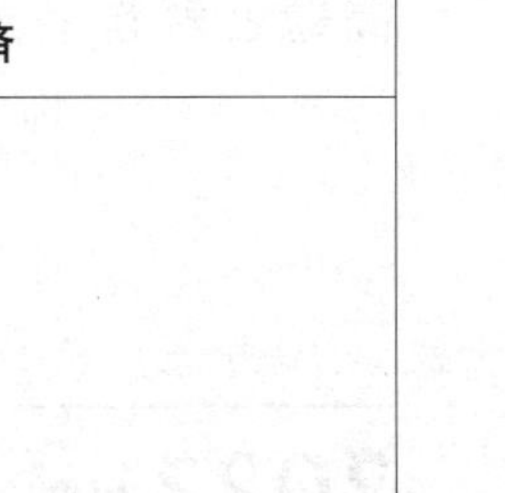

目　次

掲載内容についてのお断り

著作権の都合上，下記の英文と全訳を省略しています。

2023 年度：「英語」Ⅳ

UNIVERSITY GUIDE

大学情報

基本情報

学部・学科の構成

大　学

●経済学部

経済数理学科

現代経済学科

●経営学部

総合経営学科

●法学部

法律学科

政治学科

●文学部

英語英米文学科

日本文学科

国際文化学科

現代社会学科

●理工学部

理工学科（データ数理専攻，コンピュータ科学専攻，機械システム専攻，電気電子専攻，応用化学専攻）

大学院

経済経営研究科 / 法学政治学研究科 / 文学研究科 / 理工学研究科

大学所在地

成蹊大学

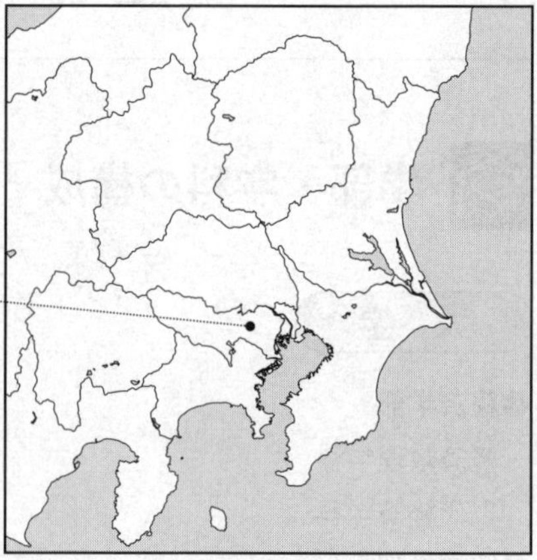

〒180-8633　東京都武蔵野市吉祥寺北町 3 - 3 - 1

入試データ

入試状況（志願者数・競争率など）

◯競争率は受験者数÷合格者数で算出。合格者数には追加合格者を含む。

◯一般選抜入試方式について

A方式：３教科型学部個別入試

E方式：２教科型全学部統一入試

G方式：２教科型グローバル教育プログラム統一入試

C方式：共通テスト利用３教科型入試

S方式：共通テスト利用４教科６科目型奨学金付入試

P方式：共通テスト・独自併用５科目型国公立併願アシスト入試

M方式※：共通テスト・独自併用５科目型多面評価入試

※M方式は2024年度一般選抜から廃止。

2024年度　一般選抜状況

学部・学科・専攻			募集人員	志願者数	受験者数	合格者数	競争率
経済	経済数理	A　方　式	26	346	313	78	4.0
		E　方　式	6	83	77	21	3.7
		C　方　式	13	460	459	122	3.8
		P　方　式	3	52	52	26	2.0
	現代経済	A　方　式	53	1,036	910	154	5.9
		E　方　式	9	314	290	44	6.6
		G　方　式	4	31	31	17	1.8
		C　方　式	16	548	547	177	3.1
		P　方　式	7	168	168	105	1.6
経営	総合経営	A　方　式	115	2,378	2,114	360	5.9
		E　方　式	16	615	578	107	5.4
		G　方　式	4	44	44	17	2.6
		C　方　式	20	1,020	1,019	256	4.0
		P　方　式	10	110	110	55	2.0

（表つづく）

学部・学科・専攻			募集人員	志願者数	受験者数	合格者数	競争率
法	法律	A方式	110	1,188	1,036	237	4.4
		E方式	19	424	407	118	3.4
		G方式	5	38	38	19	2.0
		C方式	30	1,265	1,265	303	4.2
		P方式	30	173	173	139	1.2
	政治	A方式	60	726	597	152	3.9
		E方式	9	227	214	53	4.0
		G方式	3	62	62	27	2.3
		C方式	20	640	640	163	3.9
		P方式	20	77	77	64	1.2
文	英語英米文	A方式	43	367	313	109	2.9
		E方式	6	231	222	35	6.3
		G方式	4	28	28	16	1.8
		C方式	10	291	291	121	2.4
		P方式	12	83	83	74	1.1
	日本文	A方式	38	402	353	90	3.9
		E方式	5	187	175	25	7.0
		C方式	7	292	292	80	3.7
		P方式	6	60	60	39	1.5
	国際文化	A方式	44	445	390	152	2.6
		E方式	7	284	273	37	7.4
		G方式	4	59	59	11	5.4
		C方式	10	521	521	161	3.2
		P方式	6	75	75	52	1.4
	現代社会	A方式	43	465	415	108	3.8
		E方式	6	131	124	28	4.4
		C方式	7	280	280	107	2.6
		P方式	6	49	49	34	1.4
理工	データ数理	A方式	26	405	344	65	5.3
		E方式	7	127	122	38	3.2
		C方式	16	337	336	96	3.5
		S方式	4	99	99	53	1.9
	コンピュータ科学	A方式	34	571	500	94	5.3
		E方式	9	153	146	37	3.9
		C方式	20	480	479	109	4.4
		S方式	4	113	113	42	2.7

（表つづく）

学部・学科・専攻			募集人員	志願者数	受験者数	合格者数	競争率
理工	機械システム	A　方　式	34	387	332	94	3.5
		E　方　式	9	97	93	31	3.0
		C　方　式	20	485	484	155	3.1
		S　方　式	4	100	100	43	2.3
	電気電子	A　方　式	26	320	266	87	3.1
		E　方　式	7	76	73	20	3.7
		C　方　式	16	334	334	131	2.5
		S　方　式	4	109	109	56	1.9
	応用化学	A　方　式	30	348	296	103	2.9
		E　方　式	8	97	95	28	3.4
		C　方　式	18	417	417	135	3.1
		S　方　式	4	151	151	82	1.8
合　計			1,172	21,481	20,113	5,592	—

2023 年度 一般選抜状況

学部・学科・専攻			募集人員	志願者数	受験者数	合格者数	競争率
経済	経済数理	A 方式	24	395	353	59	6.0
経済	経済数理	E 方式	6	88	81	19	4.3
経済	経済数理	C 方式	12	468	468	142	3.3
経済	経済数理	P 方式	3	89	89	27	3.3
経済	経済数理	M 方式	3	11	11	6	1.8
経済	現代経済	A 方式	50	1,193	1,063	136	7.8
経済	現代経済	E 方式	8	295	286	32	8.9
経済	現代経済	G 方式	4	34	34	12	2.8
経済	現代経済	C 方式	15	695	694	172	4.0
経済	現代経済	P 方式	7	84	84	58	1.4
経済	現代経済	M 方式	5	6	5	5	1.0
経営	総合経営	A 方式	115	1,963	1,782	416	4.3
経営	総合経営	E 方式	16	470	455	78	5.8
経営	総合経営	G 方式	4	72	72	15	4.8
経営	総合経営	C 方式	20	803	801	200	4.0
経営	総合経営	P 方式	10	91	91	44	2.1
法	法律	A 方式	110	1,193	1,035	258	4.0
法	法律	E 方式	19	314	296	100	3.0
法	法律	G 方式	5	24	24	13	1.8
法	法律	C 方式	30	600	600	251	2.4
法	法律	P 方式	30	129	129	117	1.1
法	政治	A 方式	60	647	550	165	3.3
法	政治	E 方式	9	182	167	47	3.6
法	政治	G 方式	3	43	43	28	1.5
法	政治	C 方式	20	475	474	197	2.4
法	政治	P 方式	20	54	54	46	1.2
文	英語英米文	A 方式	43	313	257	101	2.5
文	英語英米文	E 方式	6	170	160	46	3.5
文	英語英米文	G 方式	4	49	49	11	4.5
文	英語英米文	C 方式	10	374	374	160	2.3
文	英語英米文	P 方式	12	52	52	48	1.1

（表つづく）

学部・学科・専攻			募集人員	志願者数	受験者数	合格者数	競争率
文	日本文	A方式	38	351	303	81	3.7
		E方式	5	114	100	23	4.3
		C方式	7	256	256	81	3.2
		P方式	6	36	36	30	1.2
	国際文化	A方式	44	270	225	105	2.1
		E方式	7	169	162	60	2.7
		G方式	4	46	46	17	2.7
		C方式	10	231	231	112	2.1
		P方式	6	43	43	39	1.1
	現代社会	A方式	43	371	338	105	3.2
		E方式	6	141	137	15	9.1
		C方式	7	426	426	95	4.5
		P方式	6	53	53	22	2.4
理工	データ数理	A方式	26	387	326	97	3.4
		E方式	7	106	101	26	3.9
		C方式	16	247	247	110	2.2
		S方式	4	60	60	37	1.6
	コンピュータ科学	A方式	34	477	387	60	6.5
		E方式	9	113	105	26	4.0
		C方式	20	313	313	111	2.8
		S方式	4	71	71	36	2.0
	機械システム	A方式	34	476	399	74	5.4
		E方式	9	112	108	31	3.5
		C方式	20	336	336	169	2.0
		S方式	4	86	86	45	1.9
	電気電子	A方式	26	349	291	74	3.9
		E方式	7	118	114	21	5.4
		C方式	16	278	278	131	2.1
		S方式	4	76	76	48	1.6
	応用化学	A方式	30	396	322	64	5.0
		E方式	8	92	86	28	3.1
		C方式	18	332	332	156	2.1
		S方式	4	127	127	69	1.8
合計			1,172	18,435	17,154	5,207	—

追加合格者について

合格者の入学手続状況により，３教科型学部個別入試（Ａ方式）および２教科型グローバル教育プログラム統一入試（Ｇ方式）の合格発表日に発表された補欠者の中から成績順に追加合格者が発表される。

● 3 教科型学部個別入試（A 方式）

学部・学科・専攻		2024 年度		2023 年度	
		補欠発表者数	追加合格者数	補欠発表者数	追加合格者数
経　済	経済数理	102	16	100	0
	現代経済	200	25	200	10
経　営	総合経営	340	0	460	136
法	法律	211	87	133	124
	政治	163	71	87	87
文	英語英米文	85	34	80	11
	日本文	83	23	81	12
	国際文化	91	90	64	30
	現代社会	100	48	73	28
理　工	データ数理	90	0	121	34
	コンピュータ科学	108	0	101	26
	機械システム	112	0	107	16
	電気電子	98	0	90	25
	応用化学	109	0	103	24

● 2 教科型グローバル教育プログラム統一入試（G 方式）

学部・学科		2024 年度		2023 年度	
		補欠発表者数	追加合格者数	補欠発表者数	追加合格者数
経　済	現代経済	10	4	15	0
経　営	総合経営	16	9	27	8
法	法律	21	8	9	4
	政治	39	16	22	17
文	英語英米文	15	9	16	0
	国際文化	25	0	20	4

合格者最低点

学部・学科・専攻			満　点	合格者最低点	
				2024 年度	2023 年度
経済	経済数理	A　方　式	400	210	218
		E　方　式	500	368	307
		C　方　式	700	504	496
		P　方　式	1000	746	715
		M　方　式	—		—
	現代経済	A　方　式	300	184.71	174.45
		E　方　式	500	422	372
		G　方　式	700	—	—
		C　方　式	600	444	454
		P　方　式	900	644	600
		M　方　式	—		—
経営	総合経営	A　方　式	350	255.76	240.69
		E　方　式	600	506	446
		G　方　式	700	—	—
		C　方　式	1000	763	773
		P　方　式	900	678	660
法	法　律	A　方　式	320	216.48	217.45
		E　方　式	500	414	353
		G　方　式	700	—	—
		C　方　式	1000	771	728
		P　方　式	900	597	551
	政　治	A　方　式	320	213.92	219
		E　方　式	500	409	352
		G　方　式	700	—	—
		C　方　式	1000	760	731
		P　方　式	900	587	550

（表つづく）

学部・学科・専攻			満　点	合格者最低点	
				2024 年度	2023 年度
文	英　語 英米文	A　方　式	450	273.26	273.03
		E　方　式	500	421	350
		G　方　式	700	—	—
		C　方　式	700	511	512
		P　方　式	900	593	525
	日本文	A　方　式	350	235.04	228.15
		E　方　式	500	425	375
		C　方　式	700	538	518
		P　方　式	900	628	601
	国際文化	A　方　式	400	250.34	239.53
		E　方　式	500	430	360
		G　方　式	700	—	—
		C　方　式	500	382	356
		P　方　式	900	654	577
	現代社会	A　方　式	400	263.59	250.54
		E　方　式	500	427	394
		C　方　式	500	375	383
		P　方　式	900	683	666
理工	データ 数　理	A　方　式	360	211	176
		E　方　式	600	429	363
		C　方　式	600	421	405
		S　方　式	900	631	607
	コンピュ ータ科学	A　方　式	360	218	193
		E　方　式	600	414	363
		C　方　式	600	430	426
		S　方　式	900	645	631
	機　械 システム	A　方　式	360	190	175
		E　方　式	600	411	348
		C　方　式	600	407	376
		S　方　式	900	615	593
	電気電子	A　方　式	360	178	167
		E　方　式	600	375	330
		C　方　式	600	393	383
		S　方　式	900	606	592

（表つづく）

学部・学科・専攻			満　点	合格者最低点	
				2024 年度	2023 年度
理工	応用化学	A　方　式	360	204	186
		E　方　式	600	405	366
		C　方　式	600	410	382
		S　方　式	900	617	610

（備考）

- 合格者最低点は追加合格者を含んでいる。
- G方式の合格者最低点は非公表。
- 2023 年度：M方式は大学入学共通テスト（1000 点満点）と面接（段階評価）によって，総合的に判定される。なお，合格者最低点は非公表。

入試ガイドの入手方法

成蹊大学の一般選抜はすべてWeb出願です。『入試ガイド』は入学試験要項の抜粋版で，願書ではありません。入学試験要項は，成蹊大学の入試情報サイトS-NET（https://www.seikei.ac.jp/university/s-net/）でご確認いただけます（10月上旬公開予定）。『入試ガイド』の郵送をご希望の方は，テレメールにてお申し込みください（送料200円／10月中旬発送開始予定）。

成蹊大学のテレメールによる資料請求方法

スマートフォンから	QRコードからアクセスしガイダンスに従ってご請求ください。
パソコンから	教学社 赤本ウェブサイト(akahon.net)から請求できます。

問い合わせ先

成蹊大学　アドミッションセンター

〒180-8633　東京都武蔵野市吉祥寺北町３－３－１

TEL　0422-37-3533(直通)

FAX　0422-37-3864

URL　https://www.seikei.ac.jp/university/s-net/

Ｅメール　nyushi@jim.seikei.ac.jp

TREND & STEPS

傾向と対策

科目ごとに問題の「傾向」を分析し，具体的にどのような「対策」をすればよいか紹介しています。まずは出題内容をまとめた分析表を見て，試験の概要を把握しましょう。

注　意

「傾向と対策」で示している，出題科目・出題範囲・試験時間等については，2024 年度までに実施された入試の内容に基づいています。2025 年度入試の選抜方法については，各大学が発表する学生募集要項を必ずご確認ください。

英　語

年度	番号	項　目	内　容
2024 ◑	〔1〕	文法・語彙	語句整序
	〔2〕	会　話　文	空所補充，内容説明
	〔3〕	読　　解	内容説明，空所補充，同意表現，主題，内容真偽
	〔4〕	読　　解	空所補充，内容説明，英文和訳，内容真偽
2023 ◑	〔1〕	文法・語彙	語句整序
	〔2〕	会　話　文	空所補充，内容説明
	〔3〕	読　　解	同意表現，空所補充，内容説明，内容真偽
	〔4〕	読　　解	内容説明，英文和訳，空所補充，段落の主題，内容真偽
2022 ◑	〔1〕	文法・語彙	語句整序
	〔2〕	会　話　文	空所補充，内容説明
	〔3〕	読　　解	内容説明，空所補充，内容真偽
	〔4〕	読　　解	内容説明，英文和訳，空所補充，主題

(注)　●印は全問，◑印は一部マークシート方式採用であることを表す。

読解英文の主題

年度	番号	主　題
2024	〔3〕	水不足と社会的不平等
	〔4〕	アメリカからのロンドン留学：言語と文化の壁
2023	〔3〕	王様とガチョウ飼いの少年の物語
	〔4〕	バイ・ナッシング・プロジェクトの社会的意義
2022	〔3〕	命を賭けて主人の子供を救った忠犬の物語
	〔4〕	対立に対処する方法

傾向　読解力重視！文法・語彙の勉強も怠りなく

01 出題形式は？

例年，大問4題の出題となっている。試験時間は60分。記述式と選択式（マークシート方式採用）の併用だが，記述式は英文和訳の1問のみで，ほかはすべて選択式となっている。なお，読解問題のうちの1題と会話文問題の設問文が英文となっている。

02 出題内容はどうか？

読解問題2題，会話文問題1題，文法・語彙問題1題という構成である。読解問題や会話文問題においても文法・語彙力が必要な問題が多く，そのうえで読解力も問われている。

読解問題：例年，2題となっている。標準的な分量の英文が出題されている。英文のテーマは社会に関するものが多く，論説文が中心だが，伝記やエッセーや物語文も取り上げられている。空所補充のほか，内容説明（代名詞が指すものを含む），内容真偽など本文の内容把握に関する設問が中心であるが，同意表現など文法・語彙に関する設問も出題されている。

会話文問題：会話文はかなり長く，日常的な場面での会話が主体ではあるが，ビジネスにおける会話などが出題されることもあり，本格的な内容となっている。設問は，空所補充や内容説明が多い。会話の流れを的確につかんで答えることが求められる。

文法・語彙問題：例年，語句整序が出題されている。文法・語法に精通し，頻出構文やイディオムの知識を充実させておきたい。

03 難易度は？

記述式の英文和訳は標準的な問題である。選択式の問題も多くは標準的な問題だが，選択肢がまぎらわしい問題が出題されることもある。また，難問でなくても，筋道を立ててよく考えなくてはならないものや精読が必要なものもあり，思った以上に時間がかかる。試験時間が 60 分であることを考えると，時間内に余裕をもって答えるためには，文法・語彙，読解，会話文すべてにわたる英語力が必要となる。時間配分としては，文法・語彙問題と会話文問題をできるだけ短い時間で解き，読解問題に時間を回すようにしたい。

対策

01 読解力の養成を

わずか 60 分という試験時間内に，かなり大量の英文を読んで正確に内容を把握しなければならない。普段から精読と速読の訓練をバランスよく行っておく必要がある。短い英文から始めて徐々に長い文章に移行していくとよい。『関正生の英語長文ポラリス』（KADOKAWA）や『大学入試ぐんぐん読める英語長文』（教学社）など，英文構造の解説が丁寧な長文読解問題集で着実に力をつけておこう。論理的というより文学的に登場人物の心情を読み解く問題も出題されるため，日本語のものでも小説に親しんでいると有利である。物語文の英語にも触れておくとよい。また，設問文が英文の問題にも慣れておきたい。1 問だけではあるが，記述式の英文和訳もあるので，必ず実際に答案を書いてみて，日本語で表現する練習もしておきたい。

02 文法・語彙力の養成を

読解力をつけるためには，文法・語彙力の養成が不可欠である。専門的な語には注がつくことが多いので，基本的・標準的な語彙を身につけておきたい。また基本的な文法知識だけでなく，熟語や構文，さらに動詞・形容詞の語法などもできるだけ多く学んでおこう。構文や語法の知識があると，整序問題や空所補充問題などに対応しやすくなるのはもちろん，正確な読解や速読につながる。整序問題に関しては，『英文法・語法 良問 500 ＋ 4 技能 整序英作文編』（河合出版）や『大学入試 門脇渉の 英語［整序問題］が面白いほど解ける本』（KADOKAWA）で解説を読み，演習するのもよい。

03　過去問演習が効果的

出題傾向や形式には類似した要素が多いので，過去問の演習が効果的である。実際，数年続けて同じようなテーマの素材が出題されることもある。過去問であらかじめ知識を得ていた受験生は有利に感じることができるであろう。試験時間内で効率よく解く練習をしておこう。また，解いた後の復習が大切である。間違えたり自信をもって答えられなかったりした問題は集中的に復習しよう。成蹊大学の他学部の問題にも挑戦しておくとよい。

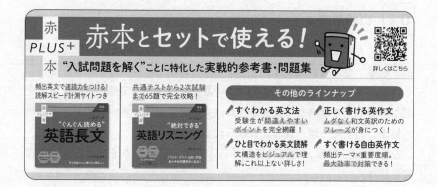

日本史

年度	番号	内容	形式
2024 ◑	〔1〕	近世～現代の政治・外交	記述・選択・配列
	〔2〕	原始～現代の社会・経済	選択
	〔3〕	「観応の半済令」「国家総動員法」ほか―古代～近代の史料問題 ✓史料・地図	記述・選択
2023 ◑	〔1〕	近代の外交	記述・選択・配列
	〔2〕	原始～近代の土地・税制	選択
	〔3〕	「足高の制」「人間宣言」ほか－古代～現代の史料問題 ✓史料	記述・選択
2022 ◑	〔1〕	古代～近世の政治 ✓地図	記述・選択・配列
	〔2〕	古代～中世の仏教，近現代の社会・経済	選択
	〔3〕	「阿氐河荘百姓等訴状」「地租改正」ほか－古代～現代の史料問題 ✓史料	記述・選択

（注） ●印は全問，◑印は一部マークシート方式採用であることを表す。

傾向 幅広い時代・分野からの出題 史料問題が必出

01 出題形式は？

例年，大問は3題，試験時間は60分。マークシート方式と記述式が併用されている。解答個数はマークシート方式29個，記述式14個で定着している。選択式ではリード文中の空所補充，下線部に関連した歴史用語を選ぶ形式や，文章群から正文または誤文を選ぶ形式が多い。記述式では空所補充に加えて一問一答形式もみられる。

なお，2025年度は出題科目が「日本史探究」となる予定である（本書編集時点）。

02　出題内容はどうか？

時代別では，古代から現代まで満遍なく出題されている。戦後については，小問ではほぼ毎年出題されている。複数の時代にまたがるテーマ史・部門史の出題が多いのが大きな特徴で，リード文の流れに沿ってひとつの大問で古代から近現代まで問われることも珍しくない。すべての時代にわたって学習しておくことに加え，歴史的事項を長いスパンで理解しておきたい。

分野別では，政治史だけでなく，対外関係史，社会経済史，文化史もよく取り上げられている。テーマ史の出題が多いため，リード文が教科書とはやや異なった切り口で示される場合もあるが，設問に答えるには教科書学習を緻密にやっておけば十分である。ただ，特定の分野を苦手にしていると，テーマ史などで大きく失点するおそれもあるので，苦手な分野をつくらず，政治史，対外関係史，社会経済史，文化史すべてにわたって十分な知識を身につけておくべきである。

史料問題は，毎年〔3〕で出題されている。いずれも，幅広い時代にわたる7つの史料を読んで，設問に答える形式である。教科書や史料集でよく見かける重要史料が中心であるが，なかにはあまり見かけないような史料が出題されることもある。ただ，設問自体は標準的なものであり，史料文中のキーワードに注意し，設問文もよく読めば，無理なく答えられるようなものがほとんどである。

03　難易度は？

教科書の水準を超える問題がごく一部含まれるものの，全般的には教科書レベルの標準的問題である。文章の正誤判定は用語の暗記だけでは対応できないので，内容・背景・因果関係などをつかみ，歴史認識を深めておきたい。また，対応が後回しになりがちな近現代から比較的細かい知識を問う設問も出題されているので，早めに対策を講じたい。基本的な問題に手早く解答し，文章の正誤判定が必要な問題や史料問題の検討に十分な時間を割けるよう，時間配分を工夫しよう。

対策

01 教科書の徹底した学習を

教科書記載の内容を徹底的に理解しよう。基本事項をまず押さえておくこと。歴史用語の暗記だけでなく，流れの中でその歴史的意義をしっかり押さえながら学習することが大切である。教科書の本文のほか，欄外の脚注も含め，付随する年表・史料や図版，地図・系図・グラフなどにも注意を払っておくこと。教科書の内容を繰り返し学習することが合格への一番の近道である。

02 テーマ史の対策を

テーマ史の出題が多いので，テーマ史の参考書と問題集を用意し，日頃からしっかり演習に取り組んでおこう。問題を解くことで知識を定着させることができる。教科書を拾い読みしながら，テーマ史用のサブノートにまとめていくのも効果的である。

03 近現代史対策を

近現代についても十分な準備と対策が望まれる。政治・外交を軸に経済・文化などを関連させて整理しておくこと。戦後史については世界史的な視点からも重要事項を理解しておく必要がある。歴代内閣の事績などは，表をつくってまとめておくとよい。

04 歴史用語は正確な漢字表記を

記述式が一定の割合を占めているので，正確な漢字で答えられるようにしておくこと。入試によく出題される，間違えやすい漢字に注意しながら，平素から書いて覚える習慣を身につけよう。

05 用語集や史料集の活用を

各分野の人物・著書やその関連事項を問う問題が多くなっている。『日本史用語集』（山川出版社）などで知識を増やしておくこと。また，史料問題対策としては，標準的な史料集を用意して教科書の学習とあわせて注釈や解説を読むとともに，『日本史史料一問一答【完全版】』（ナガセ）などを利用して，知識を増やしておくとよい。

06 過去問の研究を

設問形式に一貫した特徴があるため，過去問に当たることによって傾向をつかむことは，学習の計画を立てる際にも本番に向けても大変有効である。また，既出問題に類似した問題が出題されることがあるので，過去問演習で出題形式・内容に精通しておくことで高得点をねらいたい。

世界史

年度	番号	内　容	形　式
2024 ●	〔1〕	『資治通鑑』，ワット＝タイラーの乱，ラブレーの作品，康有為の上奏に関する資料問題　✓史料	選択・正誤
	〔2〕	オスマン帝国史	選択・正誤
	〔3〕	大航海時代～ラテンアメリカ諸国の独立に関連する世界各地の動き	選択・正誤
	〔4〕	茶の歴史，現代の諸問題	選択・正誤
	〔5〕	ユダヤ人の歴史，近世～現代のベルリン関連史	選択・正誤
2023 ●	〔1〕	ソロンの改革，『ユートピア』，ネルチンスク条約，独仏の共通歴史教科書に関する資料問題　✓史料	正誤・選択
	〔2〕	奴隷制の歴史	選　　択
	〔3〕	8世紀のユーラシア大陸	選　　択
	〔4〕	12～15世紀の商業ネットワーク，近代スポーツ	正誤・選択
	〔5〕	10世紀以降の漢民族以外の王朝，中国の革命勢力	選択・正誤
2022 ●	〔1〕	西アジア史	選択・正誤
	〔2〕	古代ローマ	選　　択
	〔3〕	ローマ教会	選択・正誤
	〔4〕	ナポレオン1世，19世紀のヨーロッパ，ロシア革命	選択・正誤
	〔5〕	イギリス産業革命，中国の改革・開放政策	選択・正誤・配列

（注）●印は全問，◐印は一部マークシート方式採用であることを表す。

傾向　正文選択問題が中心！幅広い地域から出題，史料問題にも注意

01　出題形式は？

全問マークシート方式での出題。大問は5題。解答個数は50個である。試験時間は60分。

設問は，歴史用語などの選択問題のほか，正文選択問題が大部分を占め

ることが特徴となっている。選択肢すべての正誤を判定する正誤法の問題は2022年度に5問，2023年度に7問，2024年度に9問と一定数出題されているので，注意したい。また，2023年度に続いて2024年度にも史料問題が出題されている。

なお，2025年度は出題科目が「世界史探究」となる予定である（本書編集時点）。

02 出題内容はどうか？

地域別では，ひとつの大問の中に複数の地域を含んだ構成となることが多く，西ヨーロッパ・北アメリカや中国だけでなく，ロシア・東欧，内陸アジア，中南米，アフリカなどの出題も見られる。幅広い地域を視野に入れて学習しておく必要がある。

時代別では，古代から現代まで幅広く問われている。特定のテーマに沿って古代から現代までの長い期間で歴史を概観する問題もよく出題されている。古代から現代まで全範囲に目を配り，学習の手薄な時代をつくらないようにしたい。

分野別では，政治史が中心であるが，社会経済史，文化史も取り上げられている。また，テーマ史が出題されるのも特徴となっている。

03 難易度は？

全体的には，教科書レベルを超える問題はほとんどなく，標準的といえる。ただし，問題量が多く，しかも慎重な判断を要する正文選択問題の比重が大きいことを考えると，時間的余裕はあまりなく，決して平易とはいえない。なお，リード文で専門的なテーマが扱われることもあるが，設問自体は，通常の学習で得た知識を応用すれば解答できるものがほとんどである。文章の正誤判断の問題に時間をとられやすいため，効率的に解き進められるよう時間配分を工夫したい。

対策

01 教科書の正確な理解

教科書をマスターしていれば対応できる問題が大半を占めているので，教科書を精読し，基本的な事項や流れを理解することが重要である。個々の歴史用語の理解はもちろん，時代背景や因果関係についても正確な理解が求められており，確実な知識が必要となる。詳細な知識が問われることもあるが，これは教科書の表や図版，脚注，史料まで隈なく見ておくことで対応可能である。

02 用語集の活用

正文選択問題の一部には，用語集の説明文レベルの知識がないと解答しにくいものもある。したがって，『世界史用語集』（山川出版社）などの用語集の使用は必須である。用語集を用いて理解を深めておくことは，正文選択問題の対策として大いに有効である。

03 時代と地域ごとの整理

広い地域に関わる通史的出題が多いので，教科書で得た知識を，時代と国・地域ごとに（特に近現代は丁寧に）整理してみよう。資料集の年表などを用いて，主要な出来事の年代を押さえていくと，同時代の諸地域の状況把握が進む。

04 近現代史の重点的学習

学習が手薄になりがちな近現代史の出来・不出来が合否を分ける可能性がある。近現代史に関しては，教科書・用語集の精読はもちろんのこと，問題演習もできるだけ多くこなしておこう。国際関係が重要な要素となるので，外交・国際会議・条約・戦争などを年代別に整理しておこう。特に，第二次世界大戦後の世界については，冷戦・民族紛争・地域紛争・地域統合などに重点をおいた学習が求められる。

05 文化史対策

文化史は，随所に取り入れられている。古代から現代まで資料集などを活用しながら正確に押さえておきたい。人物と業績を確実に結びつけておくことはもちろん，美術史や建築史は教科書や資料集の写真を見て，視覚的にも理解しておくことが大切である。

06 過去問の研究

ひととおりの学習が終わったら，他学部も含めて過去の問題に当たっておこう。出題傾向・難易度を把握しておけば，効率よく学習を進めていくことができる。特に，正文選択問題対策としては，同種の問題に当たって，正誤判定のポイントをつかんでおくことが大切である。また，解答にかなりのスピードが求められる。過去問演習を通じて時間配分をあらかじめ考え，実戦力を養っておきたい。

国　語

年度	番号	種類	類別	内　容	出　典
2024 ◑	〔1〕	現代文	評　論	内容説明（60字他），語意，文学史，文章の構成，内容真偽	「人権と国家」筒井清輝
	〔2〕	古　文	物　語	口語訳，内容説明，敬語，指示内容（30字他），文法，人物指摘，内容真偽，文学史	「浜松中納言物語」
	〔3〕	国語常識		読み，書き取り	
2023 ◑	〔1〕	現代文	評　論	内容説明（30字他），語意，空所補充，文学史，内容真偽	「日本人の死生観」五来重
	〔2〕	古　文	物　語 仏　典	口語訳，文学史，人物指摘，空所補充，文法，和歌解釈，内容説明（40字他），読み	「狭衣物語」 「法華経」
	〔3〕	国語常識		読み，書き取り	
2022 ◑	〔1〕	現代文	評　論	内容説明（40字他），語意，空所補充，文学史，内容真偽	「演劇とは何か」渡辺守章
	〔2〕	古　文	説　話 日　記	口語訳，古典常識，敬語，内容説明（30字他），文法，内容真偽，空所補充，文学史	「古本説話集」 「小右記」藤原実資
	〔3〕	国語常識		読み，書き取り	

（注）●印は全問，◑印は一部マークシート方式採用であることを表す。

傾向　現代文は読解力と国語常識が必要　古典は読解の基礎となる語彙力・文法力を問う

01　出題形式は？

現代文1題・古文1題・漢字1題という構成となっている。2023年度までは〔2〕の古文の一部で漢文に関する問題が出されていた。試験時間は60分。解答形式はマークシート方式と記述式の併用だが，ほとんどがマークシート方式である。

02 出題内容はどうか？

現代文は，文芸や文化論についての評論が中心。問題文の分量はやや多めで，内容的にも抽象度の高い，本格的な評論がよく出題されている。設問は，字数指定のある説明問題が必出で，空所補充・語意・文章の構成なども問われる。また，作家の特徴や作品などを問う文学史の出題が例年みられる。

古文は，無理なく読み取れる標準的な内容の文章が出題されている。時代やジャンルに特に偏りはなく，バランスよく出題されている。設問は，選択式の口語訳や説明問題のほか，記述式の内容説明が出題されている。単語の意味や文法などの基本的な問題のほか，和歌解釈，文学史も出題されている。2022・2023年度は，後半の問いで，問題文に関連する別の文章について，漢文に関する設問があった。

〔3〕では漢字の読み・書き取りが出題されており，各1問ずつ四字熟語が含まれている。

03 難易度は？

標準的だが，本文全体との内容合致を求める問題もあるため60分の試験時間内で解くには，読解力に加えて迅速に判断する力を要する。時間配分としては，漢字の問題は手早くすませ，現代文35分，古文20分くらいを目安にするとよいだろう。

対策

01 現代文

出題頻度の高い評論文，なかでも文芸論や文化文明論を中心に，キーワードをとらえ文脈を的確に把握する訓練を積み，短時間で論旨をつかむ力をつけておくこと。『高校生のための評論文キーワード100』（ちくま新書），『イラストとネットワーキングで覚える 現代文単語 げんたん』（いいずな書店）などが役立つ。また，記述式の説明問題の対策として，主旨を要約したり，人物の心情などを 30～50 字程度にまとめたりする練習もしておこう。年度によってはことわざなど慣用的表現についての設問もあるので，日頃から言葉の意味や用法などに注意を払い，国語辞典や漢和辞典などを引きつつ文章を読む習慣をつけておくとよい。

02 古　文

物語や日記類を中心に，読解の基本ともなる語彙力と文法力を鍛え，それを礎にした読解力を養っておこう。語彙力については，単に意味を覚えるだけでなく，文脈の中でどのような意味になるかを判断する訓練が必要である。文法については，用言の活用，助詞・助動詞の意味と識別，敬語の種類と用法など，基礎的な事項の反復練習をして，弱点のないように仕上げておこう。

03 漢　文

基本事項である句形や返読文字，返り点の付け方などの漢文の知識を習得しておく必要がある。また，故事成語や格言などの学習を通して漢字の教養も身につけておくこと。

04 文学史

出題は主要な作品や著者，文芸思潮に関わるものが中心である。単純な知識の蓄積ではなく，背景となる時代の様相と文学の流れを関連づけて理解しておくことが必要であろう。古典文法や漢字の総復習もかねて，『大学入試 最新国語頻出問題』（文英堂）などを活用するとよい。

05 漢　字

例年，読みと書き取りの問題が記述式で出題されている。読み・書き取りともにややレベルが高く，特に読みでは難度の高いものが問われている。

漢字問題集などを利用して知識を養っておくことが必要である。また，読み・書き取りともに四字熟語が各１問毎年出題されているので，主な四字熟語についてはチェックしておきたい。

2024年度

問題と解答

3 教科型学部個別入試（A 方式）

問 題 編

▶試験科目・配点

学科	教　科	科　　　　　目	配　点
英語英米文	外国語	コミュニケーション英語Ⅰ・Ⅱ・Ⅲ，英語表現Ⅰ・Ⅱ	200 点
	地　歴	日本史B，世界史Bのうちから１科目選択	100 点
	国　語	国語総合・現代文B・古典B	150 点
日本文	外国語	コミュニケーション英語Ⅰ・Ⅱ・Ⅲ，英語表現Ⅰ・Ⅱ	100 点
	地　歴	日本史B，世界史Bのうちから１科目選択	100 点
	国　語	国語総合・現代文B・古典B	150 点
国際文化・現代社会	外国語	コミュニケーション英語Ⅰ・Ⅱ・Ⅲ，英語表現Ⅰ・Ⅱ	150 点
	地　歴	日本史B，世界史Bのうちから１科目選択	100 点
	国　語	国語総合・現代文B・古典B	150 点

英　語

（60分）

I 次の1～10の日本文と一致するように，それぞれの語群の語（句）を（　　）に入れて，正しい英文を作りなさい。解答欄には，空所（　3　）に入る語の記号をマークしなさい。ただし，それぞれの語群には不要な語が一つずつあり，文頭にくる場合も頭文字を小文字にしてあります。

1．例外的な状況のみ，遅れた申し込みも受け付けます。

Only（　1　）（　2　）（　3　）（　4　）（　5　）we accept late applications.

a．when　b．are　c．will　d．the circumstances　e．allows　f．exceptional

2．スマートフォンのおかげで，以前にはなかった便利さをわたしたちは享受している。

Smartphones have（　1　）us to（　2　）（　3　）we could not（　4　）（　5　）.

a．enjoy　b．afford　c．conveniences　d．enabled　e．nonetheless　f．before

3．泥棒は侵入したとき指紋を残さないように手袋をはめていたにちがいないとホームズは考えた。

Holmes thought the thief（　1　）（　2　）（　3　）gloves so as（　4　）（　5　）leave any fingerprints when he broke in.

a．have　b．been　c．must　d．worn　e．to　f．not

4．静かにと言うかのように，父は手をあげた。

My father raised his hand（　1　）（　2　）（　3　）（　4　）（　5　）.

a．silence　b．demand　c．if　d．likewise　e．to　f．as

5．わたしの現在の収入は10年前の２倍になった。

My present income (　1　) (　2　) (　3　) (　4　) (　5　) ten years ago.

a．doubled　b．is　c．twice　d．was　e．it　f．what

6．一般に医療業界は厚生省の規制にさらされやすい。

Generally speaking, the medical (　1　) (　2　) (　3　) (　4　) (　5　) by the Ministry of Health.

a．regulation　b．subject　c．industry　d．depend　e．to　f．is

7．ジョンは一生懸命勉強したので，化学ではクラスのだれよりもまさっている。

John studied so hard that he (　1　) (　2　) (　3　) (　4　) the rest of (　5　) in Chemistry.

a．his class　b．is　c．of　d．superior　e．ahead　f．far

8．彼女がひどい目にあわないように，あなたが気をつけなくてはなりません。

You must (　1　) (　2　) (　3　) (　4　) (　5　) harm comes to her.

a．careful　b．see　c．it　d．no　e．to　f．that

9．日本政府はヨーロッパからの輸入品に対して規制をゆるめたばかりである。

The Japanese government has (　1　) (　2　) (　3　) (　4　) (　5　) from Europe.

a．controls　b．imports　c．on　d．regulated　e．relaxed

f．just

10．日本がイタリアを２対１で破ったとき，トーナメントは活気づいた。

(　1　) (　2　) (　3　) (　4　) (　5　) the tournament when Japan beat Italy by two goals to one.

a．life　b．revival　c．into　d．was　e．breathed　f．new

II 次の英文を読んで，空所１～５にあてはまる最も適切な表現を，また設問６～８に対する最も適切な答えを，それぞれａ～ｄの中から一つ選び，その記号をマークしなさい。

Baker Street School in London has received a gift of £30,000 (about ¥5,000,000). A group of teachers is discussing how to use the money.

Rachel: Thank you all for making time today. So, what are your thoughts on how best to use this wonderful present? There's certainly a lot we could do with it.

Andrew: Well, I think you all know where my heart is. We should update the library. It's been a long time since we bought any new books.

Joe: It's a good point, Andrew. The school would definitely benefit from that. But I think there are better options.

Rachel: (1)

Joe: I'd like to see us improve the computer lab. A lot of the software is out of date and some of the tablets the kids are using are over ten years old. It's a great opportunity to catch up to the 21st century.

Rachel: (2) One of my students was complaining just the other day that it was taking her ages to download a file.

Andrew: Yes, but the thing is, computers will only be good for the older students. We should use this money to help as many kids as possible. So really, I think books are the way to go.

Rachel: Okay, so we've got a couple of good ideas. But how about something completely different.

Andrew: Like what? Anything in mind, Rachel?

Rachel: Well, we could do something with the playground. Put in a fishpond, maybe a few swings.

Andrew: Sounds nice, but that's really only going to be for the younger ones. The money should help all the children.

Joe: You know, that's another good point. (3).

Rachel: You're pretty quiet, Mike. What do you think?

Mike: I've been listening and they're all good suggestions. But I'd like to look at this another way.

Rachel: Go on, then. Tell us about your "another" way.

Mike: Let's face it, we're all rushed off our feet these days. Too many kids per class and too little time.

Joe: I couldn't agree more. But that's just the life of a schoolteacher these days.

Mike: It doesn't have to be. With £30,000 we can really make a difference. So, what about hiring a few teaching assistants?

Rachel: You know, you might have something. How would that work?

Mike: We'd advertise at some of the universities in the city. There must be plenty of graduate students keen to make a little extra money. They'd come in once or twice a week and help us out with the main subjects: English, Maths, Science, maybe a foreign language or two.

Joe: I'd love some help like that. You know, I really like this idea. We should do it!

Andrew: Hang on a minute, now. (　4　).

Rachel: How so? I'm kind of warming to it as well.

Andrew: £30,000 is a nice sum of money, a small fortune, even. But how long before it runs out? Two or three years, perhaps. Five at most.

Mike: I don't consider that a problem.

Andrew: Don't you see? It means we help maybe one generation of our kids and then that's it. We can't guarantee further funding. It doesn't seem right that this one-off gift will only help our students for five years. Surely we need to use the money with the long term in mind.

Rachel: Like brightening up the playground area? Or books for the library?

Joe: Don't forget the computer lab. As we've agreed, there's lots we could do there.

Andrew: You know, this is a really big decision and there are so many interesting ideas. We need more data, don't we?

Rachel: (　5　)

Andrew: I think we should put out a survey and get everyone's opinion. We'll draw up a shortlist of choices and then ask people to pick their favourite. I think that would be the fairest thing to do.

Mike: An excellent idea. But who gets to choose? Just us teachers, or parents and students as well?

Rachel: Who doesn't deserve a voice? Let's ask the school community.

1．a．For instance?

b．No, there aren't.

c．Who told you so?

d．There are always difficulties.

2．a．How many options?

b．Are you sure about that?

c．It's interesting you should say that.

d．The software's more than good enough.

3．a．It could well be true

b．It's something to think about

c．It doesn't really make any sense

d．It's going to be expensive, though

4．a．I'm far too busy as it is

b．We need to ask other teachers

c．There's a real problem with this

d．Mike's not in charge of the money

5．a．How about a survey?

b．What do you suggest?

c．But we don't have enough time.

d．We might get too much of it, though.

6．Which suggestion do the teachers like the most?

a．Books for the library.

b．Improvements to the playground.

c．Equipment for the computer room.

d．There is not enough information to say.

7. Who will be allowed to vote on how to use the £30,000?

a. Just the teachers.

b. Teachers and students.

c. Students and their parents.

d. Teachers, students, and parents.

8. Which word best describes this meeting?

a. effective

b. peculiar

c. confused

d. life-changing

Ⅲ 次の英文を読み，設問に答えなさい。

The swimming pools, well-watered gardens and clean cars of the rich are driving water crises in cities at least as much as the climate emergency or population growth, according to an analysis.

The researchers said the vast difference in water use between rich and poor citizens had been largely overlooked in seeking solutions to water shortages, with the focus instead on attempts to increase supply and higher prices for water. They said the only way to protect water supplies was by redistributing water resources more equally.

The study used Cape Town in South Africa as a case study and found the richest people used 50 times more water than the poorest. When the Day Zero water crisis* struck the city in 2018, after several years of drought*, the poorest were left without enough water for their basic needs, the scientists said.

Cape Town was far from unique (1), the researchers said, with similar problems in many cities around the world. Since 2000, more than 80 big cities had experienced extreme drought and water shortages, they said, including Miami, Melbourne, London, Barcelona, São Paulo, Beijing, Bengaluru and Harare.

The researchers said urban water crises were expected to become more frequent, with more than 1 billion city dwellers expected to experience water shortages in the near future. In March, a report by the Global Commission on the Economics of Water concluded that the world faces an imminent water crisis, with demand expected to outstrip* supply by 40% by 2030.

Prof Hannah Cloke, at the University of Reading, UK, and co-author of the new study, said: "Climate change and population growth mean that water is becoming a (A) resource in big cities, but we have shown that social inequality is the biggest problem for poorer people getting access to water for their everyday needs.

"Our projections show this crisis(2) could get worse as the gap between the rich and the poor widens in many parts of the world. Ultimately, everyone will suffer the consequences unless we develop fairer ways to share water in cities."

The study, published in the journal Nature Sustainability, used data to develop a model of city water use that took account of (B). In Cape Town, it found the richest group — 14% of the city's population — used 51% of the water consumed in the city. In contrast, the poorest group — 62% of the population — used just 27% of the water. (中略)

The model, which could be applied to other cities, showed that changes in water use by the richest group had a bigger impact on overall water availability than changes in population or droughts related to the climate crisis. The researchers also said increased use of private boreholes* in times of shortage by the richest citizens substantially depleted* groundwater* resources.

The scientists said failing to account for (C) in a water crisis often led to technocratic* solutions that simply reproduced the uneven and unsustainable water use patterns that contributed to the water crisis in the first place.

Prof Mariana Mazzucato, at University College London, UK, and a lead author of the report from the Global Commission on the Economics of Water, said: "We need a much more proactive, and ambitious, common good approach [to the water crisis]. We have to put justice and equity at the centre of this, it's not just a technological or finance problem."

The new analysis quoted the conclusion of a 2016 report that said: "For most of the world, the era of cheap and plentiful drinking water has passed(3)."

Cloke and her colleagues added: "It is time to agree about how society should share life's most essential natural resource."

（注）

*the Day Zero water crisis: ケープタウンにおける2018年の水不足問題

*drought: 干ばつ，日照り続き

*outstrip: ～を上回る

*borehole: 井戸

*deplete: ～を使い果たす

*groundwater: 地下水

*technocratic: 技術主義的な

1．下線部(1)が意味するものを以下から一つ選び，その記号をマークしなさい。

a．珍しいケースではなかった

b．特別なケースだった

c．滑稽には思われない深刻な問題だった

d．現実からかけ離れた問題だった

2．空所（ A ）に入る最もふさわしい表現を以下から一つ選び，その記号をマークしなさい。

a．less expensive

b．less valuable

c．more precious

d．more abundant

3．下線部(2)が意味するものを以下から一つ選び，その記号をマークしなさい。

a．世界各地で気候変動が起こること

b．都市に人口が集中すること

c．貧しい人々が水資源を得られないこと

d．水不足により洗車や庭の水やりができなくなること

4．空所（　B　）に入る最もふさわしい表現を以下から一つ選び，その記号をマークしなさい。

a．the frequency of water shortages

b．when people consume water

c．the problems caused by the water crisis

d．different income levels

5．空所（　C　）に入る最もふさわしい表現を以下から一つ選び，その記号をマークしなさい。

a．social inequality

b．climate change

c．prices for water

d．population growth

6．下線部(3)が意味するものを以下から一つ選び，その記号をマークしなさい。

a．has begun

b．has succeeded

c．is coming

d．is over

7．本文全体につけるタイトルとして最も適切なものを以下から一つ選び，その記号をマークしなさい。

a．Experts Argue Over the Causes of Global Water Shortages

b．Swimming Pools of the Rich Driving City Water Crises

c．Water Shortages Expected in Major Cities by 2030

d．How Climate Change Worsens Urban Water Crises

8．本文の内容と合致するものを以下から三つ選び，その記号をマークしなさい。

a．水不足問題を引き起こしているのは気候変動や人口増加ではなく，富裕層による水の無駄遣いである。

b．これまで水不足問題の解決法として，水の供給を増やすことや水道の使用価格を上げることが考えられてきた。

c．先進国の人口減少により，主要都市の水不足問題は今後解消される可能性がある。

d．世界に迫る水不足の危機への対策に関して，Mazzucato教授はより社会全体の利益を考えた解決法が必要だと考えている。

e．ケープタウンでは，富んだ人々が用いた水のほとんどが生活に必要な用途に用いられていた。

f．研究者たちは富裕層による井戸の使用がケープタウンの地下水を枯渇させた原因であったと指摘している。

g．水不足問題は技術的かつ経済的な問題であるがゆえに簡単には解決できないと考えられている。

h．2016年の報告書において大量の飲料水が安く手に入る時代が到来したと指摘されていた。

Ⅳ 以下の文章は，アメリカ人大学生 Christie が交換留学生としてイギリスに滞在している間に書いたものです。文章を読んで設問に答えなさい。

It's been two weeks since I arrived in London. I still remember how excited I was to be here. There are those red double-decker busses all over the city, and the black box-like taxies, too. I (　A　) thought that busses and taxies could make me feel excited in any way! And then there are many buildings that are old and look important, which makes me feel like I'm in a city from a history book, and I'll tell you now, history is one of my favorite subjects. I've been to Buckingham Palace, the British Museum, the Tower of London, and all those places that tourists go to. And I think I'm now comfortable using the subway trains, which they call 'the Tube' here.

It's been like a dream, really, because I'm living in the middle of all those things. For real. Then why do I feel like something's gone wrong?

You see, I thought coming to London would be the easiest option for an exchange program. No need to study a different language, like studying in France or Japan. How wrong I was. I didn't expect all these differences between American English and British English.

Let me start with the accents. At first, the British accent sounded very sophisticated and even cool, like from a James Bond movie, but now I'm not so sure. There are times when I don't understand half of what people are saying, (I'm not talking about the university professors ― I understand them just fine ― but people I meet in shops and on the streets), and I often have to ask them to repeat themselves, which is really embarrassing, like I don't speak English. Some strong accents are just impossible. I'd love to see how Mr. Richards, my high school English teacher, would react to them. He used to go on and on about the 'beautiful' English spoken in England. I swear he would change his mind if someone from, say, Newcastle talks to him in their thick accent. The Newcastle accent, by the way, is called 'Geordie' for some reason. Don't ask me why. To make things worse, some basic words such as *can't* and *schedule* are pronounced differently here. You know how 'tomato' is pronounced differently — to-*may*-to for us and to-*mah*-to for them — but there are so many more.

(　B　) also give me a headache. They use words like 'bloody' and 'mate' all the time. And 'bloody' doesn't mean that something is covered in blood. It is used for emphasis as in, "It's bloody cold in here." 'Mate' is used perhaps a bit like 'dude', but it's not just young people who say it. Other words which have completely different meanings here include 'chips' and 'crisps', which mean 'French fries' and 'potato chips' in America. "Give me a ring", means "Call me", and has nothing to do with a wedding ring. (　C　)

Differences don't end there. There are cultural differences, too. People take lining up — or queuing, as it is called here — very seriously. If you fail to follow the line, the look people give you would make you wish you weren't there (No, I'm not joking). I'm used to just gathering around a counter, trying to find my way to the front, and that's what everybody does in our town, right? But here, that could be a death sentence.

Also, I'm not yet used to the way they put emphasis on politeness. British people sound incredibly polite, using 'please' and 'thank you' a lot. It's not that American people are rude — I don't think (d) they are — but I think (e) we tend to be more direct. So here, I feel like I need to be extra polite, trying not to forget to add 'please' when I ask someone something and to say 'thank you' to everyone. All these efforts make me feel exhausted by the end of the day.

Oh, and did I mention the difference in humor? British humor tends to be sarcastic* and full of irony (and I suspect that they think that is pretty cool), and sometimes I'm not sure if I should laugh or not. Also, I find some jokes offensive when they are making fun of something serious, you know, like death or racial prejudice. They even make fun of the Royal Family. So, this is what I've learned: (f) if I don't want to embarrass myself, I'd better decide if I should laugh only after I've observed other people.

Despite all these challenges, though, I think I'm still excited to be here and learning more about British culture and literature. After all, you can't find a better place to study English literature than in London — The Globe Theatre, The British Library, and all the other places associated with literary giants are here. Maybe by the end of this exchange program, I'll have picked up a British accent and some slang. (g)Hey, did you notice how I spelled 'Theatre'? And today when I felt the need to, well, use the toilet, I asked a sales assistant where the 'loo' was. She told me that it's on the 'first floor'. I only had to think for a few seconds before I went upstairs to what we know as the 'second floor'. And there, I found the restroom just fine!

(注)

*sarcastic: 皮肉のこもった，辛辣な

1．Fill Blank（　A　）from the following.

a．really

b．almost

c．often

d．never

2．Fill Blank（　B　）from the following.

a．Difficult academic words

b．Older people's favorite expressions

c．Slang and other informal expressions

d．Words pronounced very differently

3．Fill Blank（　C　）from the following.

a．And here I thought we spoke the same language!

b．Londoners are worse because they pronounce 'day' like 'die'.

c．Why do they speak English with such elegance?

d．Only Mr. Richards will be able to understand the differences.

4．Who do they(d) and we(e) refer to?

a．(d) the Americans, (e) the Americans

b．(d) the British, (e) the British

c．(d) the British, (e) the Americans

d．(d) the Americans, (e) the British

5. 次の英文を日本語に訳しなさい。

(f) if I don't want to embarrass myself, I'd better decide if I should laugh only after I've observed other people.

6. What can be understood from (g)?

a. 'Theatre' is an American spelling.

b. There is no 'first floor' in buildings in the UK.

c. British people use the word 'loo' to mean a restroom.

d. A 'loo' in the UK is usually on the second floor.

7. What was the author feeling when she wrote (g)?

A sense of ______.

a. shame

b. achievement

c. safety

d. wonder

8. In which academic subject does Christie most likely major?

a. World History

b. Urban Tourism

c. International Relations

d. English Literature

9. Which phrase best describes Christie's text?

a. academic report

b. personal account

c. scientific investigation

d. critical analysis

10. Choose THREE statements that are true according to the text.

a. Christie finds her university classes very helpful to understand differences between British and American English.

b. Christie had all sorts of fun being a tourist in London.

c. Christie believes that British English sounds cool and sophisticated.

d. An American tourist in England will have difficulties understanding a Geordie accent.

e. Christie now has doubts about Mr. Richards' knowledge of British English.

f. When an Englishwoman says to an Englishman 'Give me a ring,' it means 'Marry me.'

g. Christie thinks Americans should learn about queuing from the British people.

h. British humor is cool because it is sarcastic and makes fun of serious issues.

日本史

（60分）

I　次の文章を読み，設問に答えなさい。

江戸時代には，幕府と諸藩が全国の土地・人民を支配した。この政治社会体制を幕藩体制とよぶが，①武士は政治や軍事を独占し，さまざまな特権をもつ支配身分であった。

ところが，明治時代になると，武士の地位は大いに揺らぐことになった。新政府は四民平等の理念にもとづいて身分秩序の再編を進め，公家・大名を［　a　］，武士を士族，農民や商人・職人を平民とした。軍事面においても，士族・平民を問わず，兵役の義務を課すことがめざされた。②その結果，1873年に徴兵令が公布され，軍事を独占するという武士の特権が剥奪された。

また明治政府は政府直轄軍の創出を試みていた。1871年，薩摩藩・長州藩・［　b　］藩の3藩の兵を御親兵として東京に集め，その武力を背景に廃藩置県を断行した。廃藩とともに藩兵を解散させ，一部は兵部省のもと各地に設けた鎮台に配置することで，反乱や一揆に備えた。その後，兵部省は陸軍省と海軍省に分離した。1878年には陸軍に参謀本部が，1893年には海軍に軍令部が設置されるなど，統帥機関が強化された。

1889年に発布された③大日本帝国憲法第11条では「天皇ハ陸海軍ヲ統帥ス」と定められ，陸海軍の統帥権は内閣から独立して天皇に直属するものとされた。また第二次山県有朋内閣は［　c　］制を定め，政党の力が軍部に及ぶことを阻止しようとした。この制度は，のちに内閣の行動を制約することになった。たとえば，第二次西園寺公望内閣では，行財政改革をかかげる内閣と，朝鮮に配備する二個師団の増設を要求する陸軍が対立したが，このとき陸軍大臣が単独で辞任し，陸軍が後任者の推薦を拒んだため，内閣は総辞職に追い込まれた。

日本軍は日清戦争・日露戦争・第一次世界大戦という相次ぐ対外戦争に勝利をおさめた。第一次世界大戦後の日本は，アメリカ・イギリスに対抗して海軍を中心に軍備拡張政策をとり，軍事費が国家予算の約50パーセントを占めるまでになっていた。建艦競争はアメリカ・イギリスにとっても大きな負担であった。

そうしたなか，アメリカの提唱で，1921年11月からワシントン会議が開催され，海軍軍縮について協議がおこなわれることになった。このとき日本国内では，おもに海軍軍令部が主力艦の保有量について対英米7割を強く主張していた。全権の加藤友三郎はこれをおさえて，軍縮条約の調印に踏み切った。さらに1930年のロンドン海軍軍縮会議では，補助艦の保有量について取り決められた。軍令部の主張する大型巡洋艦の対米7割が認められないまま，④浜口雄幸内閣は条約調印に踏み切ったため，軍令部の反発を招いた。

第一次世界大戦後の大陸政策に目を転じると，日本は満州権益を擁護するために，満州軍閥の［　d　］を長年支援してきた。しかし，蔣介石の国民革命軍が北京に迫ると，関東軍は帰還途中の［　d　］を奉天郊外で爆殺してしまう。その後軍部は満州を「日本の生命線」として協調的な外交姿勢を批判するようになり，政治への介入を強めていった。

1931年9月，関東軍は奉天郊外の柳条湖で南満州鉄道の線路を自ら爆破し，この事件を中国軍のしわざとして軍事行動を開始した。第二次若槻礼次郎内閣は不拡大方針の声明を発したが，関東軍はこれを無視して占領地を拡大していった。多くの有力新聞や世論は軍の行動を支持し，1932年3月には「満州国」の建国が宣言された。「満州国」は事実上日本の傀儡国家であり，関東軍が政治の実権を握っていた。

⑤このころ，昭和恐慌や満州事変にたいする政党内閣の対応に不満をいだく者たちの動きが活発となり，青年将校や右翼によるクーデターやテロが頻発した。政党の影響力はしだいに低下し，かわりに軍部の発言力が増大していったといえる。

当時の陸軍内部では，直接行動によって既成支配者層を打倒して天皇親政の実現をめざす［　e　］派と，親軍的な官僚や政財界と結んで総力戦体制の確立をめざす統制派が対立していた。やがて［　e　］派の一部青年将校たちは約1400名の兵力でクーデターを起こし，前首相で内大臣の［　f　］ら政府要人を殺害した。この事件後，陸軍内では統制派が主導権を確立することとなり，新たに成立した広田弘毅内閣のもとで，第一次山本権兵衛内閣において廃止された［　c　］制を復活させるなど，内閣にたいして軍が容易に介入できるようになった。

1937年7月，日中戦争が勃発した。日本軍は速戦即決をめざし，同年12月に国民政府の首都南京を占領したが，国民政府は内陸部の重慶に退いて徹底抗戦した。その後日本は国民政府の重要人物である［　g　］を重慶から脱出させ，1940年に親日的な新政府を南京に樹立したが，それでも日中戦争を終結させることができず，⑥太平洋戦争への道を突き進むこととなった。

1941年12月8日，日本軍の奇襲攻撃により，太平洋戦争がはじまった。開戦後，半年ばかりのあいだに，日本軍は香港，マニラ，シンガポールを占領し，さらには東南アジアから南太平洋にかけての広い地域を制圧した。ところが，1942年6月のミッドウェー海戦での敗戦を契機として，戦局が大きく転換した。同年後半からアメリカの対日反攻作戦が本格化し，日本軍はしだいに劣勢となった。⑦日本国内でも，生活必需品が不足するなど，国民生活に深刻な影響が見られるようになった。

1945年8月，日本はポツダム宣言を受諾し，敗戦をうけいれた。敗戦後は国の内外に配備された陸海軍の将兵の武装解除・復員が進み，日本軍は急速に解体・消滅した。さらに1947年5

月３日に施行された日本国憲法第９条において，戦争放棄が定められた。こうして戦後日本⑧は平和国家として再出発をはかることとなった。

〔設　問〕

(1)　空欄ａ～ｇにあてはまる語を解答用紙Ｂ面の所定欄に記入しなさい。

(2)　下線部①～⑧にかんして，下記の問にたいする答を１つずつ選び，解答用紙Ａ面の所定欄にマークしなさい。

①　江戸時代の身分にかんする次の記述のうち，適切でないものはどれか。

(ア)　武士は苗字を名乗ったり，刀を携帯することができた。

(イ)　城下町では，武家地・寺社地・町人地などが配置された。

(ウ)　えた・非人とよばれる身分の人々は，他の身分の人々と区別され，賤視の対象とされた。

(エ)　「士農工商」以外にも，芸能者や修験者など職業や住む地域によってさまざまな身分があった。

(オ)　農村では本百姓が名主（庄屋・肝煎）をつとめ，水呑百姓は組頭・百姓代をつとめるのが一般的であった。

②　徴兵令公布後の出来事にかんする次の記述のうち，適切でないものはどれか。

(ア)　廃刀令が布告された。

(イ)　讒謗律と新聞紙条例が制定された。

(ウ)　江藤新平を首領とする萩の乱が起きた。

(エ)　士族に金禄公債証書を交付して，家禄の支給を廃止した。

(オ)　西南戦争では，反政府軍を鎮圧するまでに半年以上かかった。

③　大日本帝国憲法にかんする次の記述のうち，適切でないものはどれか。

(ア)　憲法草案は枢密院で審議された。

(イ)　行政・立法・司法の三権分立がとられた。

(ウ)　憲法が発布される前に内閣制度がつくられた。

(エ)　天皇を補佐する元老の役割について定められた。

(オ)　国務大臣はそれぞれが単独で天皇を輔弼することが定められた。

④　浜口雄幸内閣にかんする次の記述のうち，適切なものはどれか。

(ア)　重要産業統制法を制定した。

(イ)　浜口雄幸が外相を兼任した。

(ウ)　立憲政友会を中心とする政党内閣であった。

(エ)　ロンドン海軍軍縮条約を批准する前に，総辞職に追い込まれた。

(オ)　金融恐慌への対応として，支払猶予令（モラトリアム）を発した。

⑤　この時期のクーデターやテロにかんする次の記述のうち，適切でないものはどれか。

(ア)　虎ノ門事件では，裕仁親王が狙撃された。

(イ)　三月事件では，軍部政権樹立がめざされた。

(ウ)　五・一五事件には，海軍の青年将校が関与していた。

(エ)　十月事件は，満州事変のさなかに起きた事件である。

(オ)　血盟団事件では，三井合名会社理事長の団琢磨が殺害された。

⑥　太平洋戦争に至る過程に関連して(ア)から(オ)の出来事を古い順に並べ替えたとき，3番目に該当するものはどれか。

(ア)　日ソ中立条約が締結された。

(イ)　独ソ不可侵条約が締結された。

(ウ)　日独伊三国同盟が締結された。

(エ)　日本軍が南部仏印に進駐した。

(オ)　フランスがドイツに降伏した。

⑦　太平洋戦争下の国民生活にかんする次の記述のうち，適切なものはどれか。

(ア)　国民徴用令が制定された。

(イ)　女子挺身隊が結成された。

(ウ)　国民精神総動員運動がはじまった。

(エ)　生活必需品の切符制がはじまった。

(オ)　電力管理法（電力国家管理法）が制定された。

⑧　戦後日本の文化・学術・スポーツにかんする次の記述のうち，適切でないものはどれか。

(ア)　テレビ放送が開始された。

(イ)　札幌で冬季オリンピックが開催された。

(ウ)　大江健三郎がノーベル物理学賞を受賞した。

(エ)　手塚治虫が漫画『鉄腕アトム』を発表した。

(オ)　日本と韓国がサッカーワールドカップを共同開催した。

Ⅱ　次のAとBの文章を読み，文中の空欄(a)(b)〜(m)(n)にはいる，もっとも適切な語句を語群より選び，その番号を解答用紙A面の所定欄にマークしなさい。なお，選択肢はすべて2ケタの数字であり，空欄内の左側のアルファベットは10の位を，また右側のアルファベットは1の位をあらわすこととする。

A　「みち」の発展は，人々の活動を円滑にする。それが整備されることで，人々の社会的・経済的・文化的な活動が促進されてきた。

旧石器時代には，移動しながら生活を送っていたとされる日本列島に暮らす人々も，縄文時代になると，定住的な生活を送るようになっていた。定住が本格化すると，大規模な集落があらわれ，それぞれに交流するようになった。産出地が限られる石器の原材料の分布状況から，交易は「みち」をもちいてかなり遠くの集団との間においてもおこなわれていたことがわかる。たとえば石器の原材料の一つである黒曜石は，長野県中央部 (a)(b) から産出したものがとくに著名である。

その後，中国大陸や朝鮮半島との交流もおこなわれるようになった。このような交流も，いわば海上という「みち」を介したものといえよう。中国大陸との交流がはじめて記された文献は，『漢書』地理志である。それによると，紀元前1世紀ごろの日本は，百余国にわかれ， (c)(d) 郡に定期的に使者を送っていたという。

日本列島において，「みち」の整備が本格的におこなわれるようになるのは律令国家が成立する時期とほぼ重なっている。律令国家は，全国を国・郡・里，畿内・七道に区分し，都を囲む畿内を中心に七道の諸国府へのびる官道を整備した。その道には，約16kmごとに (e)(f) が設けられた。

中世になると，産業が盛んになり，商品の遠隔地への輸送のため交通がさらに発達した。水上交通も栄え，商品の中継・委託販売や運送を担う業者があらわれた。大津・坂本・淀などの交通の要地では，陸あげされた物資を陸路で運搬する (g)(h) や車借が活躍した。また，畿内と蝦夷（北海道）との交易も活発になり，その交易は (i)(j) 半島の十三湊を拠点とした安藤（安東）氏によって推進された。

江戸幕府は，豊臣政権の政策を引き継いで街道を整備していった。江戸・大坂・京都を中心に，各地の城下町をつなぐかたちで，全国的な道路がつくられた。とくに五街道は，江戸の日本橋を起点として幕府が直轄・整備をおこなった。街道の要所には，江戸の治安維持などを目的として関所がおかれた。東海道の関所は， (k)(l) と新居に設置された。

年貢米などの大量の物資の輸送は，海上交通が利用された。江戸・大坂間の海路が運輸の大動脈となり，17世紀なかごろからは木綿などを輸送する定期船が就航した。また，江戸商人である (m)(n) は，出羽酒田を起点として江戸に至る東廻り海運・西廻り海運の航路を整備し，全国規模の海上交通網を完成させた。

このように，前近代社会においては「みち」の整備が人々の活動を円滑に進めるうえで不可欠なものであった。

B　17世紀後半，江戸・大坂・京都の三都は当時の世界でも有数の大都市となり，諸産業が発達した。経済活動が活発化する一方で，幕府財政は悪化し，その立て直しに迫られた。享保の改革のもとで幕府財政は一時的に立ち直りを見せたものの，飢饉に端を発する米価高騰により江戸の米問屋にたいする打ちこわしが起こった。幕藩体制に動揺のきざしが見られると，経世論が盛んになり，［(a)(b)］は『経済要録』や『宇内混同秘策』などを著して産業の国営化と貿易による重商主義をとなえた。

明治時代には，維新直後の財源不足のために発行された不換紙幣の問題が日本経済の難点となり，西南戦争期には不換紙幣のさらなる増発のために激しいインフレが生じた。松方財政下での厳しい緊縮政策と，銀本位制の確立によって物価が安定すると，その後は株式取引も活発になり産業界は活気づいた。たとえば鉄道においては，政府の保護をうけた民営の［(c)(d)］が成功したことで，民営鉄道も次々と建設されるようになり，1889年には民営鉄道の営業距離が官営鉄道を上回るようになった。民間の鉄道敷設にかんする政府の保護主義にたいし，田口卯吉の『東京経済雑誌』は経済自由論の観点から批判を加え，犬養毅の『東海経済新報』などと論争をおこなった。

大正時代になると，第一次世界大戦により日本経済は好景気を迎え，国民の生活水準は向上した。しかし大戦景気の底は浅く，戦後には過剰生産から恐慌が発生し，その後も度重なる恐慌がつづいた。この時期，労働運動をはじめとして社会運動が盛んになり，学問の世界では［(e)(f)］が影響力を増していった。その影響は狭義の経済学だけでなく学問研究の方法にも及び，『日本資本主義発達史講座』などに論文を執筆した講座派と，雑誌『労農』などに論文を執筆した労農派とのあいだで，日本の資本主義の特質などをめぐる活発な議論が展開された。

第二次世界大戦後の日本では，GHQが経済機構の民主化を指令した。財閥の解体が進められ，1947年には独占禁止法が制定され，また［(g)(h)］法によって巨大独占企業の分割がおこなわれることとなった。この頃には，戦争直後の極度の物不足と，終戦処理に関連した通貨の増発のため，インフレが急速に進んでいた。政府は預金封鎖や新円切り替えなどをおこなったが，効果は一時的であった。また，1946年12月には，経済学者の有沢広巳の考案をもとにした傾斜生産方式の採用を決定し，翌年１月には［(i)(j)］を創設して融資と補助金交付をおこなった。

世界では，アメリカを中心とする資本主義陣営とソ連を中心とする社会主義陣営の二大陣営が形成され，軍事・経済・イデオロギーなどあらゆる面で激しい競争が展開された。冷戦構造のなかで，アメリカの対日占領政策は，非軍事化・民主化から経済復興に転換された。

これにより，(g)(h)法にもとづく実際の分割は11社にとどまった。さらに，アメリカの銀行家(k)(l)の要求にもとづいて，政府は予算の均衡や経済合理化を進め，最終的にインフレを収束させた。

1952年4月，約7年に及んだ占領は終わり，日本は独立国としての主権を回復した。それから日本経済は急速に成長し，1956年度の『経済白書』では「もはや戦後ではない」と報告された。池田勇人内閣は，ケインズ経済学の影響をうけたエコノミストの下村治らの提案を軸に，国民所得倍増計画を発表し，経済成長を推進した。また，1962年には国交のない(m)(n)と準政府間貿易（LT貿易）の取り決めを結んで，貿易の振興をめざした。この高度経済成長により，国民の所得は増加して消費生活は豊かになったが，環境破壊や公害病など深刻な社会問題が発生した。

〔語　群〕

01 阿蘇山	02 今井宗薫	03 碓氷
04 駅家	05 男鹿	06 海保青陵
07 借上	08 桂女	09 過度経済力集中排除
10 河村瑞賢	11 企業合理化促進	12 金融緊急措置
13 郡家	14 久慈	15 栗橋
16 玄菟	17 神津島	18 国際復興開発銀行
19 国鉄	20 小仏	21 財政構造改革
22 酒屋	23 佐藤信淵	24 下北
25 シャウプ	26 白河	27 新自由主義
28 真番	29 角倉了以	30 大韓民国
31 帯方	32 太宰春台	33 茶屋四郎次郎
34 中華人民共和国	35 中華民国	36 朝鮮民主主義人民共和国
37 津軽	38 伝馬	39 東海道線
40 ドッジ	41 トルーマン	42 ニクソン
43 二上山	44 日本開発銀行	45 日本主義
46 日本鉄道会社	47 日本輸出銀行	48 箱根
49 馬借	50 復興金融金庫	51 本陣
52 本多利明	53 松前	54 マルクス主義
55 南満州鉄道	56 楽浪	57 臨屯
58 ロマン主義	59 和田峠	

Ⅲ　次のA～Gの文章を読み，設問に答えなさい。

A　（天平宝字八年九月）壬子。軍士石村村主石楯，［ア］を斬りて，首を京師に伝ふ。［ア］は，近江朝①の内大臣藤原朝臣鎌足の曽孫，平城朝の贈太政大臣武智麻呂の第二子なり。率性聡敏にしてほぼ書記に渉る。大納言阿倍少麻呂に従ひて算を学び，もっともその術に精し。……二年，大保を拝す。優勅ありて，姓の中に恵美の二字を加へ，名を［ア］と曰ひ，功封三千戸・田一町を賜はり，……

B　宇治殿②ハ後一条・後朱雀・後冷泉三代ノミカドノ外舅ニテ，五十年バカリ執政臣ニテヲハシケリ。後冷泉ノスヱニ摂籙ヲ大二条殿ト申ハ教通，宇治殿②ノ御ヲトトナリ。テテノ御堂モヨキ子トヲボシテ，宇治殿②ニモヲトラズモテナサレケルガ，年七十ニテ左大臣ナリケルヲ，ワガ御子ニハ通房ノ大将トテカギリナクミメヨク人モチイタリケル御子ノ，廿ニテウセラレニケルノチ，京極ノ大殿師実ハムゲニワカキ人ニテアリケルニ，コサレム事ノイタマシクヲボサルルホドノ器量ニテ大二条ドノアリケレバ，ユヅラセ給ヒケルヲ，ヨノ人宇治ドノ②ノ御高名，善政ノ本体トヲモヘリケリ。

C　一　寺社本所領の事……

諸国擾乱に依り，寺社の荒廃，本所の牢籠，近年倍増せり。而るに適静謐の国々も，武士の濫吹未だ休まずと云々。仍て守護人に仰せ，国の遠近に依り日限を差し，施行すべし。承引せざる輩に於いては，所領の三分の一を分ち召すべし。所帯無くば，流刑に処すべし。……

次に近江・美濃・尾張三ヶ国の本所領半分の事，兵粮料所として，当年一作，軍勢に預け置くべきの由，守護人等に相触れ訖んぬ。半分に於いては，宜しく本所に分かち渡すべし。若し預人事を左右に寄せ，去渡さざれば，一円に本所に返付すべし。

D　……各耕シテ子ヲ育テ，子壮ニナリ，能ク耕シテ親ヲ養ヒ子ヲ育テ，一人之ヲ為レバ万万人之ヲ為テ，貪リ取ル者無レバ貪ラルル者モ無ク，轉定モ人倫モ別ツコト無ク，轉定生ズレバ，人倫耕シ，此ノ外一點ノ私事無シ。是レ［イ］ノ世ノ有様ナリ。

E　九月，具視ハ中山忠能・正親町三条実愛・中御門経之ト共ニ［ウ］ノ大挙ヲ図議スルヤ，忠能等建武中興ノ制度ヲ採酌シ官職ヲ建定セント論ス。具視以謂ク，建武中興ノ制度ハ以テ模範ト為スニ足ラスト，之ヲ操ニ咨問ス。操曰ク，［ウ］ハ務メテ度量ヲ宏クシ，規模ヲ大ニセンコトヲ要ス。故ニ，官職制度ヲ建定センニハ，当サニ神武帝ノ肇基ニ原ツキ，寰宇ノ統一ヲ図リ，万機ノ維新ニ従フヲ以テ規準ト為スヘシ。具視之ヲ然リトス。

F　前おきは省きます

私は一無政府主義者です

私はあなたをその最高の責任者として　今回大杉栄を拘禁された不法について，その理由を糺したいと思いました

……

私に会うことが，あなたの威厳を損ずる事でない以上，あなたがお会いにならない事は，その弱味を曝露します。

私には，それだけでも痛快です。どっちにしても私の方が強いのですもの，

私の尾行巡査はあなたの門の前に震える，そしてあなたは私に会うのを恐れる。ちょっと皮肉ですね，

ねえ，私は今年二十四になったんですから　あなたの娘さんくらいの年でしょう？

でもあなたよりは私の方がずっと強味をもっています。そうして少くともその強味は或る場合にはあなたの体中の血を逆行さすくらいのことは出来ますよ，もっと手強いことだって――

あなたは一国の為政者でも私よりは弱い。

G　第一条　本法ニ於テ［　エ　］トハ戦時（戦争ニ準ズベキ事変ノ場合ヲ含ム以下之ニ同ジ）ニ際シ国防目的達成ノ為，国ノ全力ヲ最モ有効ニ発揮セシムル様，人的及物的資源ヲ統制運用スルヲ謂フ

〔設　問〕

(1)　次のａ～ｇの問にたいする答を解答用紙Ｂ面の所定欄に記入しなさい。

ａ　文章Ａは，『続日本紀』の一部を書き下したもので，ある人物のいわば簡単な伝記である。文中の［　ア　］にはいる名を漢字２文字で答えよ。

ｂ　文章Ｂは，中世のある人物が記した歴史書の一部である。文中の下線部②「宇治殿(宇治ドノ)」は誰か。

ｃ　文章Ｃは，『建武以来追加』に採録された1352年発布の法令の一部を書き下したものである。この法令を何というか。

ｄ　文章Ｄは，18世紀半ばに安藤昌益によって書かれた著作物の一部である。文中の［　イ　］にはいる言葉を漢字２文字で答えよ。

ｅ　文章Ｅは，ある人物にかんする伝記の一部であり，文中の議論は，ある年の12月９日に生じた，天皇を中心とする新たな政治体制の成立と関係している。文中の［　ウ　］にはいる言葉を漢字４文字で答えよ。

ｆ　文章Ｆは，関東大震災の直後に憲兵によって殺害されたある人物が，1918年に当時内

務大臣であった後藤新平に宛てた書簡の一部である。この人物は誰か。

g　文章Gは，1938年に制定された法令の一部である。文中の［　エ　］にはいる言葉を漢字5文字で答えよ。

(2)　次の①～⑦の問にたいする答を1つずつ選び，解答用紙B面の所定欄にマークしなさい。

①　文章Aの下線部①「近江朝」の都が存在した場所として，適切なものはどれか。28頁の地図Aから選べ。

②　文章Bに関連し，平安時代後期の文化にかんする次の記述のうち，適切でないものはどれか。

(ア)『伴大納言絵巻』には，応天門の変が描かれている。

(イ)『扇面古写経』の下絵には，人々の暮らしぶりが描かれている。

(ウ)『今昔物語集』には，インド・中国・日本の説話が記されている。

(エ)　奥州藤原氏が建立した代表的な建築物として，富貴寺大堂がある。

(オ)　絵巻物が発達し，動物を擬人化して描かれた『鳥獣戯画』が生まれた。

③　文章Cに関連し，南北朝時代・室町時代にかんする次の記述のうち，適切でないものはどれか。

(ア)　京都北山に金閣が造営された。

(イ)　二条良基によって連歌集『菟玖波集』が編纂された。

(ウ)　朝廷は閑院宮典仁親王に太上天皇の尊号を宣下しようとしたが，実現しなかった。

(エ)　山城南部の国人たちは国一揆を起こして，畠山氏に軍勢を国外に退去させることを要求した。

(オ)　足利氏の家臣，守護の一族，有力な地方武士などを集めて奉公衆とよばれる幕府直属の武士団がつくられた。

④　文章Dに関連し，近世の学問や思想にかんする次の記述のうち，適切でないものはどれか。

(ア)　平賀源内は，寒暖計をつくった。

(イ)　京都の町人石田梅岩は心学をおこし，日常道徳を説いた。

(ウ)　寺子屋では，師匠が読み・書き・そろばんなどを教えた。

(エ)　富永仲基は，『経世秘策』において西洋諸国との交易による富国策を説いた。

(オ)　多くの藩で藩政改革がおこなわれ，人材育成の必要から藩校（藩学）が設立された。

⑤　文章Eに関連し，文中の議論がおこなわれた時期から，もっとも近い時期に起きた出来事は次のうちどれか。

(ア)　二条河原落書が京都鴨川に掲げられた。

(イ)　ロシア使節ラクスマンが根室に来航した。

(ウ)　「神武景気」とよばれる経済状況がつづいた。

(エ)　国民の勤倹貯蓄などを求める戊申詔書が発された。

(オ)　後醍醐天皇が吉野の山中に逃れ，正統の皇位にあると主張した。

⑥　文章Fに関連し，近現代日本の女性をめぐる動向にかんする次の記述のうち，適切でないものはどれか。

(ア)　平塚らいてうらが，1911年に青鞜社を結成した。

(イ)　第二次世界大戦中に新婦人協会が結成され，国民動員の一翼を担った。

(ウ)　第二次世界大戦後初の衆議院議員総選挙では，39人の女性議員が誕生した。

(エ)　GHQが幣原喜重郎内閣にたいし，女性参政権の付与を含む五大改革を指令した。

(オ)　市川房枝らが，参政権の要求など，女性の政治的地位の向上を求める運動をおこなった。

⑦　文章Gに関連し，1930年代にかんする次の記述のうち，適切でないものはどれか。

(ア)　火野葦平の従軍体験をもとにした『麦と兵隊』が刊行された。

(イ)　中国では，国民党と共産党が提携し，抗日民族統一戦線を成立させた。

(ウ)　ソ連を中心とする国際共産主義運動への対抗を掲げる日独防共協定が結ばれた。

(エ)　高橋是清首相が東京駅で右翼青年に狙撃されて重傷を負い，その翌年に死亡した。

(オ)　東京帝国大学教授の矢内原忠雄が，政府の大陸政策を批判したことで大学を追われた。

A

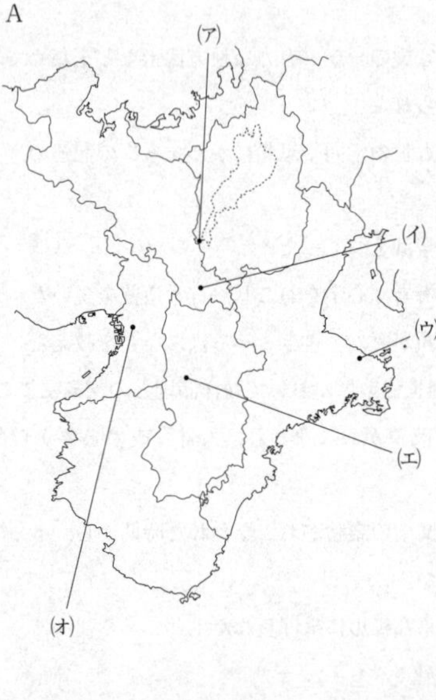

世界史

（60分）

I 次のA～Eの資料とそれに続く文章を読み，設問(1)～(10)に対する答えをそれぞれ①～⑤から1つ選んで，その記号を解答用紙の所定欄にマークしなさい。

A 「至徳の兵乱【安史の乱】が起こるに及んで，各地の賦斂【徴税】は，時の急に迫られて調達し，一定の規準を失った。（中略）役人は何かにつけて民を食いものにし，十日ごと，月ごとに税をとりたて，疲弊に堪えなかった。そこでおおむねみな逃げ移って浮戸《ふこ》となり，もとから土着する者は，百に四，五もない有様であった。ここに至って（　1　）は建議して，（中略）歳出を量って歳入を決め，（中略）人は丁・中の区別はせず，貧富によって段階をつけた。（中略）また居住者の税は，秋と夏とに両度（二度）これを徴した。そして，租庸調・雑徭は尽《ことごと》く省き，すべて，度支《たくし》（戸部の官吏）の手に統べくくった。天子は（　1　）の意見を用い，天下に赦するのと一緒にこれを施行した。」

上の資料は11世紀に${}_2$司馬光が編纂した史書『資治通鑑』の一節である（【　】内は訳文にはない註記）。

出典：頼惟勤・石川忠久編『中国古典文学大系14　資治通鑑選』，平凡社，1970年。

〈設問〉

(1) 空欄1に入る人物は，次のうち誰か。　1

① 王安石
② 欧陽脩
③ 呉道玄
④ 張居正
⑤ 楊炎

(2) 下線部2に関する記述a～cの正誤の組合せとしてもっとも適切なものは，次のうちどれか。　2

a 『資治通鑑』はあるべき君臣関係のあり方を歴史のなかで追求した。
b 『資治通鑑』は紀伝体で書かれた。
c 司馬光は新法党に属した。

① すべて誤り
② aのみ正しい
③ bのみ正しい
④ cのみ正しい
⑤ すべて正しい

B「彼は投獄されたが，二万人以上の民衆により解放された。その後，彼は多くの悪事を滲透させるよう民衆をかりたてた。二万人以上集まったブラックヒースでの説教は一層民衆の心を感激させた。彼は云う，『アダムが耕しイヴが紡いだ時，ジェントルマンはいただろうか，すべての人間は生来，平等である。農奴制は神の意志に反し，邪悪な人々の不正な圧政により導入されたものだ，……民衆は王国の大貴族，法律家，裁判官達を殺し，将来の共和制に有害なこれらの人々を根絶すべきだ』……彼は七月一五日，セント・オールバンズにおいて国王の前で殺された。」

上の資料は同時代に生きた僧侶で史家のウオルシンガムが，その著『イギリス史』の中で，1381年について書き残した部分の一節である。この資料は，$_3$イギリスでの大農民反乱が鎮圧された直後に，その思想的指導者であった聖職者が処刑された状況を告げている。フランスでもこれに先んじて1358年に大きな農民反乱がおこっていたが，その背景には，$_4$14世紀から15世紀にかけての西ヨーロッパの状況が関係していた。

出典：歴史学研究会編『世界史史料５』，岩波書店，2007年。

〈設問〉

(3) 下線部３の反乱を指導した人物は，次のうち誰か。　**3**

① ウィクリフ
② ジャックリー
③ フス
④ ミュンツァー
⑤ ワット=タイラー

(4) 下線部４に関する記述としてもっとも適切なものは，次のうちどれか。　**4**

① イギリスでは，農民保有地を確保したヨーマンとよばれる独立自営農民が没落した。
② イギリスでは百年戦争後に王位継承をめぐるバラ戦争がおこったが，ランカスター派のヘンリがこれをおさめ，ヘンリ８世として即位しテューダー朝を開いた。
③ 大砲・小銃といった武器や傭兵の普及による戦術の変化で打撃を受けた騎士層は没落した。

④　農村部でも貨幣経済が浸透すると，農民保有地が領主直営地に置き換えられ，農民が地代をおさめる地代荘園が増えた。

⑤　フランス王フィリップ2世の軍が教皇をアナーニで一時とらえ，その後教皇庁がアヴィニョンに移され，教会大分裂を迎えるなど，教皇権が動揺した。

C「君がさまざまな言語を完璧に習得することを父は切に願っている。クゥインテリヤヌスが説いたように，第一にギリシア語だ。第二にラテン語，さらには聖書解読のためのヘブライ語，またカルデア語もアラビア語も同じように習得しなさい。文章を磨くためには，ギリシア語ならばプラトンを，ラテン語ならば5キケロを手本としてほしい。君が記憶にとどめていない史書はないように。その道の人々が書き残した地誌《コスモグラフィー》は君の助けになるであろう。

自由学芸のうち幾何，算術，音楽については，君が五，六歳のまだ幼かったときに，私がいくらかの手ほどきを与えておいた。残りの学科を続けて修めなさい。天文学については，すべての法則を学んでほしい。ただし，占星術やルリウスの術の類は，謬説虚妄として斥けるように。

民法は，優れた原典を暗記し，哲理と照らし合わせて考えてほしい。

自然の事象に関する知識については，君が好奇心をもって没頭してほしいと父は願っている。(中略)

ついでギリシア語，アラビア語，ラテン語の医学書を注意深く繰り返し読み，ユダヤ教典《タルムディスト》やユダヤ神秘主義《カバリスト》の説も蔑ろにしないように。人体解剖をしばしば行い，人間というもう一つの宇宙について完全な知識を獲得するように。また一日のうち最初の何時間かは聖書を読むことに捧げ，最初にギリシア語で新約と使徒の書簡を，ついでヘブライ語で旧約を読むように。

要するに，父は君に計りがたいほどの大いなる知を望んでいるのだ。というのも，この先成人し歳を重ねると，君はこの静謐で安らかな勉学の生活から出て，悪意ある攻撃からわが家門を守り，あらゆる事で朋友を救うために，騎士道と武術を学ばなくてはならないのだから。」

上の資料はフランス=ルネサンスを代表する人文学者・作家・医師として知られる(　6　)の作品からの引用である。巨人王ガルガンチュアがパリ大学に在籍する息子パンタグリュエルに学生生活を送るための心得を説く一節で，ここからは著者の教育観を読み取ることができる。この作品は現実社会を風刺するいっぽう，カトリック教会を批判する内容を含んでいたことから，皮肉にもパリ大学神学部により禁書とされた。

出典：歴史学研究会編『世界史史料5』，岩波書店，2007年。

〈設問〉

(5) 下線部5に関する記述としてもっとも適切なのは，次のうちどれか。 [5]

① 政治家そしてすぐれた弁論家として活躍し，『国家論』など膨大な著作を残した。
② 帝政期に『天文学大全』をあらわし，天動説の体系を説いた。
③ 百科事典的な書物である『博物誌』をまとめあげた。
④ ヘレニズム文化の伝統をふまえて『地理誌』をあらわした。
⑤ ローマの建国叙事詩『アエネイス』をあらわした。

(6) 空欄**6**に入る人物は，次のうち誰か。 [6]

① エラスムス
② デカルト
③ パスカル
④ ボードレール
⑤ ラブレー

D 「日本の維新の始まりを考えますに，三点があります。第一には，広く群臣に旧習を改め維新をはかり，天下の輿論《よろん》を採用し，各国の良法を取り入れることを約束したこと，第二には，朝廷に制度局を開創して，天下のすぐれた人材二〇人を抜擢して参与とし，一切の政治要件および制度を刷新したこと，第三には待詔所〔上書所〕を開設して，天下の人士に上書を許し，国主が常時これを通覧し，適切な考えを述べた者は制度局に所属させたことです。これらはまことに変法を行なうための綱領であり，政策実現のためのみちすじであって，他に別の方法はないのであります。

こころより皇帝陛下7にお願いしたいことは，こうした方法を是非ご採用いただきたい。」

上の文章は，1898年1月29日に中国のある人物8が上奏した提言の一部である。彼は弟子の梁啓超らとともにこうした改革運動をおこし，皇帝に変法を断行させたことで知られるが，変法自体は保守派の巻き返しにあい失敗に終わった。

出典：歴史学研究会編『世界史史料9』，岩波書店，2008年。

〈設問〉

(7) 下線部7の皇帝は，次のうち誰か。 [7]

① 乾隆帝
② 光緒帝
③ 洪武帝
④ 宣統帝
⑤ 同治帝

(8)　下線部８に関する記述としてもっとも適切なものは，次のうちどれか。　**8**

① 公羊学派に属していた。

② 太平天国軍鎮圧のために淮軍を率いて戦った。

③ 中央集権的な近代国家建設をめざし，議会を弾圧した。

④ 白話（口語）文学を唱えた。

⑤ 臨時大総統に就任した。

E　「諸君，われわれは今や正当防衛の状態にある。そして必要は誡を知らない。わが軍はルクセンブルクを占領した。そして多分すでに，（　9　）領に踏み込んでいることであろう。諸君，これは国際法の規定に違反している。フランス[10]政府はなるほどブリュッセルで次のように声明している。『敵側が（　9　）の中立を尊重する限り，フランスもそれを尊重する積りである』と。しかしわれわれはフランスが侵入の準備をしていたことを知っていた。フランスは待つことができたが，われわれは待てなかったのである。」

上の資料は1914年８月４日に開催されたドイツ帝国議会で，帝国宰相テオバルト=フォン=ベートマン=ホルヴェークがおこなった演説の一節である（旧字体は新字体に変更してある）。

出典：村川堅太郎他編，村瀬興雄他訳『西洋史料集成』，平凡社，1956年。

〈設問〉

(9)　空欄９に入る国は，次のうちどれか。　**9**

① イギリス

② イタリア

③ オランダ

④ フランス

⑤ ベルギー

(10)　下線部10の当時の政体は，次のうちどれか。　**10**

① 第一共和政

② 第二共和政

③ 第三共和政

④ 第四共和政

⑤ 第五共和政

II 次の文章を読み，設問(1)〜(10)に対する答えをそれぞれ①〜⑤から１つ選んで，その記号を解答用紙の所定欄にマークしなさい。

11世紀前半にアラル海付近にいたトゥグリル=ベクは，1055年にバグダードに入城してアッバース朝のカリフよりスルタンの称号を賦与された。以降，スルタンの称号はスンナ派君主の称号となった。この王朝では11世紀にイラン系宰相の（ 1 ）が行政組織やイクター制を整備し，主要都市にマドラサを設けてスンナ派の学問を奨励した。しかし，この王朝は地方分権化と内紛とに有効な手を打つことができないまま滅亡した。

シャリーアに基づくイスラーム帝国を完成させたのはオスマン帝国といわれる。アナトリアに進出した（ 2 ）朝とビザンツ帝国との境界付近にいたトルコ系住民が，オスマン１世の下で強大化したのがオスマン帝国の基礎とされる。この国は1326年頃に古代のニケーアに近いブルサをビザンツ帝国から奪い，そこに遷都した。ブルサは６世紀半ばにユスティニアヌス帝が導入した中国起源の（ 3 ）で繁栄していたが，14世紀後半に都がアドリアノープル 4 に遷された後も経済的な繁栄は続き，現在でも大都市である。オスマン帝国はその後，コンスタンティノープルを陥落させてビザンツ帝国を滅ぼし，遷都後はここをイスタンブルとよぶようになった。このようなオスマン帝国の版図拡大を担った正規軍は，徴税権を与えられた封建騎士の軍団だったが，14世紀にはこれにイェニチェリ 5 が加わった。

オスマン帝国の全盛期は，スレイマン１世の治世の時代とされる。彼は，バルカン半島各地を制圧しながら，神聖ローマ帝国の首都ウィーンを包囲した。また当時，ハプスブルク家に圧迫されていたフランス王フランソワ１世とも同盟を結んで，神聖ローマ皇帝（ 6 ）に対抗した。国内では，シャリーアの枠内で行政法と官僚制を整備してカーヌーニー（立法者）とよばれるようになるいっぽう，オスマン帝国を代表する建築家（ 7 ）を抜擢し，スレイマン=モスク（スレイマニエ=ジャーミイ）をはじめとする壮大な公共建築を帝国内各地に数多くつくらせている。

彼の死後，帝国は1683年の第２次ウィーン包囲に失敗し，その後1699年に結ばれたカルロヴィッツ条約により，（ 8 ）・トランシルヴァニアの大半などを失い，領土の縮小期に入った。そして，これを機にバルカン半島における覇権はオーストリアのハプスブルク家に握られることとなった。むしろ国境紛争から解放され対外的に融和政策を採るようになったことから，オスマン帝国は文化的には爛熟に向かったともいわれ，特に18世紀前半のアフメト３世の治世は，「（ 9 ）時代」ともよばれるようになった。しかし，18世紀後半にはロシアに大敗を喫して黒海北岸を奪われ，19世紀には，フランス革命の影響を受けたギリシアの独立が帝国をゆるがした。そして，エジプトの事実上の独立やアラブ人の民族運動もこれに続いた。

もとよりオスマン帝国は主にヨーロッパ領の非ムスリム住民を統治するにあたり，「啓典の民」たる彼らに宗教・宗派別にある程度の自治を認める（ 10 ）制を施行していたが，西ヨーロッパ発のナショナリズムが各地に浸透するにつれて，それまで意識されていなかった問題が顕在化し，これに近代化への改革と列強の思惑が重なり，苦悩を深めていった。

〈設問〉

(1)　空欄 1 に入る人物は，次のうち誰か。　11

① イスマーイール
② ガザーリー
③ タバリー
④ ニザーム=アルムルク
⑤ バイバルス

(2)　空欄 2 に入る王朝名は，次のうちどれか。　12

① アイユーブ
② カラハン
③ ファーティマ
④ マムルーク
⑤ ルーム=セルジューク

(3)　空欄 3 に入る産業は，次のうちどれか。　13

① 絹織物業
② 毛織物業
③ 製紙業
④ 畜産業
⑤ 窯業（製陶業）

(4)　下線部 4 に関する記述としてもっとも適切なものは，次のうちどれか。　14

① オスマン帝国はここをエディルネと改称した。
② 第 2 代正統カリフのウマルが，ササン朝を破った地である。
③ ティムールがオスマン軍を破り，バヤジット 1 世を捕虜とした地である。
④ ネストリウス派を異端と宣告する公会議はここで開催された。
⑤ ファーティマ朝の首都であった。

(5)　下線部5に関する記述a～cの正誤の組合せとしてもっとも適切なものは，次のうちどれか。　15

a　キリスト教徒の子弟を強制的に集めて編制した。

b　19世紀に廃止された。

c　スルタン直属の常備歩兵軍団である。

① すべて誤り
② aのみ正しい
③ bのみ正しい
④ cのみ正しい
⑤ すべて正しい

(6)　空欄6に入る人物に関する記述としてもっとも適切なのは，次のうちどれか。　16

① イタリア戦争には中立の立場をとった。
② カトリックの擁護者を自任し，ルター派を認めることはなかった。
③ シュマルカルデン同盟を率いて，オスマン軍に対抗した。
④ 神聖ローマ皇帝に選出される前に，スペイン王に即位していた。
⑤ ポルトガル王位を兼ね，「太陽のしずまぬ国」を実現した。

(7)　空欄7に入る人物は，次のうち誰か。　17

① イブン=シーナー
② ウマル=ハイヤーム
③ ウルグ=ベク
④ シナン（スィナン）
⑤ フワーリズミー

(8)　空欄8に入る語句は，次のうちどれか。　18

① キプロス島
② ハンガリー
③ ブルガリア
④ モンテネグロ
⑤ ルーマニア

(9) 空欄9に入る語句は，次のうちどれか。 [19]

① カピチュレーション

② ギュルハネ

③ タンジマート

④ チューリップ

⑤ ラージプート

(10) 空欄10に入る語句は，次のうちどれか。 [20]

① ティマール

② デヴシルメ

③ ミッレト

④ ミナレット

⑤ ワクフ

Ⅲ 次の文章を読み，設問(1)～(10)に対する答えをそれぞれ①～⑤から1つ選んで，その記号を解答用紙の所定欄にマークしなさい。

古来，内陸アジア[1]を通るオアシスの道（シルク=ロード）や海の道を通じて運ばれたアジアの物資は，主に地中海を経由して西ヨーロッパに流入したが，その間に多くの商人の手を経ていることもあり，たいへん高価になっていた。13世紀，モンゴル帝国がもたらした「パックス=タタリカ（モンゴルの平和）」は東西交易をさらに活発なものとし，ヨーロッパにおけるアジアへの憧憬はさらに高まった。そうしたなか，イタリア[2]勢力による地中海貿易の独占に対抗して，レコンキスタをすすめたポルトガルとスペインが国家事業としてアジアとの直接貿易に乗り出した。大航海時代の到来である。

コロンブス（コロン）の航海にはじまるスペインの航海事業は，コンキスタドール（征服者）による中南米の植民地化に帰結した。カリブ海域[3]の島々と大陸部は，ブラジルを除きスペイン領とされ，4人の副王が統治をおこなう副王国体制が成立した。副王所在地には本国から貴族・官僚がペニンスラール（半島人）として赴任して植民地行政等の執務をとり，コンキスタドールや新たな入植者，そしてその子孫らに土地と先住民を「振り分け」，課税した。大農園や鉱山などでの過酷な労働とヨーロッパからもたらされた様々な感染症の犠牲となって先住民などの労働人口が激減すると，アフリカ大陸[4]から大量に奴隷が投入された。

スペインの植民地における独立運動は，アメリカ合衆国[5]の独立やフランス革命とナポレオン[6]戦争など欧米の国際関係と連動しながらすすんだが，植民地生まれの白人クリオーリョ（クレオール）が本国の統治から独立するという意味で，アメリカ合衆国の独立との同質性が指摘されている。

ベネズエラの名家に生まれたクリオーリョ革命家（　7　）は，中南米各地を解放していった。彼を突き動かしたのは家庭教師に叩き込まれたルソー主義で，目指したのはパン=アメリカニズムによる平和連合国家の建設だった。彼は，1819年にコロンビア共和国いわゆる「大コロンビアGran Colombia」が独立を宣言すると，その初代大統領に任命された。しかし，この国はパン=アメリカニズムどころか国の統一を維持することもできないまま，1830年に空中分解してしまった。

メキシコではクリオーリョのカトリック司祭（　8　）がインディオやメスティーソを率いて1810年に武装蜂起したが，クリオーリョ支配層はこれを鎮圧した後，[9]スペイン本国でおこった立憲革命に反発して，1821年に独立にふみきった。この国は一時帝国を称したが，1824年には連邦共和国憲法が制定され，メキシコ合衆国と称するようになった。

アメリカ合衆国のモンロー教書，そしてスペインの影響力の減退とイギリスの市場開拓を期待するイギリス外相（　10　）による支持を受けながら，中南米では1810年代から20年代にかけて十数か国が次々と独立した。しかし，（　7　）の夢見た統一国家構想は，地域の特殊事情から生じる地域紛争や戦争，また巨大国家の出現を恐れたイギリス・アメリカの思惑の前に完全に破綻し，アメリカ合衆国と同様，植民地生まれの白人を支配層とする社会体制が確立した。

〈設問〉

(1)　下線部1に関する記述としてもっとも適切なものは，次のうちどれか。　**21**

① イスラーム化以前の東トルキスタンでは，ウイグル人を中心にゾロアスター教やキリスト教の信仰が盛んだった。

② 紀元後4世紀には草原地帯の東西で遊牧民の活動が活発となり，女真などいわゆる「五胡」の華北侵入とフン人の西進とが前後してはじまった。

③ 前60年にはタリム盆地に西域都護府がおかれ，オアシス諸国は漢の支配下に入った。

④ 天山山脈によった匈奴はアルタン=ハンの代に強大な遊牧国家を形成し，成立後まもない漢を圧迫した。

⑤ 敦煌・クチャ・ホータン・カシュガル・ブハラ・サマルカンド・パータリプトラなどが，「オアシスの道」を形づくるオアシス都市として栄えた。

(2)　下線部2に関する記述a～cの正誤の組合せとしてもっとも適切なものは，次のうちどれか。　**22**

a　「青年イタリア」出身のガリバルディは，千人隊（赤シャツ隊）を率いて両シチリア王国を占領した。

b　前１世紀の同盟市戦争を機に，イタリア半島の全自由民にローマ市民権が与えられた。

c　ダンテは日常使われていたトスカナ地方のイタリア語で『神曲』をあらわした。

① すべて誤り
② aのみ正しい
③ bのみ正しい
④ cのみ正しい
⑤ すべて正しい

(3)　下線部３に関する記述としてもっとも適切なものは，次のうちどれか。　23

① アメリカ合衆国の大統領に就任したセオドア=ローズヴェルトは，中米諸国にたびたび武力干渉をおこない（「棍棒外交」），積極的なカリブ海政策を推進した。

② キューバ革命後，革命政府が土地改革を実行し，アメリカ合衆国系の砂糖企業を接収すると，ケネディ政権はキューバと断交した。

③ ジャマイカ島の西部では，フランス革命の影響をうけて，トゥサン=ルヴェルチュールを指導者とする奴隷解放運動がはじまった。

④ スペインのイサベル女王の後援のもと，1492年に大西洋を横断したコロンブスは，モルッカ諸島のサンサルバドル島に到着した。

⑤ スペインのカボット父子は，はじめてカリブ海側からパナマ地峡を横断し，太平洋に到達した。

(4)　下線部４に関する記述としてもっとも適切なものは，次のうちどれか。　24

① イギリスのセシル=ローズは，ブール人（アフリカーナー）と協力してケープ植民地の北方に勢力を広げ，コンゴ自由国を設立した。

② イタリアは，イタリア領ソマリランドを形成した後，さらにエチオピアに侵入し，アドワの戦いで勝利を収めた。

③ およそ180万年前ごろ，ホモ=エレクトゥスとよばれる現生人類に直接つながる新人があらわれ，アフリカを出て各地に分散した。

④ ソンガイ王国のジンバブエは交易都市として重要な位置を占め，モスクやマドラサがたちならぶ宗教・学術都市としても発展した。

⑤ ポルトガルはサトウキビ=プランテーションをブラジルで展開し，労働力としてアフリカからの黒人奴隷を投入したため，ブラジルは奴隷貿易の最大の受け入れ先となった。

(5) 下線部5に関する記述としてもっとも適切なものは，次のうちどれか。 25

① 初代大統領に就任したワシントンは，常備軍を設置せず，新国家の財政基盤の整備につとめた。

② トルーマン大統領は，共産主義に対抗するためにギリシア・イタリアに経済・軍事援助を与えることを約束するトルーマン=ドクトリンを発表した。

③ 東アジア・太平洋地域で日本の勢力が拡大すると，クーリッジ大統領のよびかけで，ワシントン会議が開かれた。

④ フランクリン=ローズヴェルト大統領は，賠償と戦債の1年間の支払い停止宣言を出し，ニューディール（新規まきなおし）とよばれる経済復興政策を推進した。

⑤ 連邦派のジェファソンは，第3代大統領に選ばれると西部への発展を重視し，スペインからミシシッピ以西のルイジアナを購入した。

(6) 下線部6に関する記述としてもっとも適切なものは，次のうちどれか。 26

① イギリスにおける1815年の穀物法は，ナポレオン没落後の経済再建をめざす産業資本家を保護するために制定された。

② 皇帝に即位するまでフランス銀行の設立などの財政政策には着手せず，革命で混乱した国内の政治的安定を優先させる施策をとった。

③ ブリュメール18日のクーデタで総裁政府を樹立し，みずから第一総裁となって，事実上の独裁権を握った。

④ プロイセン・ロシアの連合軍を破ってティルジット条約を結ばせ，ポーランドにワルシャワ大公国をたてた。

⑤ ロシア遠征の失敗を機に諸国が反フランスに転じ，1813年にワーテルローの戦い（諸国民戦争）で敗れ，失脚した。

(7) 空欄7に入る人物は，次のうち誰か。 27

① アジェンデ

② サン=シモン

③ サン=マルティン

④ シモン=ボリバル

⑤ フアレス

(8)　空欄 8 に入る人物は，次のうち誰か。　28

① イダルゴ
② カストロ
③ サパタ
④ ディアス
⑤ マデロ

(9)　下線部 9 に関する記述 a ～ c の正誤の組合せとしてもっとも適切なものは，次のうちどれか。　29

a　ウィーン体制下での自由主義運動だったが，鎮圧された。
b　この時点ですでにギリシアの独立は国際的に承認されていた。
c　12月に始まったためデカブリスト（十二月党）の乱とよばれる。

① すべて誤り
② a のみ正しい
③ b のみ正しい
④ c のみ正しい
⑤ すべて正しい

(10)　空欄10に入る人物は，次のうち誰か。　30

① ウォルポール
② カニング
③ デフォー
④ ピット
⑤ マーシャル

Ⅳ 次のA～Bの文章を読み，設問(1)～(10)に対する答えをそれぞれ①～⑤から1つ選んで，その記号を解答用紙の所定欄にマークしなさい。

A　緑茶と紅茶と烏龍茶は，発酵過程が異なるものの，同じ茶葉から作ることができる。これらの茶は，主に17世紀から18世紀にかけてのヨーロッパ各国による商業活動[1]や，18世紀以降に拡大するイギリスの貿易によってヨーロッパにもたらされた。イギリスは19世紀に東インド会社を解散させてインド帝国[2]を成立させた。また，（　3a　）・（　3b　）・シンガポールを含むマレー半島の海峡植民地，香港といった植民地を得ていった。清朝との貿易[4]でしか入手できなかった茶葉をインドで生産するため，イギリスの命を受けたロバート=フォーチュンによって中国の茶の苗木や種が海外へ運ばれた。インドで生産された茶は，19世紀にロンドンの都市労働者たちに広まり，シンガポールではハイティーというイギリス式喫茶文化を通じて親しまれた。一方，香港では飲茶の代表的なお茶の一つとして烏龍茶がよく飲まれた。面白いもので，明代[5]に鄭和の遠征をきっかけに国際交易都市として成長した（　3b　）や，18世紀末にイギリス人探検家によって開発された（　3a　）を通じて，オランダ統治下のジャワで栽培されたコーヒーが伝わり，海峡植民地の華人移民によって紅茶やコーヒーを提供するコピティアムという喫茶店が生まれたとされる。茶葉は，ヨーロッパとアジアとの文化的融合を経て，多様な形で受容されていったと言えよう。

〈設問〉

(1)　下線部1に関する記述としてもっとも適切なものは，次のうちどれか。　**31**

① イギリス東インド会社は，ベンガル管区で領主（ザミンダール）層を地主として土地所有権を与えて納税させるザミンダーリー制を実施した。

② オランダは，1602年に東インド会社を設立し，イギリス=オランダ（英蘭）戦争を転機にイギリスの勢力をインドネシアから締め出した。

③ 反清活動を行っていた鄭成功は，ポルトガル人を駆逐して台湾を占領し，これを拠点に清に抵抗した。

④ フランスの東インド会社は1664年に再建され，リシュリューのもとでインドシナに進出し，ポンディシェリやシャンデルナゴルを基地としてオランダに対抗した。

⑤ ポルトガルは，インドのアンカラをアジア貿易の根拠地とし，香辛料貿易を独占する中国商人と競合しつつ，東インド各地を支配下に置いた。

(2)　下線部2が成立する前後の出来事に関する記述a～cの正誤の組合せとしてもっとも適切なものは，次のうちどれか。 32

a　コンバウン朝はアッサムに進出し，3次にわたるビルマ戦争を経て清朝とイギリス両国の保護下に置かれた。

b　フランスはベトナムへの宗主権を主張して清朝との戦争で勝利を収め，北京条約によってベトナムの植民地化に成功した。

c　唯一植民地化の圧力を回避したタイでは，ラーマ4世によって王室による貿易独占が守られ，先進諸国と外交関係が結ばれた。

① すべて誤り
② aのみ正しい
③ bのみ正しい
④ cのみ正しい
⑤ すべて正しい

(3)　空欄**3a**と**3b**の組合せでもっとも適切なものは，次のうちどれか。 33

① 3a　ゴア　　3b　ペナン
② 3a　ペナン　　3b　マラッカ
③ 3a　マカオ　　3b　マニラ
④ 3a　マニラ　　3b　マカオ
⑤ 3a　マラッカ　　3b　ゴア

(4)　下線部4に関する記述としてもっとも適切なものは，次のうちどれか。 34

① イギリスはマカートニーを清朝に派遣して自由貿易を要求したが，乾隆帝はその要求を認めなかった。

② 乾隆帝はヨーロッパ船の来航を杭州1港に制限し，公行という特定の商人組合に貿易を管理させた。

③ 中国への大量の金の流出を打開するため，イギリスはイギリス本国と清朝とインドの間で，アヘン，茶，綿製品を中心に運ぶ三角貿易をはじめた。

④ 日本では，江戸時代に鎖国によって対外関係を厳しく統制したが，勘合貿易が行われて中国との朝貢関係が続けられた。

⑤ ロシアは清との間でネルチンスク条約を結び，ウスリー川以東（沿海州）を獲得した。

(5)　下線部5に関する記述としてもっとも適切なものは，次のうちどれか。　35

① 貨幣経済が発達し，手形として発生した交子・会子が紙幣として使われるようになった。

② 儒学者の王守仁（王陽明）は，ありのままの善良な心を発揮すること（致良知）を説いた。

③ 長江下流地域での稲田の面積が増大し，「蘇湖（江浙）熟すれば天下足る」の諺がうまれた。

④ 丁税（人頭税）が土地税にくりこまれた地丁銀制が実施された。

⑤ モンゴル，青海，チベット，新疆は藩部として理藩院に統轄された。

B　6マルタ会談によって冷戦の終結が宣言された後，世界ではグローバル化（グローバリゼーション）が進展した。それとともに，地球全体あるいは人類全体に関わる問題が次々と現れている。環境汚染，森林の減少といった環境問題，エネルギー資源の問題，生活水準の地域格差や人権問題は，今もなお人類が協同し，連帯しなければならない課題といえる。これらの問題に取り組むためには，7経済的にも政治的にも協力しあう国家間の繋がりもまた重要である。同時に，近代以来の社会の「進歩」に対する疑いや反省に基づいて，多様な集団の共存や環境との共生が模索されている。

一方，日本社会には戦後に中国・朝鮮・台湾など東アジア出身の人々がコミュニティを形成し，8中国，フィリピン，ベトナムといった国々から多くの労働者が来ている。しかしながら，20世紀の歴史のなかで生まれた国家対立や経済格差は，今もなお日本における外国人移民に対する先入観を強固にし，相互交流の不足からくる疑念と無理解をもたらしていよう。第二次世界大戦後，長いあいだ植民地状態にあったアジア諸国は，独立を達成していくものの，9民族の分断や局地的な戦争に直面することもあった。さらに，冷戦の激化による東西陣営の対立と第三世界の形成を経て，10アジア諸国の多くは経済発展と民主化を迎えたが，今なお民主化運動への弾圧とそれに対する抵抗が行われている地域もある。様々な経緯を経て日本に来る外国人移民を受け入れるにあたり，異文化の尊重と地域社会との対話，日本語教育，就労就学の援助といった問題にどのように対処し，どのような共生社会を作るのか。現代日本においても，多文化共生は身近に迫る重要な課題であると言えよう。

〈設問〉

(6) 下線部6の状況を表す出来事としてもっとも適切なものは，次のうちどれか。 36

① アメリカはラテンアメリカ諸国をドル経済圏に組み入れる善隣外交政策をとり，プラット条項を廃止した。

② 関税などの貿易障壁の撤廃をうながす協定が「関税と貿易に関する一般協定」(GATT) として成立した。

③ 国連環境開発会議（地球サミット）が開催され，気候変動枠組み条約が採択された。

④ 国連で女性差別撤廃条約が採択され，働く女性に対する差別の是正がめざされた。

⑤ トランジスターや集積回路（IC）などを用いたはじめてのコンピュータ開発がアメリカではじまった。

(7) 下線部7のうち1967年に東南アジア諸国の地域協力をめざして結成されたものは，次のうちどれか。 37

① APEC
② ASEAN
③ CIO
④ NIES
⑤ SEATO

(8) 下線部8に関する記述a～cの正誤の組合せとしてもっとも適切なものは，次のうちどれか。 38

a 中国では，日本が国民政府の全国統一を妨害するため山東出兵をくりかえした。

b フィリピンでは，アギナルドを中心とする革命軍が抗日運動を進め，フィリピン共和国を樹立した。

c ベトナムでは，ホー=チ=ミンがインドシナ戦争を起こしてベトナム民主共和国と交戦を続け，1954年にフランスをインドシナから撤退させた。

① すべて誤り
② aのみ正しい
③ bのみ正しい
④ cのみ正しい
⑤ すべて正しい

(9) 下線部9に関する記述としてもっとも適切なものは，次のうちどれか。　39

① インドでは，インド独立法が制定されると，ヒンドゥー教徒を主体とするインド連邦とイスラーム教徒によるスリランカの2国にわかれて独立した。

② カンボジアでは，ポル=ポトの指導する親米右派勢力と，シハヌークを追放した解放勢力との内戦が続き，解放勢力が勝利を収めて民主カンボジア（民主カンプチア）を名乗った。

③ 南北に分断されていた朝鮮では，北朝鮮軍が38度線をこえて侵攻すると，アメリカ軍を中心とする国連軍がロシア国境をこえたため，ロシアは北朝鮮側を支援して人民義勇軍を派遣した。

④ ベトナムでは，解放戦線の攻勢が激しくなると，アメリカ合衆国のジョンソン政権は本格的な軍事援助を開始し，ついでケネディ大統領が北ベトナムへの爆撃にふみきるとともに南ベトナムへ地上兵力を派遣した。

⑤ ラオスでは，右派とラオス愛国戦線（パテト=ラオ）との間で内戦状態にあったが，愛国戦線が勝利し，ラオス人民民主共和国が成立した。

(10) 下線部10に関する記述としてもっとも適切なものは，次のうちどれか。　40

① 韓国は文民出身の朴正煕が経済発展に力を入れ，民主化とともに朝鮮の南北対話をめざす太陽政策を推進した。

② 台湾では，戒厳令が解除され，総統になった李登輝が民主化を推進した。

③ 中国では鄧小平が民主化と経済改革を行ったが，1989年に農民と知識人が天安門広場に集まり更なる民主化を要求すると，政府は武力でこれをおさえた。

④ 南北統一後のベトナムは刷新政策（ドイモイ）による急激な市場開放を行ったため，経済状況が悪化した。

⑤ モンゴルは1992年に社会主義体制に基づくモンゴル人民共和国を樹立させた。

V 次のA～Bの文章を読み，設問(1)～(10)に対する答えをそれぞれ①～⑤から１つ選んで，その記号を解答用紙の所定欄にマークしなさい。

A　1880年頃から，東欧から新大陸へ移住する[1]ユダヤ人が急増し，その流れはおよそ40年間続いた。その背景には，[2]アレクサンドル２世の暗殺を契機として主に[3]ウクライナなどで起こったユダヤ人虐殺（ポグロム）などの苛烈な迫害に加えて，産業化による手工業や小商店の苦境による経済的困窮などの要因があった。

世紀転換期のアメリカ合衆国では，東欧系ユダヤ人を含む大量の移民が流入し，急速な都市化・工業化が進行した。[4]1920年代までには，世界で最大規模のユダヤ人社会を擁するようになり，[5]ニューヨークなどの主要都市のスラム街には東欧系ユダヤ人の集住地区が出現した。大半が貧しい移住者であった彼らは，主に被服産業などの労働者として働き，劣悪な労働環境におかれた。

〈設問〉

(1) 下線部１に関する記述としてもっとも適切なものは，次のうちどれか。 **41**

① イギリスは，ユダヤ人に対して，ユダヤ国家の設立を認めたフセイン（フサイン）・マクマホン協定をとりかわした。

② １～２世紀，ユダヤ人はローマの支配に対して反乱をおこしたが鎮圧され，選民思想を否定するようになった。

③ 14世紀のヨーロッパでは黒死病（ペスト）の大流行で労働力が不足し，ユダヤ人の地位が上昇した。

④ みずからの苦悩の歴史を背景に，救世主（メシア）待望の民族的意識を強めたユダヤ人は，ユダヤ教を成立させ，イェルサレムの神殿を中心に神権政治的な体制をつくった。

⑤ ヨーロッパのユダヤ人のなかには，住んできた国への同化をすすめようとする運動（シオニズム）がうまれた。

(2) 下線部２に関する記述としてもっとも適切なものは，次のうちどれか。 **42**

① ギリシア正教徒の保護を口実にしてクリミア戦争をはじめた。

② 首相ヴィッテの起草による十月宣言を出して，国会（ドゥーマ）開設を約束した。

③ 神聖同盟を提唱してヨーロッパのほとんどの君主を参加させた。

④ 大貴族を抑えて中央集権化をすすめ，農民の移動を禁じて農奴制を強化した。

⑤ ポーランド独立運動を境に専制政治を復活させた。

(3) 下線部3に関する記述a～cの正誤の組合せとしてもっとも適切なものは，次のうちどれか。 43

a 社会民主党を中心とする臨時政府は，議会制民主主義の樹立をめざす一方，軍部など旧勢力と結んで，スパルタクス団など左派をおさえた。

b ベラルーシ（白ロシア）・リトアニアなどの共和国とともに独立国家共同体（CIS）を結成し，これによりロシア連邦は解体した。

c ロシア・ベラルーシ・ザカフカースの3ソヴィエト共和国と連合してソヴィエト社会主義共和国連邦（ソ連）を結成し，新憲法が公布された。

① すべて誤り
② aのみ正しい
③ bのみ正しい
④ cのみ正しい
⑤ すべて正しい

(4) 下線部4の時期のアメリカ合衆国に関する記述としてもっとも適切なものは，次のうちどれか。 44

① 移民に対する風当たりが強くなり，この時期に制定された移民法では，日本人の移民は事実上禁止された。
② 「永遠の繁栄」を謳歌し，伝統的な白人社会の価値観は否定され，禁酒法制定を求める運動は頓挫した。
③ クー=クラックス=クラン（KKK）が復活し，移民への差別撤廃を唱えて大きな勢力となった。
④ ケネディ大統領の支持を得て，公民権運動がさかんになった。
⑤ はじめは主としてアイルランド系移民，ついで中国からの移民も本格化していった。

(5) 下線部5に関する記述a～cの正誤の組合せとしてもっとも適切なものは，次のうちどれか。 45

a イギリスは，オランダからニューネーデルラント植民地をうばい，その中心地をニューヨークと改称した。

b ヴェルサイユ条約で，ウィルソン大統領の提案した国際連盟の設置が決まり，ニューヨークに本部がおかれた。

c ニューヨークの戦いで独立軍の勝利が決定的となると，パリ条約がむすばれ，アメリカ合衆国は独立を承認された。

① すべて誤り
② ａのみ正しい
③ ｂのみ正しい
④ ｃのみ正しい
⑤ すべて正しい

B　2020年，ドイツの首都ベルリン中心部に巨大文化施設フンボルト=フォーラムが完成した。名称の由来であるフンボルト兄弟は18世紀から19世紀にかけて生きた知識人で，兄ヴィルヘルムは$_{6}$ナポレオン侵攻後のプロイセン改革の下でベルリン大学を創設した人物，弟アレクサンダーは南米大陸等を探検調査した人物として知られる。

このフォーラムの建物は，歴代のプロイセン王およびドイツ皇帝の居城だったベルリン王宮を再建したものである。$_{7}$第一次世界大戦末期に皇帝が退位しドイツが共和国になったあと，王宮はミュージアムとして利用されていたが，第二次世界大戦で破壊され廃墟となった。戦後に成立した$_{8}$ドイツ民主共和国（東ドイツ）では，王宮はプロイセン王国の絶対主義の象徴とみなされ，1950年に爆破された。跡地には，東ドイツ人民議会と文化・娯楽施設を収容するモダン建築「共和国宮殿」がつくられた。ドイツ統一後，「共和国宮殿」は取り壊され，$_{9}$バロック様式のファサード（正面部）を含む旧王宮の外観を生かした現在の建物が建設された。

フンボルト=フォーラムでは，世界の諸文化，ベルリンの歴史と現在，最新の科学研究の成果等に関する展示を観覧できる。このうちプロイセンの考古学的・民族学的・文化史的コレクションをめぐっては，文化財の脱植民地化の観点からその扱いが議論されており，帝国主義時代に西アフリカの$_{10}$ベニン王国から略奪された美術品については所有権の返還手続きが進んでいる。

〈設問〉

(6)　下線部６に関する記述ａ～ｃの正誤の組合せとしてもっとも適切なものは，次のうちどれか。　**46**

ａ　カントは連続講演「ドイツ国民に告ぐ」を通して国民意識の覚醒をうったえた。

ｂ　国王はフランクフルト国民議会からドイツ皇帝への就任を要請され，これを引き受けた。

ｃ　シュタイン・ハルデンベルクらが農民解放などの改革をおこなった。

① すべて誤り
② ａのみ正しい

③ bのみ正しい

④ cのみ正しい

⑤ すべて正しい

(7) 下線部7の共和国に関する記述としてもっとも適切なものは，次のうちどれか。 47

① 革命的情勢を背景に制定された憲法は，当時もっとも民主的な憲法といわれた。

② 共和国政府は皇帝の亡命後，ソヴィエト=ロシア（ロシア革命政府）と単独講和を結んだ。

③ 国際連盟には設立当初から加入した。

④ 社会民主党のシュトレーゼマンが初代大統領に選出された。

⑤ 世界恐慌のなかで，ナチ党が伸張した一方，共産党は力を失った。

(8) 下線部8に関する記述としてもっとも適切なものは，次のうちどれか。 48

① 共産党第一書記になったドプチェクは自由化を推進した。

② 西ドイツと国家主権をたがいに承認したが，国連加盟には至らなかった。

③ ブラント首相のもとでの経済の発展は「奇跡」とよばれるほど著しかった。

④ ベルリンの壁崩壊の翌年，西ドイツに事実上吸収され，統一ドイツが成立した。

⑤ ワレサを指導者として自主管理労組「連帯」が組織された。

(9) 下線部9に関する記述としてもっとも適切なものは，次のうちどれか。 49

① 豪壮華麗な様式で，代表的建築はヴェルサイユ宮殿である。

② サン=ピエトロ大聖堂は，この様式を代表する壮大な建築である。

③ 繊細優美な様式で，代表的建築はサンスーシ宮殿である。

④ 尖塔とステンドグラスによる窓を特徴とする。

⑤ 半円状アーチと重厚な石壁や小窓を特徴とする。

(10) 下線部10に関する記述としてもっとも適切なものは，次のうちどれか。 50

① エチオピアのアクスム王国に滅ぼされた。

② 塩金貿易を基盤に，セネガル川上流域に成立した。

③ ジンバブエを中心としたこの王国は，インド洋交易で栄えた。

④ 大西洋三角貿易の中で奴隷輸出を経済基盤としていた。

⑤ ニジェール川河口に位置するトンブクトゥは交易都市として繁栄した。

一二 『浜松中納言物語』は『更級日記』の作者が書いたとする伝承があった。『更級日記』の作者を次の中から選び、その番号をマークしなさい。

1 赤染衛門　2 藤原道綱母　3 和泉式部　4 伊勢　5 菅原孝標女

第三問 次の一、二の問いに答えなさい。

一 次の傍線部の漢字の読みをひらがな（現代仮名遣い）で解答用紙の所定欄に記しなさい。

(1) 化けの皮を剝ぐ。

(2) 任務を遂行する。

(3) 枝葉末節にこだわる。

二 次の傍線部のカタカナを漢字に直して解答用紙の所定欄に記しなさい。

(1) 美しい言葉をツムぐ。

(2) ハクシンの演技で魅了する。

(3) お笑い芸人にホウフクゼットウする。

4　今はもて来ぬらむかし
5　これにこそ知られぬれ

九　傍線部(10)「見給ひて」の主語を次の中から選び、その番号をマークしなさい。

1　皇子　　2　中納言　　3　大臣上達部
4　一の后の父の大臣　　5　一の后の父の大臣の五番目の娘

一〇　傍線部(12)「いかなれば、かくはおはするぞ」の解釈として最も適当なものを次の中から一つ選び、その番号をマークしなさい。

1　どうして病に伏せっていらっしゃるのか。
2　どれほど中納言のことを恋しく思われているのか。
3　どういうわけで修法や読経をなさっているのか。
4　どうして去年の十月に洞庭にお出かけになったのか。
5　どれほど私があなたを心配しているかご存じか。

一一　次の中から問題文の内容と合致するものを一つ選び、その番号をマークしなさい。

1　日本にいた時から多くの女性と交際していた中納言は、唐の女性たちとも交際すると面倒なことになると考えた。
2　唐の皇帝の子に生まれ変わっていた父は、息子の中納言に対してこの先もずっと唐に留まるように懇願した。
3　唐の国の一の大臣は、娘が唐の后となっていたが、日本から来た中納言と后とをなんとか結婚させたいと願った。
4　唐の国の大臣の娘の一人は、中納言が琴を演奏する姿を見たいと父に願い出て、父の同意を得た。
5　唐の国の大臣の娘たちは、中納言に恋心を抱くあまり、着飾って中納言の住む高楼に出かけて行った。

2　唐の大臣たちが、中納言の意向をおうかがいするが
3　唐の大臣たちの娘が、中納言の機嫌をとり申し上げるが
4　中納言が、唐の大臣たちの娘への好意を態度にお出しになるが
5　唐の大臣たちが、中納言に対する娘の気持ちを確認なさるが

六　傍線部(5)「さだに行きかかりなば」は、「そのように関わりが生じてしまったならば」と解釈できるが、ここでの「さ」はどのようなことを指しているか。三十字以内で具体的に説明しなさい。
※〈解答は、マークシート裏面の所定欄をよく確認したうえで、そこに記述すること。〉

七　傍線部(7)「さ思ふことなれば」について、「さ」の指示する内容として**当てはまらない**ものを次の中から一つ選び、その番号をマークしなさい。
1　唐の人々が日本へ帰国させないかもしれないこと
2　母親を嘆き悲しませるのは何よりもよくないこと
3　唐の人々の思惑に従ってはいけないこと
4　人間の執着心はとても恐ろしいこと
5　唐に生まれるべき宿命を背負っていたこと

八　傍線部(8)「ぬ」と同じ助動詞を次の中から一つ選び、その番号をマークしなさい。
1　我は皇子に負けぬべし
2　京には見えぬ鳥なれば
3　たちまちに死ぬ

二 波線部ア「他国」、イ「わが世」、ウ「知らぬ世界」、エ「ただうるはしき世界」、オ「この世」は、それぞれどこを指しているか。その組み合わせとして正しいものを次の中から一つ選び、その番号をマークしなさい。

1 ア・ウは唐を、イ・エ・オは日本を指している。
2 ア・ウ・エは唐を、イ・オは日本を指している。
3 イ・オは唐を、ア・ウ・エは日本を指している。
4 ウ・エは唐を、ア・イ・オは日本を指している。
5 ウ・エ・オは唐を、ア・イは日本を指している。

三 傍線部(1)「たてまつり」は誰への敬意を表しているか。正しいものを次の中から一つ選び、その番号をマークしなさい。

1 大臣や上達部　2 中納言の子　3 唐の皇子　4 中納言　5 大臣や上達部の娘

四 傍線部(2)「かばかりいみじき人の名残をとどめたらむは、えも言はざることなり」の解釈として最も適当なものを次の中から一つ選び、その番号をマークしなさい。

1 これほど立派な中納言の子をこの国に留められたら、何とも言えずすばらしいことだ。
2 これほど優れた皇子の子孫をこの世に残せたら、出生の秘密を人に告げることはすまい。
3 これだけ賢い子を娘の忘れ形見としてほんの一瞬でも見られたら、何とも言えず幸福なことだ。
4 これだけ若々しい中納言を娘の婿として迎えられたら、昔の恨みをあえて告げることはすまい。
5 これほど中納言にそっくりな子を我が国の皇子としてもらえたら、何とも言えず満足なことだ。

五 傍線部(3)「けしきとり聞こゆれど」の解釈として最も適当なものを次の中から一つ選び、その番号をマークしなさい。

1 中納言が、唐の大臣たちの考えをおたしかめになるが

注3　洞庭＝洞庭湖。現在の中国湖南省にある名勝地。
注4　修法＝加持祈祷をすること。

一　傍線部(4)(6)(9)(11)の現代語訳として最も適当なものをそれぞれ一つずつ選び、その番号をマークしなさい。

(4)　便なからむかし
1　便宜をはかってくれるだろうよ
2　都合が悪いだろうよ
3　不快になるかもしれないな
4　無礼になるのが心配だな
5　不便になるにちがいないよ

(6)　かならずおぼしな寄りそ
1　きっと思いつくことがおありでしょう
2　絶対に帰国をお考えにならないでください
3　決して好意をお寄せにならないでください
4　必ずや恋の思いを寄せてくるでしょう
5　必ずしも求愛する必要はないでしょう

(9)　かしづき給ふ
1　崇拝していらっしゃる
2　お仕えなさっている
3　かしこまっていらっしゃる
4　十分に成長なさっている
5　大切に養育なさっている

(11)　すずろに
1　涙ながらに
2　ひっそりと
3　故意に
4　わけもなく
5　少しずつ

第二問　次の文章は、『浜松中納言物語』の一節である。主人公の中納言は、夢にあらわれた亡き父から、唐の国で皇帝の皇子に生まれ変わったと告げられた。渡唐した中納言は、その皇子と会い、しばらく唐で暮らすことになる。以下の場面は、優れた容貌と文才によって、唐でも日本にいたときと同様にもてはやされる中納言の姿を描いている。これを読んで、後の問いに答えなさい。

その時、大臣上達部[注1]の、むすめありとあるは、「(ア)他国のかりそめの人なりとも、かくておはするほど、わが家のうちに出だし入れ(1)たてまつりて見ばや。さて子をも生み出でたらば、(2)かばかりいみじき人の名残をとどめたらむは、えも言はざることなり」と思ひ願はぬ人なくて、さる用意をしつつ、(3)けしきとり聞こゆれど、「(イ)わが世にてだに、さやうのこと思ひ寄らざりしを、まいて(ウ)知らぬ世界に、さる振る舞ひをし出でたらむに、いと(4)便なからむかし。(5)さだに行きかかりなば、帰らむとせむに、こと悪しくなりなむかし」と思ふに、皇子も忍びて、「さおもむけ思へる人いと多からむめり。(6)かならずおぼしな寄りそ。かうこそ、ただ(エ)うるはしき世界と見ゆれど、人の心いと恐ろしくて、日本《ひのもと》へ帰さじ、など思ふ心つきなば、こと乱れなむ。さりとて、さるべくて生まれ給へる人の、(オ)この世の人になり果て給ひなむも、あさましきことなり。よろづよりも、母上をそむきて思はせ給はむ不孝の罪、いと恐ろし」と教へさせ給ふも、(7)われもさ思ふことなれば、いよいよ動かれ(8)ぬに、一の后[注2]の御父の大臣、あまたが中に五にあたるむすめ、すぐれていみじういつき(9)かしづき給ふが、去年の十月の洞庭[注3]の紅葉の賀の御幸に(10)見給ひてのち、(11)すずろに臥し沈みなやみて、色かたちも変はりゆくを、一の大臣おほきにおどろきなげきて、修法[注4]、読経などさわぎ給へども、よろしうなるけぢめもなし。(12)「いかなれば、かくはおはするぞ」となげき給ふに、「日本の中納言の、琴弾きあそび給はむを見はべらばや。それにやいささか心地まぎるる、と。そこはかとなく、おどろおどろしく苦しきことははべらねど、ただうもれいたく、心地のむつかしきを」と答へ給ふに、父の大臣、「まことにかの人を見れば、病ひもやみ、命も延びぬべきさまし給へる人なり。いとかしこくおぼし寄りたり。われ迎へたてまつらむ」とて、花盛りいとおもしろきに、かかやくばかりしつつ、中納言のおはする高層にまうで給へり。

（『浜松中納言物語』による）

注1　大臣上達部＝大臣と上達部のこと。唐の高官を日本風に表現している。
注2　一の后＝唐の皇帝の第一の后。

を展開している。

2 日本における人権のあり方と欧米諸国のあり方について具体的な事例に言及しながら比較して述べており、今後は後者のほうにより接近していく方向性を模索している。

3 人権をめぐる具体的な事例から出発してそれらを検証していく帰納的な論理構成で書かれており、それらを踏まえた上で最終的に「人権力」についての仮説を提唱している。

4 文章は大きく前半と後半とにわかれており、前半では人権問題に関わる具体的な事例を、後半では人権とはどうあるべきかという内容を述べることで、議論を一般化している。

5 人権が普遍的な理念であることを前提とした上で演繹《えんえき》的に議論を積み重ねており、そのため最終的な「人権力」についての結論も一般化可能なものとなっている。

一一 次のア～オについて問題文の内容と合致するものには1を、そうでないものには2をそれぞれマークしなさい。

ア 日本版マグニツキー法の制定により、日本は国際的な人権問題についてある程度対応することができるようになっている。

イ 二十世紀以降の日本は、一部の例外はあるが、人権に関する新たな提言を行うよりも国際人権から影響を受けてきた。

ウ 圧政や差別との闘いを経て人権が勝ち取られてきた歴史的経緯を市民が学びさえすれば、その人権は維持される。

エ 現代の日本では、特に難民の問題や性をめぐる問題において、国際的な人権感覚との差異が生じている場合も少なくない。

オ 日本では同調圧力が強いものの、市民やNGOが人権問題について積極的に発言しており、それらが大きな影響力を持っている。

5　伝統や慣習とは打破すべきものであり、日本の家族制度は国連女性差別撤廃委員会から何度も勧告を受けているため、近い将来において改善がなされなくてはならない。

七　傍線部(9)「「人権力」」の概念に当てはまるものはどれか。その説明として最も適当なものを次の中から一つ選び、その番号をマークしなさい。

1　人権に関わる問題が世界の様々な地域や共同体で起きていることを認識し、新たな問題が起きないように監視できる力
2　国家や企業、学校といった社会共同体にはそれぞれの人権の形があることを認識し、その共同体ごとの考え方を許容できる力
3　人権侵害に対しては常に批判的な態度を明らかにし、自国の政権が行使しようとする不当な権力に対して抵抗できる力
4　人権侵害について注視し、対応すべき課題が生じた際には適切に行動するとともに、自分にも関わる問題として意識できる力
5　人権を守るために何が必要かを議論し、国家や企業、学校などの共同体で生じる問題について制度整備を行うことで対応できる力

八　傍線部(10)「国内での「人権力」強化を進める」とあるが、そのために筆者は何が重要だと考えているか。六十字以内で説明しなさい。
※〈解答は、マークシート裏面の所定欄をよく確認したうえで、そこに記述すること。〉

九　傍線部(11)「１００年前の国際政治ではほぼ無意味であった「人権力」」とあるが、約一〇〇年前の一九二五年に制定された治安維持法は人々の人権を奪い、プロレタリア文学を弾圧する根拠となった。プロレタリア文学を代表する作家である小林多喜二の作品を次の中から一つ選び、その番号をマークしなさい。

1　人間失格　　2　蟹工船　　3　地獄変　　4　小僧の神様　　5　セメント樽の中の手紙

一〇　この文章の特徴や論理展開について指摘したものとして最も適当なものを次の中から一つ選び、その番号をマークしなさい。

1　日本の人権に関わる諸問題について具体的に言及しながら、国際社会の中で日本が今後どのように振る舞うべきなのかについて、明確な主張

4　日本は民主主義国家として中心的位置にあり、アイヌの運動への対応をはじめとして人権問題においても国際的に高く評価されている。

5　日本は人権規範を示しその遵守を主導できる国家として見られている以上、過去に犯した人権問題についても対応を行わなければならない。

五　傍線部（7）「普遍的人権理念を土着化（vernacularization）させるようなアプローチ」とあるが、その説明として最も適当なものを次の中から一つ選び、その番号をマークしなさい。

1　地域ごとに異なる現代の社会状況を踏まえて革新的な人権のあり方を模索することで、世界に受け入れられやすい枠組みを構築すること

2　西洋の人権理念がそれとは異なる地域や文化には受け入れられないことを認め、民族的な枠組みを基本とした人権のあり方を模索すること

3　国際人権の理念を押しつけるのではなく地域ごとの文化や歴史などを踏まえて議論し、その社会で受け入れられる人権のあり方をめざすこと

4　国際人権の理念は普遍的なものであり、地域による差異を解消して広めていく必要があるため、人々を説得してそれに従わせること

5　西洋の人権理念を受け入れることが難しい地域に対しては、個別にその枠組みを調整することで、ある程度の人権侵害は許容していくこと

六　傍線部（8）「伝統的な家族制度」とあるが、これに対して筆者は「伝統」をどのように捉えているか。その説明として最も適当なものを次の中から一つ選び、その番号をマークしなさい。

1　伝統とは近代以前から形作られた慣習であることが通常であり、特に日本のように長い歴史を持っている国家においては、西洋から入ってくる価値観よりも重視され、尊重されている。

2　伝統とはたとえ近代以降に形作られたものであってもその地域や文化にとっては重要なものであり、西洋から入ってきた価値観によって安易に書き換えるようなことがあってはならない。

3　伝統とみなされているものであっても、事実関係を調べてみると必ずしも歴史的に引き継がれてきたわけではなく、近代以降に形作られたものが伝統として認識されている場合もある。

4　伝統や慣習とは必ずしも古くから続くものではなく、近代以降に形作られているような新しい伝統もあるが、それらもあくまで歴史の一つとして認めていくことが必要である。

4　男性より低い女性の地位を向上させる運動
5　文化的、社会的に形作られる女性、男性などの性差

三　傍線部(3)「「空虚な約束のパラドックス」に似た展開」とあるが、ここではどのような展開のことを言うのか。その説明として最も適当なものを次の中から一つ選び、その番号をマークしなさい。

1　他国での人権侵害に対して批判的だった政権にとって、そうした発言と一貫性を持たせるために行われた様々な法整備は、罰則規定が不十分になってしまうなど内容として到底納得できないものになったこと
2　対外的には国際人権規範に基づいて様々な批判を行ってきた政権が、国内においては政治手法や演説などで多くの人権侵害を繰り返しており、人権に関して異なるふたつの側面を示す結果になってしまったこと
3　人権や民主主義の観点で批判を浴びてきた政権が、人権原則を掲げて対外的な批判を繰り返したことで、そうした発言との整合性を持たせるために国内においても人権を遵守する制度を作らざるを得なくなったこと
4　他国の人権侵害を批判してきた政権がそうした発言と整合性を持たせるために法整備を行ったが、想定外の事態として、それらが実際にいくつかの訴訟で使われて判例になったこと
5　他国の人権侵害を批判してきた政権が、国内のマイノリティーに対しては多くの問題発言を行っており、そうした政権によって行われた法整備はほとんど実効性のないものになってしまったこと

四　傍線部(5)「リベラルな国際秩序の中核をなす国として適切な行動を取らなければならない」とあるが、これは筆者のどのような主張を述べたものか。その説明として最も適当なものを次の中から一つ選び、その番号をマークしなさい。

1　歴史問題や先住民の人権などで問題のあった日本だが、これらに適切な対応を行ったことで民主主義国家として中心的位置を占めつつある。
2　民主主義国家間での国際協調で中心的役割を果たしている以上、日本は国際的な人権規範と国内での議論との差異を解消していく必要がある。
3　移民や難民、先住民族の人権についての法整備が日本ではまだ不十分であり、このままでは民主主義陣営の中心になることは難しい。

法整備を行ってきた日本は、他国の協力を得ずとも十分に効果を期待できる制裁を発動する必要があること

4　国家が人権問題に取り組むことは国際的な規範によって示された既定路線であり、そこから外れるのは難しいが、国内の政治運営の手法やレトリックにおいてであれば、人権と民主主義の観点から批判が浴びせられるような事態が生じるのはやむを得ないこと

5　国家が国際的な人権問題に取り組む際は、他国で生じる人権侵害を批判するだけでなく自国での人権に関わる法制度の整備を行って適切に行動しなければならず、また人権規範が国際的に広く共有されているために、そこから外れた態度を取るのが難しくなること

二　傍線部(2)(4)(6)の言葉の意味として最も適当なものを次の中からそれぞれ一つ選び、その番号をマークしなさい。

(2)　マイノリティー

1　国家的権力者　2　社会的少数者　3　制度的被害者　4　文化的発信者　5　政治的批判者

(4)　漸進的

1　実現までの時間が長く感じられること
2　実現への前向きな意志が示されること
3　実現までにあまり時間がかからないこと
4　段階を経て徐々に実現していくこと
5　やっとのことで実現可能になること

(6)　ジェンダー

1　現代における婚姻制度をめぐる多様な視点
2　正しい性のあり方に関する情報を発信する媒体
3　夫婦や性の問題といった、女性をめぐる問題の総称

り、ESG[注7]投資やSDGsなどの形で日本のビジネスの世界でも大きな注目を浴びてきている。軍事力で世界をリードしようという志向の薄い日本だからこそ、経済力を立て直した上で、「人権力」で世界の先頭に立って、国際人権の発展に貢献するというのはこれからの日本にとって大事な指針の一つになりうるのではないだろうか。

（筒井清輝『人権と国家――理念の力と国際政治の現実』による。なお、出題に際して一部本文の表記等を改めてある）

注1 マグニツキー法＝二〇一二年にアメリカで制定された法律。人権侵害に関係した他国の団体や個人に、資産凍結や入国禁止などの制裁を科すもの。

注2 ジェノサイド条約＝一九四八年に国連総会で採択された、集団虐殺を禁止する条約。

注3 価値観外交＝民主主義や法の支配、市場経済、基本的人権の尊重といった価値観を共有する国家との関係を強化しようとする外交政策。

注4 サプライチェーン＝商品が消費者に届くまでの、原材料調達・製造・物流・販売といった一連の流れ。

注5 スウェットショップ労働＝低賃金かつ劣悪な条件で労働者を働かせること。

注6 人権デューディリジェンス＝企業活動において、人権リスクを抑えようとする取り組み。

注7 ESG投資＝環境（Environment）、社会（Social）、ガバナンス（Governance）を考慮して、投資先の企業を決定すること。

一 傍線部(1)「国家が国際人権にコミットすることは、簡単には降りられないレールの上を走り出すこと」とあるが、筆者がここで述べようとしているのはどのようなことか。本文全体の内容を踏まえた説明として最も適当なものを次の中から一つ選び、その番号をマークしなさい。

1 国家が人権問題に取り組む以上、難民の扱いやマイノリティーへの差別に対する国内での諸問題については国際的な規範に基づいて法整備を行う必要があるが、現在の日本の状況は中国や北朝鮮などで起きている人権侵害と変わらないこと

2 国際的な人権問題に取り組む際は、普遍的な人権の枠組みに基づく規範の中で対応することが必要であり、人権侵害について批判されている中国や北朝鮮、ミャンマー、イランなども、実際には予め定められた国際的なレールの上で人権の問題を扱っていること

3 国際的な人権規範が当然のものとなる中で、様々な国家で起きている人権侵害の状況は批判的に扱うべきであり、安倍政権下で人権に関する

ことを確認する人権[注6]デューディリジェンスの実行。学校であればブラック校則と呼ばれるような理不尽な規則で、例えば生まれつき茶色い髪を黒髪に染めさせるといった、生徒に対する人権侵害をしていないか。個人であれば、周りで人種差別的発言を聞いた時にそれに同調するのか、それを批判するのか。それぞれの立場で「人権力」を強化する努力が求められる。様々な人権関連の失言などで、関係者が開催直前に辞任に追い込まれた東京五輪実行委員会や、アイヌに関する報道の中で、典型的な差別発言をそうと認識できずに後に謝罪を余儀なくされた民放の情報番組などは、「人権力」のなさが現れた典型的な例であろう。こうした事態を防ぐためには、組織のレベルでは、日頃からリスク・マネージメントとして人権関連の案件に対応する準備をし、個人のレベルでも人権関連の報道に目を向け、遠い国での問題にも関心を払い、自分にも関わる問題であるという意識を持つことが重要である。

また、より具体的に(10)国内での「人権力」強化を進めるためには、１９９３年に採択されたパリ原則で規定され、国際人権機関からもしばしば勧告を受けている、国内人権機構の設立など、国際基準を満たすような国内の制度整備や啓発活動を進めることが重要であろう。国レベルでのこれらの施策によって、人権理念の主流化、すなわち政府、地方公共団体、さらには企業や学校などの組織で、人権理念の実現が目指されるという波及効果が期待できる。さらに、人権教育のための国連10年（１９９５〜２００４年）の成果を参考に、近年盛んになってきている人権教育を進め、次世代の日本人が人権の本質を理解することも欠かせない。そうした教育・啓発活動の中で、人権理念の長い歴史を学び、現在の国際人権が、圧政と戦い、差別を克服し、自由を勝ち取るための世界中での多くの人々の闘いの中で勝ち取られてきたものであり、市民による不断の努力で支え続けなければ、いとも簡単に崩れてしまうものであることを認識しなければならない。同調圧力が強いと言われる日本で特に大事なのは、異議申し立てをする市民やＮＧＯの主張に耳を傾け、その主張に同意しなくても、誰もが人権を主張できる権利を守ることである。普遍的人権理念の中での人権を主張する権利の重要性は、国連がわざわざ人権擁護者に関する宣言（Declaration on the Human Rights Defenders）を１９９８年に採択し、２００８年からは人権擁護者の状況に関する特別報告者（Special Rapporteur on the situation of human rights defenders）を指名して、人権保護のために活動する個人や組織を守ることに尽力していることでも明らかである。

国際社会は経済力や軍事力が幅を利かせる世界であり、これからもその重要性は変わらないであろう。その中で「人権力」が持つ影響力はまだ微々たるものかもしれない。しかし、(11)１００年前の国際政治ではほぼ無意味であった「人権力」が、今では誰しも無視できない要因の一つとなっている。さらに、これまでは主に政治の世界での議論であった人権が、近年は国際経済でも環境問題やガバナンスなどとともに重要な論点となっておの先住民権運動でも、当初先住民権に関する理解が浅く、批判を受ける立場にあったが、この問題では次第にアイヌの運動に応えて、法改正などを進め、現在では先住民権に対して比較的理解のある国と捉えられている。ただ、現在の夫婦別姓や同性婚などの(6)ジェンダーに関する議論や移民・難民の問題などでも、国際人権で主流となっている理解と日本の議論や対応との間にズレがある場面が多いことは否めず、これらの分野では特にこのギャップを縮める努力が必要になってくる。

もちろん、国際人権の議論を１００％所与のものとして、常に無批判に受け入れなくてはいけないというわけではない。第3章で見たように、現在の国際人権の議論では、当該国の文化的・制度的伝統を尊重しつつ、その社会に受け入れられやすい形で(7)普遍的人権理念を土着化（vernacularization）させるようなアプローチの重要性が高まっており、国際人権規範を日本社会のあり方と接合する努力は重要である（Merry 2006）。これは、国際人権が西洋発の思想であるという見方が強い地域で、普遍性の名の下に人権理念を上から押し付けることに対する倫理的疑問と反省を踏まえて出てきたアプローチである。

例えば、日本での夫婦別姓・別氏に関する議論について考えてみよう。国際社会でこの制度が女性差別であると批判され、国連女性差別撤廃委員会から何度も改善勧告を受けていることや、日本以外でこの制度を持つ国がほとんどないことなどは、制度廃止の十分な論拠となりうるように思える。しかし、反対派は夫婦別姓・別氏を認めれば日本の(8)伝統的な家族制度が崩壊し、国家の基盤をも揺るがすという論陣を張っている。このような議論に対しては、国際基準の議論だけでなく、近代以前の日本社会で氏を持った一部の人々の間では夫婦別氏が普通であったこと、明治時代に入ってからも最初の30年以上にわたって夫婦別氏制度が取られており、１８９８年の民法で初めて夫婦同氏が法制化されたことなどの、日本の伝統を踏まえた夫婦別姓・別氏のための議論をする方が有効であろう。反対派は、夫婦同姓・同氏を日本的な人権のあり方として認めてもらいたいのであれば、ただ日本の伝統だからとか、これまで続いてきた慣習だからというだけではなく、その必要性を国際社会で理解が得られるような形で説明できなければならない。

今後も日本が国際社会で名誉ある地位を占めようとするならば、国家・企業・市民社会・メディア・大学・個人などあらゆる行為主体が、適切に人権問題と向き合い対応する力、言わば(9)「人権力」を身につけなければならない。それは、例えば政府がミャンマーでの人権侵害に対して制裁を加えるべきか、北京オリンピックでの外交ボイコットに踏み切るべきか言った判断に際して、国際人権規範を念頭に、また人権以外の国益との兼ね合いも考えながら総合的に判断する力である。政府だけでなく、企業であれば、サプライチェーン[注4]の先でスウェットショップ[注5]労働が行われていない批判が浴びせられてきた。外交面で人権にコミットする立場を打ち出した安倍政権は、これらの批判を全て無視するわけにはいかず、慰安婦問題では被害者に寄り添う謝罪メッセージを出し、（2）マイノリティーの権利に関してはアイヌ新法やヘイトスピーチ規制法、部落差別解消推進法など様々な人権関連の法整備を行った。これらの法律は罰則規定が不十分だという批判もあるが、その後、いくつかの訴訟で使われるなどしており、人権向上のために有効に機能する可能性は十分にある。そして、安倍政権のこれらの対応は、外に向けてリベラルなメッセージを発信してきたことで、国内での政策にも一定の一貫性を持たせなければならなくなるという、多くの国家が経験してきた（3）「空虚な約束のパラドックス」に似た展開であった。

最後に、日本の価値観外交が本格的な人権外交に発展するのであれば、同時にその限界についてもしっかり認識しておかなければならない。近年、人権制裁が効果的かどうかという議論も盛んになってきているが、例えば日本が中国に対して新疆《しんきょう》ウイグルでの人権侵害に抗議して制裁を発動したとして、それですぐに中国が状況を改善すると考える人はほとんどいないであろう。中国のような大国への制裁は特に短期間には効きにくいのだが、中央アフリカ共和国やモルディブなどの小国に対してであっても、日本が一国の力で簡単に他国の人権の実践を変えられるような状況はほとんどない。人権制裁においては、他の国際人権の道具と同様に、国際社会で協力して当事国に圧力をかけることによる（4）漸進的な効果を期待しつつ、人権侵害を見過ごさないし、許さないという意思表示を行うという象徴的な意味も重要なのである。

日本と国際人権との関わりは、１９１９年の人種平等原則の提案などを例外として、主に日本が国際人権に影響されるというベクトルで展開してきた。日本から国際人権に関する新たな提言が行われることは少なかったのだが、２０００年代に入って部落解放同盟を母体とする国際人権ＮＧＯであるＩＭＡＤＲが、インドのカースト差別解消に取り組むＮＧＯなどと連帯して、職業と門地に基づく差別の撤廃に関する決議の国連での採択を実現した。これが、日本から新しい人権問題を発信した最初の例と言われる（Tsutsui 2018）。その他にも日本の市民社会も政府も国際人権の発展に様々な貢献はしてきたが、発信力という点では、さらなる飛躍が望まれる。

そのためにも、国際人権規範を理解し、国内の人権問題に対する批判にしろ、国外の人権侵害への対応にしろ、（5）リベラルな国際秩序の中核をなす国として適切な行動を取らなければならない。これまでの日本の国際人権との関わりの歴史を見ると、日本国内での人権に対する理解が国際的な人権感覚とずれている時に、日本が人権関連で批判にさらされる局面が出てきたことがわかる。例えば、第二次大戦中の人権侵害に対する謝罪や補償などの外交的対応では、日本は、国際社会での過去の人権侵害にまで遡っての謝罪や和解に関する規範の強さ・方向性を読み損ね、様々な批判を浴びることになった。この問題では、後手後手に回った対応のために、現在でも歴史問題が大きな外交課題となった状況が続いている。また、アイヌ

国語

（六〇分）

第一問　次の文章は筒井清輝による著書の第4章の一部である。これを読んで、後の問いに答えなさい。

現在、人権外交への関心が大きくなり、国際人権へのさらなる貢献への機運が高まっているのだが、この動きを主導しているのが保守派と見られる政治家であることもあって、中国や北朝鮮に圧力をかけるための道具として使われているという批判もある。しかし、第2章で見てきたように、当初の動機はどうあれ、(1)国家が国際人権にコミットすることは、簡単には降りられないレールの上を走り出すことであり、人権規範に冷淡であったり反対したりするよりは、はるかに望ましいアプローチである。ただし、これまでに強調してきた通り、国際人権で肝要なのはその普遍性であり、国際人権規範に基づいて中国や北朝鮮を批判するのであれば、ミャンマーでもイランでも、同盟国アメリカでも、ひどい人権侵害があればそれを批判することができなければならない。日本版マグニツキー法[注1]の制定やジェノサイド条約[注2]の批准などの法制度の整備があれば、日本の人権に対するコミットメントは普遍性を持ち、どの国で起きた人権侵害にも対応できるようになりうる。

また、人権原則を掲げて他国を批判すれば、それが自国の人権状況に対する批判として返ってくる可能性があることも認識しておかなければならない。アメリカとソ連の間でそのような応酬があったことは前章で見た通りであるし、これからアメリカと中国の間でお互いの人権批判が国内の政治にも影響を与える可能性がある。その場合、アメリカのような民主主義国での方が、人権運動家が外からの批判を活用して政府を批判することの有効性が高く、人権状況に対する影響が早く出やすい。

すでに日本でも、価値観外交[注3]の進展と並行して、安倍政権には国内での政治運営の手法やレトリックについて、人権と民主主義の観点から様々な

解答編

英語

I **解答**　**1**—b　**2**—c　**3**—d　**4**—e　**5**—f　**6**—b
7—e　**8**—c　**9**—a　**10**—d

解説

1. 全文は（Only）when the circumstances are exceptional will（we accept late applications.）となる。「例外的な状況のみ」を「状況が例外的な時に限り」と言い換え，when を用いて表す。Only when ～の節が前に置かれると，そのあとは倒置が起こる。ここでは we will accept … が will we accept … となったと考える。allows は三人称単数現在形で，主語になる単数の名詞がないため，ここでは使えない。

2. 全文は（Smartphones have）enabled（us to）enjoy conveniences（we could not）afford before(.) となる。have のあとには過去分詞 enabled を置き，現在完了を作る。enable *A* to *do* で「*A* が～するのを可能にする」となるので，us to enjoy を続ける。「享受する」は enjoy で表す。「以前にはなかった」は「便利さ」を修飾するので，conveniences のあとに we could not afford before「以前には持つ余裕のなかった」を置いて表す。nonetheless は「それにもかかわらず」という副詞で，ここでは使えない。

3. 全文は（Holmes thought the thief）must have worn（gloves so as）not to（leave any fingerprints when he broke in.）となる。「～したにちがいない」は must have *done* で表し，worn は wear「～を着用する」の過去分詞なので must have worn と続け，同じく過去分詞の been が不要だとわかる。「～しないように」は so as not to *do* で表せる。

4. 全文は（My father raised his hand）as if to demand silence(.) とな

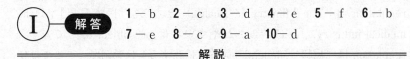

る。「(まるで) ～するかのように」は as if to *do* で表す。「静かにと言う」は「静寂を求める」と考えて demand silence で表せる。likewise は「同じように，同様に」という副詞で，ここでは使えない。

5． 全文は (My present income) is twice what it was (ten years ago.) となる。「わたしの現在の収入」と比較する対象の「10 年前の収入」は関係代名詞 what を用いて what it was ten years ago で表し，この前に twice「2倍」を置く。doubled は動詞 double「～を2倍にする」の過去形または過去分詞だが，ここではほかの語とつながらない。

6． 全文は (Generally speaking, the medical) industry is subject to regulation (by the Ministry of Health.) となる。「医療業界」は the medical industry,「～にさらされやすい」は be subject to ～ で表す。regulation は「規制」。depend「頼る，依存する」は動詞で，ここでは使えない。

7． 全文は (John studied so hard that he) is far ahead of (the rest of) his class (in Chemistry.) となる。ahead of ～「～より進んで，～よりまさって」の前に far「はるかに～」を置く。「クラスのだれよりも」は the rest of his class「クラスのほかの人々」とする。superior「より優れている，まさっている」は比較対象を表す前置詞に to を用いるので，ここでは使えない。

8． 全文は (You must) see to it that no (harm comes to her.) となる。see to it that ～ で「～するよう取り計らう，気をつける」という意味を表す。careful「注意する」は be 動詞が必要なので，ここでは使えない。

9． 全文は (The Japanese government has) just relaxed controls on imports (from Europe.) となる。「～したばかりである」は「ちょうど～したところだ」と考えて現在完了 has just *done* で表し，relaxed が relax「～をゆるめる，和らげる」の過去分詞なので just のあとに置く。relaxed の目的語が「～からの輸入品に対する規制」なので，controls on imports from Europe を続ける。controls は名詞 control の複数形で，control on で「～に対する規制」。regulated は regulate「～を規制する」の過去形または過去分詞で，ここでは使えない。

10． 全文は New life was breathed into (the tournament when Japan beat Italy by two goals to one.) となる。life には「活気，元気」という

意味がある。breathe *A* into *B*「*A* を *B* に吹き込む」の受動態を用い，主語に new life を置くと，「トーナメントは活気づいた」という意味を表すことができる。revival「回復，復活」はここでは使えない。

Ⅱ 解答

1－a　**2**－c　**3**－b　**4**－c　**5**－b　**6**－d　**7**－d　**8**－a

全訳

《学校への寄付金の用途についての会話》

ロンドンのベーカー・ストリート・スクールに 30,000 ポンド（約 5,000,000 円）が贈られた。教師の集団がそのお金の使い道について話し合っている。

レイチェル：みんな，今日は時間を作ってくれてありがとう。では，このすばらしいプレゼントの最善の使い道についての考えはある？　これを使ってできることは確かにたくさんあるわ。

アンドリュー：そうだね，僕の心がどこにあるかはみんなわかっていると思う。図書館を新しくすべきだ。新しい本を購入してからずいぶん経つよ。

ジョー：いいことを言うね，アンドリュー。それは絶対，学校のためになるだろう。でも，もっといい選択肢があると思うよ。

レイチェル：たとえば？

ジョー：コンピュータ室を改善するのがいいと思う。ソフトウェアの多くが古くなっているし，子どもたちが使っているタブレットの中には 10 年以上前のものもある。21 世紀に追いつくいい機会だよ。

レイチェル：あなたがそう言うのは興味深いわ。つい先日も，私の生徒の 1 人がファイルのダウンロードにとても時間がかかると文句を言っていたわ。

アンドリュー：そうだね。でも問題は，コンピュータは高学年の生徒のためにしかならないということだ。このお金をできるだけ多くの子どもたちのために使うべきだよ。だから本当に，僕は本がいいと思うんだ。

レイチェル：さあ，それで，いいアイデアがいくつか出てきたわね。でも，まったく違うものはどうかしら。

アンドリュー：たとえば？　何か考えているものがあるの，レイチェル？

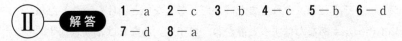

レイチェル：そうね，校庭に関して何かできるかもしれない。養魚池を作るとか，あるいはブランコをいくつか置くとか。

アンドリュー：いいね，でもそれは本当に低学年の生徒のためだけのものになりそうだ。お金はすべての子どもたちのために使うべきだよ。

ジョー：そうだね，それもまた確かだ。考えないといけないことだね。

レイチェル：あなたはずっと静かね，マイク。あなたはどう思う？

マイク：ずっと聞いていたけど，全部いい提案だね。でも，僕は別の見方をしてみたいんだ。

レイチェル：じゃあ，続けて。あなたの「別の」見方を私たちに教えて。

マイク：現実問題，最近僕たちはみんな急かされているんだ。クラス当たりの子どもの数が多すぎて，時間がなさすぎる。

ジョー：全く同感だ。でも，それが最近の学校の先生の生活なんだよ。

マイク：そうである必要はないよ。30,000 ポンドあれば，本当に変化を起こすことができるんだ。だから，授業補佐を数人雇ったらどうだろう？

レイチェル：ねえ，きっと何か考えがあるのね。それでどうなるの？

マイク：市内の大学のいくつかに広告を出すんだ。きっとちょっとしたお小遣い稼ぎに熱心な大学院生がたくさんいるにちがいない。彼らが週に1，2回来てくれて，主要科目を教える手伝いをしてくれるだろう，英語，数学，科学，ひょっとしたら外国語を1つ2つとか。

ジョー：そういう助けがあったらいいね。ねえ，僕はこの考えを本当に気に入ったよ。それをやるべきだよ！

アンドリュー：ねえ，ちょっと待って。これにはちょっと現実的な問題があるよ。

レイチェル：どうして？　私も結構いいなと思っているんだけど。

アンドリュー：30,000 ポンドはいい金額だよ，大金だって言ってもいいね。でも，どれくらいでなくなる？　2年か3年だろう。長くても5年だ。

マイク：それは問題だとは思わない。

アンドリュー：わからないかな？　つまり，1世代の子どもたちを助けるかもしれないけど，それだけだ。それ以上の資金は保証できない。この一度きりの寄付が5年間しか生徒の役に立たないというのはおかしいと思う。確かに僕たちは長期的な視野でお金を使う必要がある。

レイチェル：校庭のエリアを明るくするとか？　あるいは図書館の本とか？

ジョー：コンピュータ室も忘れないで。合意したように，そこでできることはたくさんある。

アンドリュー：うん，これは本当に大きな決断で，興味深いアイデアがたくさんある。もっとデータが必要だよね？

レイチェル：何を言いたいの？

アンドリュー：アンケートをとって，みんなの意見を聞くべきだと思う。僕たちは選択肢の最終リストを作って，人々に好きなものを選んでもらうように頼むんだ。それが一番公平なやり方になるだろうと思う。

マイク：すばらしいアイデアだ。でも，誰が選ぶ機会を得る？　僕たち教師だけなのか，それとも保護者や生徒も？

レイチェル：誰が声を上げるに値しないと言うの？　学校関係者に尋ねましょう。

解説

1． 空所の前でジョーは「でも，もっといい選択肢があると思うよ」と言っている。options と複数形なので，ほかにもいくつかよい案が考えられると言っていることがわかる。空所のレイチェルの発言に対し，ジョーは「コンピュータ室を改善するのがいいと思う」と１つの具体例を挙げているので，a．「たとえば？」を入れる。b．「いいえ，ありません」，c．「誰があなたにそう言ったの？」，d．「常に困難がある」ではつながらない。

2． 空所の前のジョーの発言は，コンピュータ室のソフトウェアの多くが古く，タブレットも古いので，コンピュータ室を改善したいという内容である。これを聞いたレイチェルが，空所の発言をしたあとで，「つい先日も，私の生徒の１人がファイルのダウンロードにとても時間がかかると文句を言っていたわ」と述べているので，ちょうど同種の不満を聞いたばかりであることがわかる。c．「あなたがそう言うのは興味深いわ」を入れると，興味深い符合であるということを表し，前後につながる。a．「選択肢はいくつ？」，b．「それは確かなの？」，d．「ソフトウェアは十分すぎるほどよ」は，いずれもジョーの発言に沿った反応にならない。

3．空所の前のレイチェルとアンドリューのやりとりに着目する。校庭にお金をかけることを提案するレイチェルに対し，アンドリューは「でもそれは本当に低学年の生徒のためだけのものになりそうだ。お金はすべての子どもたちのために使うべきだよ」と言っている。これを聞いて，ジョーは空所の前で「そうだね，それもまた確かだ」と言い，考慮すべき観点であることを認めているので，b．「考えないといけないことだね」を入れる。a．「そうである可能性が高い」，c．「まったく意味をなさない」，d．「高くつきそうだけどね」は，いずれも直前の発言に合わない。

4．空所の前の部分では，授業補佐を雇うというマイクの意見を聞いたジョーが賛成の意を示している。それに対してアンドリューが空所の前で「ねえ，ちょっと待って」と口を挟んでいる。アンドリューの空所の発言に対してレイチェルが「どうして？」と尋ねるのに対し，アンドリューはそのあとの発言で，30,000 ポンドは２，３年，長くて５年でなくなり，１世代しか助けられないというのはおかしいとの考えを述べている。マイクの意見に問題点があることを指摘しているので，c．「これにはちょっと現実的な問題がある」を入れる。マイクが I don't consider that a problem.「それは問題だとは思わない」と言っていることも手がかりとなる。a．「僕はその通り本当に忙しすぎる」は，マイクの発言に懸念を示すことにはならない。b．「僕たちはほかの先生たちに尋ねるべきだ」，d．「マイクはお金の管理者ではない」は，あとのアンドリューの説明とつながらない。

5．直前のアンドリューの発言は「うん，これは本当に大きな決断で，興味深いアイデアがたくさんある。もっとデータが必要だよね？」という意味で，空所のあとのアンドリューの発言は「アンケートをとって，みんなの意見を聞くべきだと思う」である。データが必要だということに関して，アンケートをとるという具体的な手段の説明をしているので，その間のレイチェルの発言としては，相手の意図を尋ねるb．「何を言いたいの？」を入れる。a．「アンケートはどう？」は，アンドリューがアンケートというアイデアを挙げて説明する流れに合わない。c．「でも私たちには十分な時間がない」，d．「私たちはもらいすぎているかもしれないけどね」は，いずれも前後の発言に合わない。

6．「先生たちはどの提案を最も気に入っているか？」

a.「図書館用の本」　b.「校庭の改良」　c.「コンピュータ室の設備」
d.「決め手になる情報が不十分」

会話ではa，b，cなどの案が挙げられているが，どれか1つに決まったわけではない。アンドリューが最後の発言（I think we should …）でアンケートをとってみんなの意見を聞くことを提案し，そのあとのマイクとレイチェルのやりとりで学校関係者を対象にするということが決定し，会話が終わっている。つまり結論を出すために必要な情報はまだ得られておらず，これから集めるのだとわかるので，正解はd。

7.「30,000ポンドをどのように使うかについての投票を許されるのは誰になるだろうか？」
a.「先生のみ」　b.「先生と生徒」　c.「生徒とその親」　d.「先生，生徒，そして親」

最後のマイクとレイチェルのやりとりに着目する。マイクの「誰が選ぶ機会を得る？　僕たち教師だけなのか，それとも保護者や生徒も？」に対するレイチェルのWho doesn't deserve a voice?「誰が声を上げるに値しないと言うの？」は反語で，「マイクが挙げた教師，保護者，生徒全員に資格がある」という意味になる。Let's ask the school community.のschool communityは学校に関係する人々を指すことからも，正解はd。

8.「この会議を最もよく表すのはどの語か？」
a.「効果的な」　b.「変な」　c.「混乱した」　d.「人生を変えるような」

この会議では，参加者が意見を述べ，それに対する問題点を挙げ，最後にはアンケートで広く声を聞くという結論に至る。終始建設的な展開になっているので，aがもっともふさわしい。

Ⅲ　解答

1―a　**2**―c　**3**―c　**4**―d　**5**―a　**6**―d
7―b　**8**―b・d・f

全訳

《水不足と社会的不平等》

1　ある分析によると，富裕層のプール，十分に水をまかれた庭，そして清潔な車は，少なくとも気候非常事態や人口増加と同程度に都市部の水危機を引き起こしている。

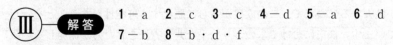

[2]　研究者たちは，水不足の解決策を模索する際に，富裕層と貧困層の間で水の使用量に大きな差があることがほとんど見落とされており，その代わり，水の供給量を増やそうとする試みや価格上昇に焦点が当てられてきたと述べた。水の供給を守る唯一の方法は，水資源をより平等に再分配することだと彼らは述べた。

[3]　その研究はケーススタディーとして南アフリカ共和国のケープタウンを対象とし，最も裕福な人々が最も貧しい人々の50倍の水を使用していることがわかった。デイ・ゼロ水危機（ケープタウンにおける2018年の水不足問題）が2018年に都市を襲ったとき，数年の干ばつののちに，最貧困層は基本的欲求を満たすのに十分な水もないまま放っておかれたと科学者たちは述べた。

[4]　世界の多くの都市で同様の問題があり，ケープタウンが特別なわけでは全くないと研究者たちは述べた。2000年以降，マイアミ，メルボルン，ロンドン，バルセロナ，サンパウロ，北京，ベンガルール，ハラレなど，80を超える大都市が極度の干ばつと水不足に見舞われたと彼らは述べた。

[5]　近い将来，10億人を超える都市生活者が水不足に見舞われると予想され，都市の水危機はより頻繁に起こるようになると考えられると研究者たちは述べた。3月，水の経済学に関する世界委員会による報告書は，2030年までに需要が供給を40%上回ると予想され，世界は差し迫った水危機に直面していると結論づけた。

[6]　英国レディング大学のハンナ＝クローク教授と，この新しい研究の共著者は以下のように述べた。「気候変動と人口増加により，水は大都市でより貴重な資源となりつつあるが，貧しい人々が日常生活に必要な水を得るのに，社会的不平等が最大の問題であることを私たちは示しています」

[7]「私たちの予測は，世界の多くの場所において，富裕層と貧困層の格差が拡大するにつれて，この危機がさらに悪化する可能性があることを示しています。都市における水のより公平な共有方法を私たちが開発しない限り，最終的には，すべての人がその影響を被ることになるでしょう」

[8]　Nature Sustainability 誌に掲載されたこの研究は，異なる収入レベルを考慮した都市の水利用モデルを開発するためにデータを使用した。ケープタウンでは，最も裕福なグループ，市の人口の14%が，市内で消費された水の51%を使用したことがわかった。対照的に最貧困層，人口の62%

は水の27%しか使用していなかった。(中略)

[9] このモデルは，他の都市にも適用できるものだが，最富裕層による水利用の変化は，人口の変化や気候危機に関連した干ばつよりも，全体の水の利用可能量に，より大きな影響を与えたことを示した。研究者たちはまた，最も裕福な市民が水不足の時に私有の井戸を使用することが増えたことが，地下水の資源を実質上使い果たしたと述べた。

[10] 科学者たちは，水危機における社会的不平等を考慮しないことが，そもそも水危機を引き起こした不均等で持続不可能な水利用のパターンを単に再生産する，技術主義的な解決策にしばしばつながったと述べた。

[11] 英国ユニバーシティ・カレッジ・ロンドンのマリアナ＝マズカート教授は，水の経済学に関する世界委員会の報告書の主執筆者として，次のように述べている。「〈水危機に対しては〉もっと積極的で野心的な公益的アプローチが必要です。単なる技術や財政の問題ではなく，正義と公平性をこの問題の中心に据えなければなりません」

[12] この新しい分析は，2016年の報告書の結論を引用している。「世界の大部分にとって，安価で豊富な飲料水の時代は過ぎ去った」

[13] クロークと彼女の同僚は以下のようにつけ加えた。「今こそ，社会が生命に最も必要な天然資源をどのように共有すべきかについて合意する時なのです」

解説

1. far from ～は「決して～ではない」，unique は「珍しい」という意味なので，aが正解となるが，語句の意味がわからなくても，あとの with similar problems in many cities around the world「世界中の多くの都市で同じような問題がある状態で」から，ケープタウンが珍しいケースだったわけではないことが読み取れる。

2. 空所を含む文は第6段（Prof Hannah …）にあるハンナ＝クローク教授と共著者の発言内容で，「気候変動と人口増加により，水は大都市で（　A　）資源となりつつあるが，貧しい人々が日常生活に必要な水を得るのに，社会的不平等が最大の問題であることを私たちは示しています」という意味になる。先行する第1～5段（The swimming pools, … by 2030.）で，世界の大都市で水不足が深刻化していることが述べられているので，c.「より貴重な」を入れると文脈に合う。a.「より高価でない」，b.「より貴重でない」，d.「より豊富な」は，いずれも水が不足することで貴重な資源になるという意味を表さないので不適。

3. 下線部を含む部分は第7段（“Our projections…）にあり，ハンナ＝クローク教授と共著者の発言内容の一部である。「私たちの予測は，世界の多くの場所において，富裕層と貧困層の格差が拡大するにつれて，この危機がさらに悪化する可能性があることを示しています」という意味になる。先行する第6段（Prof Hannah Cloke, …）の発言は「気候変動と人口増加により，水は大都市でより貴重な資源となりつつあるが，貧しい人々が日常生活に必要な水を得るのに，社会的不平等が最大の問題であることを私たちは示しています」という内容なので，富裕層と貧困層の格差により悪化する危機として述べられているのはcである。

4. 空所は第8段（The study, published…）にあり，「Nature Sustainability 誌に掲載されたこの研究は，（ B ）を考慮した都市の水利用モデルを開発するためにデータを使用した」という意味になる。take account of～は「～を考慮する」という意味である。続く文（In Cape Town, …）では，最富裕層と最貧困層での水の使用量の差について述べているので，データとして用いる際に考慮したのはd.「異なる収入レベル」であることがわかる。a.「水不足の頻度」，b.「人々が水を消費するとき」，c.「水危機によって引き起こされる問題」は，いずれもあとの部分とつながらない。

5. 空所は第10段（The scientists said…）にある。空所を含む文は，S（The scientists）＋V（said）＋O（(that) failing…）の構造である。said の目的語となる節の主語は failing to account for（ C ）in a water crisis で，led to～「～につながった」という動詞が続き，that simply…の関係詞節が solutions を修飾している。fail to *do* は「～しない，～しそこなう」という意味で，全体は「科学者たちは，水危機における（ C ）を考慮しないことが，そもそも水危機を引き起こした不均等で持続不可能な水利用のパターンを単に再生産する，技術主義的な解決策にしばしばつながったと述べた」という意味になる。不適切な解決策に至った原因は，第9段までに述べられているように富裕層と貧困層の水利用の不均衡であるので，a.「社会的不平等」が正解となる。b.「気候変動」，c.「水の価格」，d.「人口増」は，いずれも社会的不平等が水の利用の不平等につながっているとする主旨に合わない。

6．動詞 pass は「(時が) 経つ，通り過ぎる」という意味で，ここでは水がますます貴重な資源となっているということを表すために，「世界の大部分にとって，安価で豊富な飲料水の時代は過ぎ去った」という意味の文になっている。したがって，d．「～は終わりだ」が正解。a．「始まった」，b．「成功した」，c．「やってきている」はいずれも水危機という文脈に合わないので不適。

7．本文は，ますます貴重な資源となりつつある水の利用について，富裕層と貧困層とでその使用量や入手可能性に大きく差があるという状況から，社会全体での水の再分配について検討すべきであるという内容を論じたものである。したがって，社会的不平等について言及するｂ．「富裕層のプールが引き起こす都市の水危機」が最もふさわしい。「富裕層のプール」というのは第１段（The swimming pools, …）にあるような，富裕層が大量に使っている，生活に必ず必要ではない水を象徴している。

a．「世界の水不足の原因について専門家が論じる」，c．「2030 年までに主要都市で予想される水不足」，d．「いかに気候変動が都市の水危機を悪化させるか」は，いずれも社会的不平等について表していないので不適。

8．a．第１段第１文（The swimming pools,…）に「少なくとも気候非常事態や人口増加と同程度に」とあるので，「気候変動や人口増加ではなく」は誤り。

b．第２段第１文（The researchers said …）の「研究者たちは，水不足の解決策を模索する際に，富裕層と貧困層の間で水の使用量に大きな差があることがほとんど見落とされており，その代わり，水の供給量を増やそうとする試みや価格上昇に焦点が当てられてきたと述べた」と一致する。

c．第５段（The researchers said …）に，都市部での水危機は今後一層深刻化することが予測されるという内容が述べられているので，誤り。

d．第 11 段第１文（Prof Mariana Mazzucato, …）のマズカート教授の発言「〈水危機に対しては〉もっと積極的で野心的な公益的アプローチが必要です。単なる技術や財政の問題ではなく，正義と公平性をこの問題の中心に据えなければなりません」より，教授が社会全体の利益を考えた解決法が必要だと考えていることがわかるので，一致する。

e．第３段第１文（The study used …），および第８段第２・３文（In

Cape Town, … just 27% of the water.）より，富んだ人々は生活に必要な用途以外に水を大量に使用していたと判断できるため，誤り。

f．第9段第2文（The researchers also said …）「研究者たちはまた，最も裕福な市民が水不足の時に私有の井戸を使用することが増えたことが，地下水の資源を使い果たしたと述べた」の内容と一致する。

g．第11段最終文（We have to put …）のマズカート教授の発言「単なる技術や財政の問題ではなく，正義と公平性をこの問題の中心に据えなければなりません」，および英文全体の主旨「社会的不平等による水の不均衡な分配」と一致しない。

h．2016年の報告書について言及している第12段第1文（The new analysis …）の「世界の大部分にとって，安価で豊富な飲料水の時代は過ぎ去った」と一致しない。

Ⅳ　解答

1－d　**2**－c　**3**－a　**4**－a
5．全訳下線部(f)参照。　**6**－c　**7**－b　**8**－d
9－b　**10**－b・d・e

全訳

《アメリカからのロンドン留学：言語と文化の壁》

□1　ロンドンに到着して2週間になる。ここに到着したとき，どれほどわくわくしたか，今でも覚えている。あの赤い2階建てバスが街のあちこちで走っているし，黒い箱のようなタクシーも走っている。どんな形であれ，バスやタクシーが私をわくわくさせてくれるなんて思ってもみなかった！そしてそれから，古くて重要そうな建物も多く，まるで歴史の教科書に出てくる街にいるような気持ちにさせてくれるし，はっきり言っておくと，歴史は私の大好きな教科の1つなのだ。バッキンガム宮殿，大英博物館，ロンドン塔，そして観光客が行くようなこうした場所にはすべて行った。そして，ここでは「the Tube」と呼ばれている地下鉄の利用にも慣れたと思う。

□2　本当に夢のよう，なぜなら，私はそうしたものすべての真ん中に住んでいるのだから。本当に。では，なぜ何かがうまくいかないような気がするのだろうか？

□3　わかると思うけれど，私はロンドンに来るのが交換留学の一番簡単な選択肢だろうと思っていた。フランスや日本への留学のように，違う言語を勉強する必要がない。なんて間違っていたんだろう。アメリカ英語とイギリス英語の違いがこんなにあるとは思わなかった。

[4]　まずアクセントのことから始めさせてほしい。最初は，イギリスなまりはとても洗練されていて，ジェームズ＝ボンドの映画に出てくるみたいでかっこいいとさえ思っていたけど，今はそうでもない。人々が言っていることの半分も理解できないこともあるし（大学教授のことを言っているのではない――彼らの言うことはよく理解できている――そうではなく，お店や街で出会う人たちのことだ），繰り返してもらわなければならないことも多くて，これが本当に恥ずかしい，英語を話せないみたいで。いくつかの強いなまりはどうしても無理だ。高校時代の英語の先生，リチャーズ先生ならどう反応するかをぜひ見てみたい。彼は，イギリスで話されている「美しい」英語について延々と語っていたものだ。誰か，たとえばニューカッスルの出身者がその濃いなまりで彼に話しかけてきたら，絶対に彼は考えを変えるに違いない。ちなみにニューカッスルのなまりは，なぜか「ジョーディー」と呼ばれている。理由は聞かないでほしい。さらに悪いことに，can't（～できない）や schedule（スケジュール）といった基本的な単語の一部は，発音がここでは違う。tomato（トマト）の発音が違うのはご存知の通りだが――私たちは to-*may*-to だが彼らは to-*mah*-to だ――ほかにもたくさんある。

[5]　スラングやほかの口語表現も頭痛の種だ。彼らはいつも bloody とか mate といった単語を使う。そして bloody は何かが血にまみれているという意味ではない。「ここはいまいましいほど寒い」というように強調するために使われる。mate はおそらく dude（やつ，野郎）にちょっと似た感じで使われるのだけれど，それを言うのは若者だけではない。ここでは全く異なる意味を持つそのほかの単語には，アメリカでは「フライドポテト」と「ポテトチップス」を意味する chips と crisps がある。Give me a ring は「電話して」という意味で，結婚指輪とは全く関係ない。そしてここでは私は同じ言語を話すと思っていたのだ！

[6]　違いはそれだけでは終わらない。文化の違いもある。人々は列に並ぶこと――ここで言う queuing だけれど――を非常に重んじる。もし列を守らなかった場合，人々があなたに向ける目つきは，あなたにその場にいな

ければよかったと思わせる（いや，冗談ではない）。私が慣れているのは，カウンターの周りにただ集まり，前に進もうとすること，そしてそれが私たちの街ではみんながすることだ，そうだよね？　でもここでは，それは死刑宣告かもしれない。

7　同様に，礼儀正しさに重きを置くやり方にもまだ慣れていない。イギリス人は信じられないほど礼儀正しく聞こえるし，please や thank you をよく使う。アメリカ人が無礼だというわけではない。彼らはそうではないと私は思っているが，私たちはもっと直接的な言い方をする傾向があると思う。だからここでは人に何かを頼むときは please をつけるのを忘れないように，そして誰にでも thank you と言うように，特別に礼儀正しくする必要があると感じている。このような努力の積み重ねすべてによって，1日の終わりには疲れ果てているような気がする。

8　あっ，それと，ユーモアの違いについて話しただろうか？　イギリス人のユーモアは辛辣で皮肉に満ちている傾向があり（そして，彼らはそれをとてもかっこいいと思っているんじゃないかな），笑うべきかそうじゃないのかよくわからないときがある。また，彼らが深刻なこと，たとえば死や人種的偏見を揶揄するとき，冗談に不快感を覚える。彼らは王室を馬鹿にすることさえある。だから，以下は私が学んだことだ。(f)恥をかきたくないなら，他の人を観察したあとでのみ，笑うべきかどうか決めたほうがいい。

9　このようなあらゆる困難にもかかわらず，私はまだここでイギリスの文化や文学について学ぶことにわくわくしていると思う。グローブ座，大英図書館，そのほかの文豪ゆかりの場所がすべてここにあるのだ。たぶん，この交換プログラムが終わるまでには，イギリスなまりといくつかのスラングが身についているだろう。ねぇ，私の Theatre（劇場）の綴り方に気づいた？　そして今日，その，トイレに行きたくなったとき，販売員に loo（トイレ）はどこですかと尋ねたよ。彼女は私に first floor にあると教えてくれた。私は数秒だけ考えてから，私たちが second floor として知っている2階に上がった。そしてそこで，私は無事にトイレを見つけた！

解説

1． 空所を含む文は「どんな形であれ，バスやタクシーが私をわくわくさせてくれると私は（　A　）思った！」という意味になる。前の部分はクリスティがわくわくしながらロンドンに降り立ったときのことを振り返っている場面で，前文の「あの赤い２階建てバスが街のあちこちで走っているし，黒い箱のようなタクシーも走っている」より，「バスやタクシーを見てわくわくするとは思いもしなかった」という内容になるように，dのnever「決して〜ない」を入れる。aの「本当に」だと，バスやタクシー全般に魅力を感じていることになり，ロンドンという場所だからこそそれらを魅力的に感じているクリスティの気持ちに合わない。bの「ほとんど」，cの「しばしば」も同様に不適。

2． 空所は第５段の文頭にあり，「(　B　) もまた私に頭痛を与える」という意味になる。続く部分に「彼らはいつも bloody とか mate といった単語を使う」とあり，bloody や mate がアメリカとは違う場面で多用されていることがわかる。そのあとでは「フライドポテト」「ポテトチップス」を指す語がアメリカとイギリスで異なることを述べており，これらはスラングや口語表現の違いなので，c．「スラングやほかの口語表現」が正解となる。a．「様々な学術的単語」，b．「年配の人々が好む表現」，d．「非常に異なって発音される単語」は，あとの説明と合わない。

3． 空所は第５段（(　B　) also give me…）の最終文にあたる。２で確認した通り，この段落ではスラングや口語表現における米英の違いが説明されている。空所の前文では「Give me a ring は『電話して』という意味で，結婚指輪とは全く関係ない」と述べられ，ring の表す意味の違いを挙げている。クリスティはアメリカと同じ英語圏であるイギリスで思わぬ苦労を言語面で強いられているという状況なので，a．「そしてここでは私は同じ言語を話すと思っていたのだ！」が最もふさわしい。第３段（You see, I…）の，イギリス留学なら外国語を学ぶ必要がないと思っていた，という内容にも合う。b．「ロンドン市民は day（日）を die（死ぬ）のように発音するからより悪い」は，発音に関することなので第５段には合わない。c．「なぜ彼らはあんなに洗練された英語を話すのだろうか？」は，アメリカ英語とイギリス英語の違いに苦労しているクリスティの状況を述べているこの箇所には合わない。dの「リチャーズ先生だけがその違いを理解できるだろう」は皮肉ともとれるが，リチャーズ先生は第４段第５〜７文（I'd love to… their thick accent.）で，イギリスなまりに関して言及されているので，ここでは合わない。

4. 下線部があるのは第7段（Also, I'm not yet…）で，第1・2文ではイギリス人が礼儀正しさを重視していると述べている。下線部を含む文は，「アメリカ人が無礼だというわけではない。彼ら(d)はそうではないと私は思っているが，私たち(e)はもっと直接的な言い方をする傾向があると思う」という意味。ダッシュ（――）で挟まれた部分は前の部分の補足説明で，I don't think they are rude を表しているので，(d)they は American people を指す。(e)we は，「もっと直接的な言い方をする傾向がある」人々なので，これもクリスティを含むアメリカの人々のことを指す。したがって，a が正解。

5. 最初の if は従属節を導き，myself までが if 節である。embarrass は「～に恥ずかしい思いをさせる」。decide のあとの if は「～かどうか」という意味の名詞節を導く接続詞であることに注意する。only after ～は「～した後にのみ，～して初めて」と訳す。「笑うべきかどうか決めるのは，他の人を観察してからにした方がよい」などとしてもよいだろう。

6. 下線部中の第2文（And today…）「そして今日，その，トイレに行きたくなったとき，販売員に loo はどこですかと尋ねたよ」より，c.「イギリスの人々はトイレを意味するのに loo という単語を用いる」が正解。

a.「Theatre はアメリカの綴りである」は，下線部中の第1文（Hey, did you…）「ねぇ，私の Theatre の綴り方に気づいた？」より，クリスティがイギリス式に書いた綴りなので不適。アメリカ英語での綴りは theater。

b.「イギリスには建物に first floor はない」は，下線部中の第3文（She told me…）「彼女は私に first floor にあると言った」より，イギリスにも first floor はあるので不適。続く文（I only had to…）より，first floor が指す階がイギリスとアメリカで異なるということである。

d.「イギリスの loo は普通2階にある」とは述べられていない。

7. 下線部の前文で「たぶん，この交換プログラムが終わるまでには，イギリスなまりといくつかのスラングが身についているだろう」と述べたあとで，下線部ではクリスティがイギリス英語に苦労しながらも慣れていっている様子が，具体的な表現を挙げながら描写されている。したがって，b を入れて「達成感」とするのが最も合う。a の「羞恥心」，c の「安心感」，dの「驚異の念」はいずれもクリスティのここでの感覚として不適。

8． 第9段第1文（Despite all these challenges, …）「このようなあらゆる困難にもかかわらず，私はまだここでイギリスの文化や文学について学ぶことにわくわくしていると思う」より，d．「イギリス文学」が正解。a．「世界史」は，クリスティは第1段第5文（And then there …）後半で history is one of my favorite subjects「歴史は私の大好きな教科の1つなのだ」と述べているだけにすぎない。b．「都市観光」，c．「国際関係」については言及がない。

9． 本文はアメリカ人のクリスティがイギリス留学で体験している「英語の違い」について記したエッセイである。第9段下線部の Hey, did you ～？「ねえ，～した？」といった口語的な言葉遣いからも，b．「個人的な話」が最も合う。a．「学術的なレポート」，c．「科学的研究」，d．「批判的な分析」は，いずれも本文の内容と言葉遣いに合わない。

10． a．「クリスティはイギリス英語とアメリカ英語の違いを理解するのに大学の授業がとても役に立つと思っている」

本文で述べられていない。大学の授業に関しては，第4段第3文（There are times …）「人々が言っていることの半分も理解できないこともあるし（大学教授のことを言っているのではない――彼らの言うことはよく理解できている――…」と述べられているにすぎない。

b．「クリスティはロンドンで観光客としていろいろ楽しんだ」

第1段第6文（I've been to Buckingham …）「バッキンガム宮殿，大英博物館，ロンドン塔，そして観光客が行くようなこうした場所にはすべて行った」と一致する。

c．「クリスティは，イギリス英語はかっこよくて洗練されていると信じている」

現在形で書かれていることに注意する。第4段第2文（At first, …）「最初は，イギリスなまりはとても洗練されていて，ジェームズ＝ボンドの映画に出てくるみたいでかっこいいとさえ思っていたけど，今はそうでもない」より，不適。

d．「イギリスを訪れたアメリカ人観光客は，ジョーディーなまりを理解するのは難しいだろう」

第4段第7・8文（I swear he would … 'Geordie' for some reason.）

「誰か，たとえばニューカッスルの出身者がその濃いなまりで彼に話しかけてきたら，絶対に彼（＝リチャーズ先生）は考えを変えるに違いない。ちなみにニューカッスルのなまりは，なぜか『ジョーディー』と呼ばれている」に着目する。リチャーズ先生はクリスティの高校時代の英語の先生で，イギリスで話されている「美しい」英語について語っていたが，その先生ですら考えを変えるだろうということなので，d は本文の内容と一致する。

e.「クリスティは今，リチャーズ先生のイギリス英語の知識に疑問を抱いている」

d で確認したように，リチャーズ先生が高校時代に言っていたことにクリスティは疑問を持っており，第 4 段第 7 文（I swear he would change …）「誰か，たとえばニューカッスルの出身者がその濃いなまりで彼に話しかけてきたら，絶対に彼は考えを変えるに違いない」と述べているので，e は本文の内容と一致する。

f.「イギリス人女性がイギリス人男性に Give me a ring と言うとき，それは『結婚してください』という意味である」

第 5 段の空所 C の前の文（“Give me …）「Give me a ring は『電話して』という意味で，結婚指輪とは全く関係ない」より，イギリス人同士では Give me a ring は「電話して」という意味なので，不適。

g.「クリスティは，アメリカ人はイギリス人から行列の作り方を学ぶべきだと考えている」

第 6 段（Differences don't end …）にイギリス人が列に並ぶことを非常に重んじることが述べられているが，クリスティ自身は列を作らずに前に進んでいくのに慣れていると述べられているのみで，列の作り方を学ぶべきだとは述べられていない。

h.「イギリス人のユーモアは，辛辣で，深刻な問題をからかうものなので，かっこいい」

第 8 段第 2 文（British humor tends to …）「イギリス人のユーモアは辛辣で皮肉に満ちている傾向があり（そして，彼らはそれをとてもかっこいいと思っているんじゃないかな），笑うべきかそうじゃないのかよくわからないときがある」，および第 3 文（Also, I find …）「また，彼らが深刻なこと，たとえば死や人種的偏見を揶揄するとき，冗談に不快感を覚える」より，クリスティ自身は快く思っておらず，「かっこいい」と断定することはできない。

日本史

I　解答　(1)a．華族　b．土佐　c．軍部大臣現役武官
d．張作霖　e．皇道　f．斎藤実
g．汪兆銘（汪精衛）
(2)①―(オ)　②―(ウ)　③―(エ)　④―(ア)　⑤―(ア)　⑥―(ウ)　⑦―(イ)　⑧―(ウ)

解説

《近世～現代の政治・外交》

(1)c．軍部大臣現役武官制は，陸軍大臣・海軍大臣を現役の大将・中将に限って任命する制度のことである。政党の力が軍部に及ぶことを阻止する目的でつくられた。

d．張作霖は中国の軍閥である。馬賊から身をおこし，日本軍の支援を得て東北3省の実権を握った。国民党北伐軍の進撃により奉天へ帰還途中，関東軍に列車を爆破され死去した。

e．皇道派は日本陸軍内の派閥である。統制派と激しく抗争した。北一輝の影響をうけ，天皇親政の実現を構想した。1936年二・二六事件を起こし，以後軍内部で力を衰退させた。

g．汪兆銘は中国の政治家である。国民党の要職にあったが，抗日戦争中，重慶を脱出して日本に近づき南京国民政府を樹立したが，事実上日本軍の傀儡政権となった。

(2)①　(オ)誤文。水呑百姓とは，自分の田畑を所有せず，貢租も負担しなかった貧しい農民のことである。検地帳にも登録されず，村政への参加も許されなかった。

②　(ウ)誤文。江藤新平が起こしたのは，萩の乱ではなく1874年の佐賀の乱である。萩の乱は，1876年山口県萩で前原一誠ら不平士族が起こしたものである。

③　(エ)誤文。元老とは，日本政界の上層部で天皇を補佐し，重要政務の決定に関わった政治家である。ただし大日本帝国憲法の規定外の存在である。

⑥　(ウ)日独伊三国同盟が締結されたのは1940年9月であり，フランスがドイツに降伏したのは同年6月のことである。(イ)は1939年，(ア)・(エ)は

1941年のことである。

⑦ (イ)女子挺身隊は，太平洋戦争後期に労働力不足を補うためにつくられた女子の勤労動員組織のことである。主に未婚女性により構成されていた。

Ⅱ 解答

A. (a)(b)—59　(c)(d)—56　(e)(f)—04　(g)(h)—49
(i)(j)—37　(k)(l)—48　(m)(n)—10

B. (a)(b)—23　(c)(d)—46　(e)(f)—54　(g)(h)—09　(i)(j)—50
(k)(l)—40　(m)(n)—34

解説

《原始～現代の社会・経済》

A. (c)(d)　楽浪郡は，前漢の武帝が朝鮮半島に開設した4郡の一つである。現在の朝鮮民主主義人民共和国のピョンヤンあたりにあったとされている。

(e)(f)　駅家は，日本古代の駅伝制の駅の主要施設のことである。約16 kmごとに設置され，一定数の駅馬がおかれた。利用は駅鈴を携える官人に限られていた。

(i)(j)　十三湊は，津軽半島北西部に所在する十三湖の西岸に所在している。鎌倉期から室町期にかけて豪族安藤氏（安東氏）の本拠地として，和人とアイヌとの間の重要交易拠点として栄えた。

(m)(n)　河村瑞賢は，江戸前期の豪商・事業家である。明暦の大火の際，材木の買い占めで莫大な利益をあげた。幕命により，東廻り海運・西廻り海運の整備，淀川治水のための安治川開削などの事業を行った。

B. (c)(d)　日本鉄道会社は，華士族層の出資で設立された日本最初の私設鉄道会社である。1906年に国有化されるまで，日本最大の私鉄であった。

(g)(h)　過度経済力集中排除法は，第二次世界大戦後独占禁止法とともに経済民主化政策のためにつくられた法律である。巨大化した企業を分割し，自由競争の促進を目的とした。

(i)(j)　復興金融金庫とは，1947年に設立された政府出資の政府金融機関である。石炭，鉄鋼など基幹産業に集中的に巨額融資を実施し，傾斜生産方式による復興に大きく貢献した。

(k)(l)　ドッジは，GHQ財政顧問として来日したデトロイト銀行頭取で，財政金融引き締め政策であるドッジ・ラインを実施した人物である。

III 解答 (1)a．押勝　b．藤原頼通　c．（観応の）半済令　d．自然　e．王政復古　f．伊藤野枝　g．国家総動員

(2)①―(ア)　②―(エ)　③―(ウ)　④―(エ)　⑤―(エ)　⑥―(イ)　⑦―(エ)

解説

《古代～近代の史料問題》

(1)a．史料の「武智麻呂の第二子」，「姓の中に恵美の二字」から，恵美押勝の乱で滅んだ恵美押勝（藤原仲麻呂）を導き出したい。

c．史料の「近江・美濃・尾張三ヶ国の本所領半分の事」，問題の「1352年発布」から，近江・美濃・尾張３国を対象に１年に限り，荘園・公領の年貢の半分を兵粮米として徴収する権利を守護に与える観応の半済令とわかる。

d．史料の内容と問題にある「18世紀半ばに安藤昌益」から，「自然」が推測される。安藤昌益は，『自然真営道』において不耕貪食の武士が支配する封建社会を「法世」として批判し，貧富の差のない平等な理想社会を「自然世」と呼んだ。

f．史料にある「無政府主義者」と問題の「関東大震災の直後に憲兵によって殺害された」から，無政府主義者であり，関東大震災の時，甘粕憲兵大尉により殺害された人物とわかる。史料中に「今回大杉栄を拘禁された不法」，「私は今年二十四になったんですから　あなたの娘さんくらいの年」から伊藤野枝と判断する。

(2)②　(エ)誤文。奥州藤原氏が建立した代表的な建造物は，富貴寺大堂ではなく中尊寺金色堂である。富貴寺大堂は大分県豊後高田市にある天台宗の寺である。

③　(ウ)誤文。(ウ)の記述は，江戸後期光格天皇が実父閑院宮典仁親王に太上天皇の尊号を贈ろうとし，老中松平定信に拒まれた尊号一件に関するものである。

④　(エ)誤文。(エ)の「富永仲基」が本多利明になれば正しい記述となる。富永仲基は江戸中期の町人学者である。醤油醸造業を営みながら懐徳堂で学んだ。著書としては，仏教思想を批判した『出定後語』がある。

⑦ (エ)誤文。(エ)の「高橋是清」が浜口雄幸になれば正しい記述となる。高橋是清が殺害されたのは，1936 年に起こった二・二六事件においてである。このとき高橋は大蔵大臣であった。

世界史

I 解答

(1)—⑤　(2)—②　(3)—⑤　(4)—③　(5)—①　(6)—⑤
(7)—②　(8)—①　(9)—⑤　(10)—③

解説

《『資治通鑑』，ワット＝タイラーの乱，ラブレーの作品，康有為の上奏に関する資料問題》

(1)「秋と夏とに両度（二度）これを徴した」から両税法と判断できる。これを建議したのは楊炎。

(2)　a は正文。b は誤文。『資治通鑑』は，紀伝体ではなく編年体で書かれた。c は誤文。司馬光が属したのは，新法党ではなく旧法党である。

(4)　①誤文。14〜15 世紀にかけてのヨーマン（独立自営農民）はイングランド社会の中核であった。

②誤文。テューダー朝を開いたのはヘンリ 7 世。ヘンリ 8 世は王妃との離婚問題でローマ教皇と対立し，国王至上法（首長法）を制定したイギリス国王である。

④誤文。農村部で貨幣経済が浸透すると，領主直営地が農民保有地に置き換えられた。

⑤誤文。アナーニ事件を起こしたのは，フランス王フィリップ 4 世。

(5)　②誤文。『天文学大全』をあらわしたのはプトレマイオスである。

③誤文。『博物誌』をまとめあげたのはプリニウスである。

④誤文。『地理誌』をあらわしたのはストラボンである。

⑤誤文。『アエネイス』をあらわしたのは，ウェルギリウスである。

(6)「巨人王ガルガンチュアがパリ大学に在籍する息子パンタグリュエルに」から著者がラブレーと判断できる。

(8)　下線部 8 は康有為。

②誤文。太平天国軍鎮圧のために淮軍を率いて戦ったのは，李鴻章である。

③誤文。康有為や梁啓超は，明治維新を模範にして議会制に基づいた立憲王政を主張した。

④誤文。白話（口語）文学を唱えたのは，胡適である。

⑤誤文。臨時大総統に就任したのは袁世凱である。

⑽ 第一次世界大戦（1914〜18年）開始直後の「1914年8月4日」のフランスは，第三共和政（1870〔71〕〜1940年）である。

Ⅱ 解答

⑴—④ ⑵—⑤ ⑶—① ⑷—① ⑸—⑤ ⑹—④
⑺—④ ⑻—② ⑼—④ ⑽—③

解説

《オスマン帝国史》

⑷ ②誤文。ウマルがササン朝を破ったのは，アドリアノープルではなくニハーヴァンドである。

③誤文。バヤジット1世が捕虜となったのはアンカラである。

④誤文。ネストリウス派が異端となった公会議が開催されたのはエフェソスである。

⑤ファーティマ朝の首都はカイロである。

⑹ 空欄6は神聖ローマ皇帝カール5世。

①誤文。カール5世はイタリア戦争でフランス王フランソワ1世と戦った。

②誤文。カール5世のときに成立したアウクスブルクの宗教和議では，諸侯がルター派かカトリックかを選択することを認めている。

③誤文。シュマルカルデン同盟は，カール5世（カトリック側）につく諸侯に対してプロテスタント側の諸侯や帝国都市によって結成されたものである。

⑤誤文。ポルトガル王位を兼ね，「太陽のしずまぬ国」を実現したのはフェリペ2世である。

Ⅲ 解答

⑴—③ ⑵—⑤ ⑶—① ⑷—⑤ ⑸—① ⑹—④
⑺—④ ⑻—① ⑼—② ⑽—②

解説

《大航海時代〜ラテンアメリカ諸国の独立に関連する世界各地の動き》

⑴ ①誤文。ウイグル人が信仰したのは，マニ教や仏教である。

②誤文。「五胡」とは匈奴・鮮卑・羯・氐・羌を指し，女真は含まれない。

④誤文。漢を圧迫したのは匈奴の冒頓単于である。

⑤誤文。インドのパータリプトラはオアシス都市ではない。

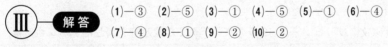

(3)　②誤文。キューバと断交したのはアイゼンハワー大統領。
③誤文。トゥサン＝ルヴェルチュールが独立を指導したハイチは，ジャマイカ島ではなくエスパニョーラ島西部にある。
④誤文。イサベル女王の支援を受けて出港したコロンブスは，バハマ諸島のサンサルバドル島に到着した。
⑤誤文。カボット父子はジェノヴァ生まれの航海者で，北アメリカを探検した。パナマ地峡を横断して太平洋に到達したのはスペイン人のバルボア。
(4)　①誤文。セシル＝ローズは，ブール人（アフリカーナー）を圧迫して領土を広げた。また，コンゴ自由国を設立したのはベルギー。
②誤文。イタリアはエチオピアに侵入した後，アドワの戦いを起こしたが敗北した。
③誤文。ホモ＝エレクトゥスは北京原人やジャワ原人などの原人を指す。
④誤文。マリ王国やソンガイ王国の時代に交易都市として重要な位置を占めたのは，ジンバブエではなくトンブクトゥである。
(5)　②誤文。トルーマン大統領は，共産主義に対抗するためギリシア・トルコに経済・軍事援助を約束するトルーマン＝ドクトリンを発表した。
③誤文。ワシントン会議はハーディング大統領の呼びかけで開催された。
④誤文。賠償と戦債の1年間の支払い停止宣言を出したのは，フランクリン＝ローズヴェルト大統領ではなく，フーヴァー大統領である。
⑤誤文。ジェファソンは連邦派ではなく反連邦派である。また，ミシシッピ川以西のルイジアナはフランスから購入した。
(6)　①誤文。穀物法は，地主や農業資本家を守るために制定され，産業資本家はこの法律に反対した。
②誤文。ナポレオンは，皇帝即位（1804年）前にフランス銀行の設立（1800年）を行った。
③誤文。ブリュメール18日のクーデタで総裁政府を倒したナポレオンは，みずから第一統領となって統領政府を創設した。
⑤誤文。ワーテルローの戦いでナポレオンが敗北したのは，1815年である。
(9)　aは正文。bは誤文。スペイン立憲革命は1820～23年。ギリシア独立が国際的に認められたのは1830年のロンドン会議。cは誤文。デカブリスト（十二月党）の乱（1825年）はロシアの青年貴族士官たちが起こ

した。

Ⅳ　解答　(1)—①　(2)—①　(3)—②　(4)—①　(5)—②　(6)—③
(7)—②　(8)—②　(9)—⑤　(10)—②

解説

《茶の歴史，現代の諸問題》

(1)　②誤文。オランダがイギリスの勢力をインドネシアから締め出したのはアンボイナ事件である。

③誤文。鄭成功は，オランダ人を駆逐して台湾を占領した。

④誤文。フランス東インド会社が再建されたのは，ルイ 14 世の財務総監コルベールの時代である。また，ポンディシェリやシャンデルナゴルを基地としてイギリスと対抗している。

⑤誤文。ポルトガルがアジア貿易としたインドの根拠地はゴア。また，当時香辛料貿易を独占していたのはムスリム商人。アンカラは現在のトルコ共和国の首都である。

(2)　インド帝国の成立は 1877 年。a は誤文。3 次にわたるビルマ戦争でコンバウン朝は滅び，ビルマはイギリスの保護国となった。b は誤文。フランスは清朝との清仏戦争に勝利を収め，天津条約によってベトナムの保護国化に成功した。c は誤文。タイではラーマ 4 世の時代に自由貿易の原則が確立されている。

(4)　②誤文。乾隆帝がヨーロッパ船の来航を認めたのは広州 1 港。

③誤文。イギリスから中国へ大量に流出したのは，金ではなく銀である。

④誤文。勘合貿易が行われたのは室町時代。

⑤誤文。ロシアがウスリー川以東（沿海州）を獲得したのは，ネルチンスク条約ではなく北京条約である。

(5)　①誤文。交子や会子が紙幣として用いられたのは宋代。

③誤文。長江下流地域で「蘇湖（江浙）熟すれば天下足る」の諺がうまれたのは宋代である。

④誤文。地丁銀制が実施されたのは清代である。

⑤誤文。モンゴル，青海，チベット，新疆が藩部として理藩院に統轄されたのは清代である。

(6)　①誤文。アメリカ合衆国が善隣外交を行い，プラット条項などを廃止したのはニューディール期である。

②「関税と貿易に関する一般協定（GATT）」が成立したのは1947年。

④誤文。国連で女性差別撤廃条約が採択されたのは1979年。

⑤誤文。コンピュータは1946年にアメリカで稼働が開始したのが最初である。

(8) aは正文。bは誤文。アギナルドを中心とする革命軍がスペインからの独立運動を行い，フィリピン共和国を樹立した。cは誤文。ホー＝チ＝ミンはベトナム民主共和国の初代大統領で，インドシナ戦争ではフランスと戦い，これを破った。

V 解答

(1)—④ (2)—⑤ (3)—④ (4)—① (5)—② (6)—④
(7)—① (8)—④ (9)—① (10)—④

解説

《ユダヤ人の歴史，近世～現代のベルリン関連史》

(1) ①誤文。イギリスがユダヤ国家の設立を認めたのはバルフォア宣言。

②誤文。ユダヤ人はローマの支配に対して反乱を起こし鎮圧されたが，選民思想を否定することはなかった。

③誤文。黒死病（ペスト）の大流行はユダヤ人のせいであるとの説が流れ，ユダヤ人は迫害された。

⑤誤文。シオニズムはユダヤ人国家の創設を求める運動である。

(2) ①誤文。クリミア戦争を始めたのはニコライ1世である。

②誤文。ヴィッテの起草による十月宣言を出して国会（ドゥーマ）開設を約束したのはニコライ2世である。

③誤文。神聖同盟を提唱したのはアレクサンドル1世である。

④誤文。大貴族を抑えて中央集権化をすすめ，農奴制を強化したのはイヴァン4世。アレクサンドル2世は，農奴解放令を発布した。

(3) aは誤文。第一次世界大戦後のドイツについての説明。bは誤文。リトアニアは独立国家共同体（CIS）に入っていない。cは正文。

(4) ②誤文。1920年代のアメリカは伝統的な白人社会の価値観が肯定され，禁酒法は1919年にすでに制定されている。

③誤文。クー＝クラックス＝クラン（KKK）は黒人への人種差別を行った。

④誤文。公民権運動がさかんになったのは1960年代である。

⑤誤文。アイルランド系移民は1840年代に本格化した。また，中国人移民は1882年の移民法で排斥されている。

(5)　aは正文。bは誤文。国際連盟の本部はスイスのジュネーヴである。cは誤文。ヨークタウンの戦いで独立軍の勝利が決定的となった。

(6)　aは誤文。「ドイツ国民に告ぐ」を行ったのはフィヒテ。bは誤文。プロイセン国王はフランクフルト国民議会でドイツ皇帝への就任を要請されたが，これを拒否した。cは正文。

(7)　②誤文。ソヴィエト＝ロシア（ロシア革命政府）とブレスト＝リトフスク条約を結んだのはドイツ帝国。この後，ドイツ革命が起こって皇帝ヴィルヘルム2世は亡命した。

③誤文。国際連盟にドイツが加盟したのは，ロカルノ条約成立翌年の1926年。

④誤文。初代大統領に選出されたのはエーベルト。

⑤誤文。世界恐慌の中でナチ党と共産党が勢力を伸ばした。

(8)　①誤文。ドプチェクはチェコスロヴァキアの指導者である。

②誤文。東ドイツは西ドイツと相互承認し，国際連合に同時加盟した。

③誤文。アデナウアー首相の下で西ドイツの「奇跡」と呼ばれる経済復興が行われた。

⑤誤文。ワレサはポーランドの指導者である。

(9)　②誤文。サン＝ピエトロ大聖堂はルネサンス様式。

③誤文。サンスーシ宮殿はロココ様式。

④誤文。尖塔とステンドグラスによる窓を特徴とするのはゴシック様式。

⑤誤文。半円状アーチと重厚な石壁や小窓を特徴とするのはロマネスク様式。

三　解答

一　(1)は　(2)すいこう　(3)しょうまっせつ

二　(1)紡　(2)迫真　(3)抱腹絶倒〔捧腹絶倒〕

助動詞「べし」に接続しているため終止形。〝きっと～だろう〟という強意の助動詞「ぬ」の終止形（確述用法）である。2は「鳥」に接続しているため連体形。傍線部と同じ打消の助動詞「ず」の連体形である。4は現在推量の助動詞「らむ」に接続しているので終止形。1と同様に強意の助動詞「ぬ」の終止形である。3はナ変動詞「死ぬ」の活用語尾、5は完了の助動詞「ぬ」の已然形「ぬれ」の一部で単独の助動詞ではない。

九　直前の「すぐれていみじういつきかしづき給ふが」の「が」は主格の格助詞で、「見給ひて」の主語を表す。皇帝の第一の后の父の大臣のたくさんいる娘のうち、「五にあたるむすめ」（＝五番目の娘）が中納言に恋心を抱いているのである。

一〇　傍線部内の指示語「かく」の内容を答える問題。傍線部は、中納言に恋した娘がやせ細り病に伏せているところ、父の大臣が〝どうして、このような様子でいらっしゃるのか〟と尋ねている場面であるため1が正解。俗に「恋わずらい」や「恋死に」と呼ばれるように、相手への恋心のあまり体を病んでしまう話は、男女にかかわらず古文の世界では広く見られる。

一一　1、「日本にいた時から多くの女性と交際していた中納言」、2、「この先もずっと唐に留まるように」、3、「中納言と后とをなんとか結婚させたい」はいずれも本文になく不適。5は最終段落で父の大臣が「われ迎へたてまつらむ」と発言しているように、中納言の元に出向いたのは父の大臣であるため不適。4は傍線部(12)の直後の娘の発言と大臣の返事に合致するため正解である。

一二　『更級日記』は『源氏物語』に憧れた作者による回想録で、作者は5の「菅原孝標女」である。2、「藤原道綱母」は『蜻蛉日記』、3、「和泉式部」は『和泉式部日記』の作者である。1、「赤染衛門」、4、「伊勢」も平安時代の有名な歌人であるが、現在まで伝わる日記文学は残っていない。

四　前問に続き、唐の大臣上達部の願いを述べた箇所である。「名残」は意味の広い言葉であるが、慣用句「えも言はず」は〝何とも言いようがない（ほどすばらしい）〟との意で、これを含むのは1・3・5である。3は「娘の忘れ形見として」、5は「我が国の皇子として」がそれぞれ不適であるため、1が正解。

五　「けしきとる」は〝機嫌をとる〟〝様子をうかがう〟の意。「聞こゆ（れ）」は謙譲語の補助動詞。傍線部の主語は遡っていくと唐の大臣上達部である。1・3・4はいずれも主語を取り違えているため不適。5は内容については合致するが、「確認なさる」は尊敬語の訳出であるため不適。「聞こゆ」は、中納言に対する敬意を表す謙譲語である。

六　傍線部の「さ」は、前行にある「さやうのこと」「さる振る舞ひ」と同じ内容を指すことから、唐の大臣上達部が願っているように、〈中納言が大臣上達部の娘と結婚して子をもうけること〉を指している。また、傍線部の直後は、仮定の助動詞の連体形「む」を含み〝もしも帰国しようとすると、事態が悪くなってしまうだろう〟の意であり、万一結婚してしまったら、日本への帰国を妨害されることを危惧した発言であることも「さ」の内容を捉える手がかりとなる。

七　傍線部は、中納言が皇子の発言に同意を示している箇所であるため、直前の皇子の発言を参照する。1は「日本へ帰さじ」、2は「不孝の罪、いと恐ろし」、3は傍線部(6)の「かならずおぼしな寄りそ」、4は「人の心いと恐ろしくて」にそれぞれ合致するため、5が不適。5は「さるべくて生まれ給へる人」を踏まえた選択肢だが、これは〝日本に生まれるべくして生まれなさった人〟（＝中納言）を指している。二の解説も併せて参照。

八　「ぬ」の識別は、直前の語の活用形が未然形（→「ぬ」は打消の助動詞「ず」の連体形）か連用形（→「ぬ」は完了の助動詞「ぬ」）かに注目する方法と、「ぬ」自身の活用形に注目する方法の二通りがあるが、直前の語の活用形が判別できないものがほとんどなので、「ぬ」の活用形に注目する方法を用いる。傍線部は接続助詞「に」に接続しているため連体形である。したがって、打消の助動詞「ず」の連体形になる（完了の助動詞「ぬ」の連体形は「ぬる」ではなく「ぬる」である）。可能の助動詞「れ」とあわせ、〝動くことができない〟という不可能の意を表す。1は当然の

六　中納言が唐の大臣上達部の娘と結婚し、子をもうけること。（三十字以内）
七　5
八　2
九　5
一〇　1
一一　4
一二　5

解説

一　(4)「便なし」＝〝不都合だ〟、(9)「かしづく」＝〝大切に育てる〟、(11)「すずろなり」＝〝思いがけない〟はいずれも重要古語。(6)は「おぼし寄る」（＝「思ひ寄る」の尊敬表現）に、禁止を表す呼応の副詞「な〜そ」が用いられている。

二　リード文にあるように、中納言は日本から唐に渡り、父の生まれ変わりである唐の皇子と会っている。この設定を踏まえて、話者に注目して判断する。アの「他国」は唐の大臣上達部にとっての「他国」なので日本を指す。イの「わが世」・ウの「知らぬ世界」は中納言の発言であるので、イが日本で、ウが唐を指す。エ・オはともに皇子の発言で、中納言に忠告したものである。エは〝（ここは）よく整っている国に見えるが、人の心は大変恐ろしく、日本へ帰すまい、などと思う人が現れてしまったら〟との意であるため、唐を指す。オは中納言が「この世」の人になってしまうことが「あさましきこと」（＝〝驚くほど見苦しいこと〟）であり、日本にいる母親を見捨てることの不孝を説いたものであるため、唐を指すことがわかる。

三　補助動詞「たてまつり」は謙譲語であるため、動作される客体への敬意を表す。傍線部の話者は唐の大臣上達部で、中納言を「わが家のうちに出だし入れたてまつりて見ばや」（＝〝我が家に婿として送り迎えをし申し上げたいものだ〟）と思い願っている場面である。そのため、「たてまつり」は中納言への敬意を表している。

五輪実行委員会」の話題や第十段落の「国連」の人権擁護者に関する宣言の話題など、終始具体例を挙げながら筆者の主張を展開している。そのため、4のように「前半では……具体的な事例を」と前後半に具体例への言及の違いを見出すことや、3「帰納的な論理構成」、5「演繹《えんえき》的に議論を積み重ねており」と具体例をまとめていくような方向性を読み取ることはできない。また、筆者の主張は最後に「『人権力』で世界の先頭に立って、国際人権の発展に貢献する」と明確に述べられており、このことを説明した1が正解。2の前半は正しいが、筆者は「後者（＝欧米諸国）のほうにより接近していく」とは述べていないため不適。

二　ア、第一段落に言及があるが、「あれば」という仮定に基づくものであるため不適。

イ、第五段落の内容に合致する。

ウ、第十段落には「（人権は）市民による不断の努力」が必要だと述べられているため不適。

エ、第六段落の内容に合致する。

オ、第十段落に市民やNGOについての言及があるが、「耳を傾け」て「誰もが人権を主張できる権利を守ること」の重要性を説いており、現時点では「大きな影響力を持っている」とは言えないため不適。

㊁

出典　『浜松中納言物語』〈巻第一〉

解答

一　**(4)**―2　**(6)**―3　**(9)**―5　**(11)**―4

二　5

三　4

四　1

五　2

人権のあり方」、２は「民族的な枠組みを基本とした」が本文になく不適。

六　傍線部を含む第八段落では、日本の「伝統」だと思われている夫婦同氏は明治時代中期以降に認められたものだということを指摘したうえで、「伝統」が国際社会で理解されるよう説明することの重要性を述べている。１の「伝統とは近代以前から形作られた慣習であることが通常であり」はこの説明に反するため不適。２の「安易に書き換えるようなことがあってはならない」、４の「歴史の一つとして認めていくことが必要である」、５の「伝統や慣習とは打破すべきものであり」は、いずれも筆者の「伝統」に対する考えとして本文中に見られないため、不適。

七　傍線部の「人権力」の定義は、直前に「あらゆる行為主体が、適切に人権問題と向き合い対応する力」と示されている。また、具体例をいくつか示したうえで、段落の最後では「自分にも関わる問題であるという意識を持つことが重要である」と述べている。この二点をふまえた４が正解。１は「監視できる力」、３は「抵抗できる力」が本文になく不適。２と５は前半は本文に関連しているが、２の「共同体ごとの考え方を許容できる力」、５の「制度整備を行うことで対応できる力」が本文に合致しないため不適。

八　傍線部以降、「人権力」強化のために必要なことが列挙されている。以下の三点にまとめられる。

①（国内人権機構の設立など）国際基準を満たすような国内の制度整備や啓発活動を進めること
②人権教育を進め、次世代の日本人が人権の本質を理解すること
③市民やＮＧＯの主張に耳を傾け、誰もが人権を主張できる権利を守ること

指定字数に収まるよう、具体例は省略したうえで、並列や添加の接続詞を使いながらまとめるとよい。

九　プロレタリア文学の代表作として、２の小林多喜二による『蟹工船』と、５の葉山嘉樹による『セメント樽の中の手紙』が広く知られている。１『人間失格』の作者は太宰治、３『地獄変』の作者は芥川龍之介、４『小僧の神様』の作者は志賀直哉であり、いずれも近代文学を代表する作家として著名な人物である。

一〇　この文章は、たとえば第一段落の「中国や北朝鮮」への言及や第三段落の「安倍政権」の外交、第九段落の「東京

致しない。3は本文の内容にはある程度合致しているが、最後の「制裁を発動する必要がある」は第四段落に言及があるものの、この箇所の説明としては不適。「簡単には降りられないレールの上を走り出す」という比喩を説明した5が正解である。

三　「パラドックス」は「逆説」と訳され、〝一見矛盾するが、実は正しい説〟、もしくは〝一見正しく見えるが、実は矛盾している説〟の意。ここでは前者の意味で用いられており、日本は政治運営に関して、人権と民主主義の観点から様々な批判があったにもかかわらず、外交面で人権にコミットする立場を打ち出した結果、国内の人権問題にも一貫した対応を余儀なくされたことを指した言葉である。本来ならば、自国の人権問題にきちんと対処したうえで対外的な批判はなされるべきだが、その実態がないままに批判を繰り返すさまを指して「空虚な約束」と述べている。よって傍線部を端的に言い換えるならば、〝人権を守るという実態のない約束が、かえって人権を守る結果となった〟ということになるだろう。このことを過不足なく説明した3が正解。1の「内容として到底納得できない」、4の「判例になった」、5の「実効性のないものになってしまった」はいずれも「パラドックス」の意味を踏まえていないため不適。2の「異なるふたつの側面」が併存しているとの説明は、「一貫性を持たせなければ」ならないという内容が不足しているため不適。

四　傍線部内に「適切な行動を取らなければならない」とあるが、1・3・4は行動への言及がないため不適。傍線部を含む第六段落の最後に、「国際人権で主流となっている理解と……ギャップを縮める努力が必要になってくる」とあり、このことを説明した2が正解。5の「過去に犯した人権問題」についても同段落に言及があるが、「対応を行わなければならない」とは述べられていないため不適。

五　傍線部を含む第七段落に、「土着化」の説明として「国際人権規範を日本社会のあり方と接合する」「普遍性の名の下に人権理念を上から押し付けることに対する倫理的疑問と反省を踏まえて出てきたアプローチである」と述べられているため、これらの説明に合致する3が正解。4や5はこれらの説明と正反対の内容であり、不適。1は「革新的な

国語

一

出典　筒井清輝『人権と国家――理念の力と国際政治の現実』〈第4章　国際人権と日本の歩み――人権運動と人権外交〉（岩波新書）

解答

一　5

二　**(2)**―2　**(4)**―4　**(6)**―5

三　3

四　2

五　3

六　3

七　4

八　人権の制度整備や啓発活動および次世代に本質的な人権理解を促す人権教育を進め、誰もが人権を主張できる権利を守ること。（六十字以内）

九　2

一〇　1

一一　**ア**―2　**イ**―1　**ウ**―2　**エ**―1　**オ**―2

解説

一　傍線部内の「コミットする」は〝責任をもって積極的に関わる〟の意。1・2・4はいずれも後半が本文の内容に合

//////////////////// · memo · ////////////////////

· memo ·

· memo ·

· memo ·

//////////////////// · memo · ////////////////////

//////////////////// · memo · ////////////////////

· memo ·

2023年度

問題と解答

■3教科型学部個別入試（A方式）

問題編

▶試験科目・配点

学科	教　科	科　　　目	配　点
英語英米文	外国語	コミュニケーション英語Ⅰ・Ⅱ・Ⅲ，英語表現Ⅰ・Ⅱ	200点
	地　歴	日本史Ｂ，世界史Ｂのうちから１科目選択	100点
	国　語	国語総合・現代文Ｂ・古典Ｂ	150点
日本文	外国語	コミュニケーション英語Ⅰ・Ⅱ・Ⅲ，英語表現Ⅰ・Ⅱ	100点
	地　歴	日本史Ｂ，世界史Ｂのうちから１科目選択	100点
	国　語	国語総合・現代文Ｂ・古典Ｂ	150点
国際文化・現代社会	外国語	コミュニケーション英語Ⅰ・Ⅱ・Ⅲ，英語表現Ⅰ・Ⅱ	150点
	地　歴	日本史Ｂ，世界史Ｂのうちから１科目選択	100点
	国　語	国語総合・現代文Ｂ・古典Ｂ	150点

英語

（60分）

I　次の1～10の和文と一致するように，それぞれの語群の語を（　　）に入れて，正しい英文を作りなさい。解答欄には，空所（　3　）に入る語の記号をマークしなさい。ただし，文頭にくる語も頭文字を小文字にしてあります。また，それぞれの語群には不要な語が一つずつあります。

1．今日の仕事のほとんどは我々のチームがやりました。

Most of（　1　）（　2　）（　3　）（　4　）（　5　）our team.

a．are　b．by　c．today's　d．finished　e．is　f．work

2．このレポートでは1,000語を超えた長さのものを書くことになっています。

You（　1　）（　2　）（　3　）（　4　）（　5　）1,000 words for this report.

a．more　b．going　c．write　d．to　e．are　f．than

3．彼は予想以上に良い試合をしてくれました。

He played better in the game than（　1　）（　2　）（　3　）（　4　）（　5　）.

a．he　b．thought　c．would　d．had　e．we　f．expectation

4．あなたがいなかったら，私たちはどうすべきかまるきりわからなかったでしょう。

（　1　）（　2　）（　3　）（　4　）（　5　）you, we would all have been lost.

a．had　b．been　c．if　d．not　e．it　f．for

5．彼女はこれまで無遅刻なのですから，今日の遅刻には正当な理由があるのだろうと思います。

（　1　）（　2　）（　3　）（　4　）（　5　）been late, I'm sure there is a good reason why she was late today.

a．because　b．that　c．never　d．given　e．has　f．she

6．語学力を使うような仕事に就きたいと思っています。

I would like to get a job (1) (2) (3) (4) (5) will be helpful.

a．which　b．use　c．my　d．skills　e．for　f．language

7．違った天候であったら，彼らにとって有利だったかもしれません。

It (1) (2) (3) (4) (5) advantage if the weather had been different.

a．worked　b．helped　c．their　d．have　e．may　f．to

8．彼がなぜアメリカにまで行くようなことになったのかを知っていますか？

Do you (1) (2) (3) (4) (5) go all the way to the United States?

a．made　b．what　c．him　d．to　e．know　f．drove

9．エミリーの友人たちは，その事故の責任はエミリーにはないと信じています。

Her friends don't believe that Emily (1) (2) (3) (4) (5) accident.

a．for　b．be　c．the　d．blamed　e．not　f．should

10. 18歳になれば飲酒が可，という国に住みたいです。

I'd like to live in those countries (1) (2) (3) (4) (5) can drink.

a．I'm　b．eighteen　c．become　d．I　e．where　f．when

Ⅱ　次の英文を読んで，空所 1 ～ 5 にあてはまる最も適切な表現を，また設問 6 ～ 8 に対する最も適切な答えを，それぞれ a ～ d の中から一つ選び，その記号をマークしなさい。

Mr and Mrs Reed live in England with their two children, Oliver and Emily. They are planning their summer holiday.

Mr Reed: Now, come on everyone. We really have to make a decision. So, where do we want to go this summer?

Mrs Reed: I still think Dubai. It's got great beaches, the shopping's amazing and the hotels are among the best in the world.

Emily: Can't we do something a bit different? We went to Spain last year and that was all seaside and shops. It got a bit boring, mum.

Mr Reed: Spain *was* pretty good, but Dubai's not (　1　) a bargain, is it? It'll cost us quite a lot. I'm with Emily on this one. Maybe somewhere else?

Oliver: Then, Disneyland in Paris? It's just a couple of hours on the Eurostar train.

Emily: Aren't you getting a bit old for all that?

Oliver: Not that one. Yeah, that's really for kids. No, I meant the Disney Studios. Check out the website. There's so much to do there, something for all of us. And I can practise my French.

Emily: Well, I'm doing Italian. Fancy going to Rome, then? I do.

Mr Reed: Kids, we're not picking a place (　2　) on what you're doing at school. What about just somewhere nearer to home? Do we need to go abroad?

Mrs Reed: Yes, we do! I want some sun, and somewhere a bit exotic, a bit different.

Mr Reed: But, I've always wanted to visit Scotland. And it makes sense this year.

Emily: (　3　)

Mr Reed: Well, we don't know about the international Covid rules. They're changing all the time. There's a good chance we'll book a holiday and then that country might suddenly not allow foreign visitors. We could lose our money and our holiday.

Oliver: That's not going to happen, dad. I think you're worrying too much.

Mrs Reed: And we'll take out holiday insurance, just in case.

Emily: I can't believe I'm saying this, but I agree with my brother.

Mr Reed: Look at this website, though. Dalhousie Castle. What a place. A real castle!

Oliver: Great. (　4　)

Mr Reed: But it's been modernised. The rooms are gorgeous. There's a spa for relaxing and a five-star restaurant. Reasonably priced, as well.

Mrs Reed: Let me take a look, darling. Yes, it's not too bad, I guess.

Mr Reed: And it's just a few kilometres from Edinburgh, if you want to go shopping.

Oliver: It looks like a place for you two. Anything for Emily and me? What are we supposed to do there?

Mr Reed: I'm sure you'll think of something. Bring a book or two. Go for walks and enjoy the nature.

Emily: That's not my idea of a good time, either. France is looking more attractive.

Mrs Reed: Listen, (　5　) Can't we think of a compromise?

Mr Reed: Okay, so somewhere with sun and shopping for mum, peace and quiet for me. But a place that's also got things for you kids to do.

Emily: You know, our friend Emma went to Greece last year. She said it was excellent. Lots to see and do. And the weather's great.

Oliver: Oh yeah, that's right. I've got the photos she shared on Instagram. Have a look, mum.

Mrs Reed: You know what? That might be a good idea. I've always wanted to go to Athens. Darling?

Mr Reed: Well, it's not too expensive, that's for sure. And I do like wandering round old ruins.

Emily: Why don't we google a few places in Greece, then? Pass me your laptop, dad.

Mr Reed: So, no Scottish castles this year?

Mrs Reed: It doesn't look like it.

1．a．exactly

b．completely

c．costly

d．perfectly

2．a．formed

b．built

c．chosen

d．based

3．a．I don't like Scotland.

b．How come, dad?

c．What about last year?

d．They get lots of tourists, though.

4．a．Let's give it a try.

b．With lots of tourists.

c．Cold and dark, and scary.

d．Does it have Wi-Fi?

5．a．I've made up my mind.

b．the weather's nice up there.

c．we're getting nowhere, are we?

d．you're staying at home, then.

6．Complete the sentence to make a <u>TRUE</u> statement:

Mr Reed is concerned that ＿＿＿＿＿.

a．the children don't read enough books

b．the holiday may cost too much money

c．his wife always chooses the family's destination

d．Covid will prevent them from having any holiday

7．Who doesn't really enjoy beach holidays?

a．Emily

b．Oliver

c．Mr Reed

d．Mrs Reed

8. Where will the family most likely choose for their holiday?

a. Dubai

b. Scotland

c. France

d. Greece

Ⅲ Read the passage and answer the questions.

One summer day King Maximilian of Bavaria* was walking in the country. The sun was shining hot, and he stopped under a tree to rest. It was very pleasant in the cool shade. The king lay down on the soft grass, and looked up at the white clouds sailing across the sky. Then he took a little book from his pocket and tried to read. But the king could not (1)keep his mind on his book. Soon his eyes closed, and he was fast asleep.

It was past noon when he awoke. He got up from his grassy bed, looked around, and started for home. When he had walked a mile or so, he happened to think of his book. He felt for it in his pocket. It was not there. He had left it under the tree. The king was already quite tired, and he did not like to walk back so far. But he did not wish to lose the book. What should he do? If there was someone to send for it!

While he was thinking, he happened to see a little barefooted boy in the open field near the road. He was taking care of a large flock of geese that were picking the short grass, and wading* in a shallow stream. The king went toward the boy (1). "My boy," he said, "how would you like to have this piece of money?"

"I would like it," said the boy; "but I could never hope to have so much." "You shall have it if you will run back to the oak tree at the second turning of the road, and fetch me the book that I left there." The king thought that (2)the boy would be pleased. But not so. He turned away, and said, "I am not so silly as you think." "What do you mean?" said the king, "who said that you are silly?"

"Well," said the boy, "you think that I am silly enough to believe that you will give me that gold piece for running a mile, and fetching you a book. You can't (3)fool me." "But if I give it to you now, perhaps you will believe me," said the king; and he put the gold piece into the little fellow's hand.

(4)The boy's eyes sparkled; but he did not move. "What is the matter now?" said the king. "Won't you go?" The boy said, "I would like to go; but I can't leave the geese. They will stray away, and then I shall be blamed for it.” “Oh, I will take care of them while you are away,” said the king. The boy laughed. “I should like to see you do that!” he said. “Why, they would run away from you in a minute.” “Only let me try,” said the king.

At last, the boy gave the king his whip, and started off. He had gone just a little way, when he turned and came back. “What is the matter now?” said Maximilian. “Crack the whip!” The king tried to do as he was bidden, but he could not make a sound. (5)“I thought as much,” said the boy. “You don’t know how to do anything.”

Then he took the whip, and gave the king lessons in whip cracking. “Now you see how it is done,” he said, as he handed it back. “If the geese try to run away, crack it loud.” The king laughed. He did his best to learn the lesson; and soon the boy again started off on his errand.

Maximilian sat down on a stone, and laughed at the thought of being a gooseherd. But the geese missed their master at once. With a great cackling and hissing they went, half flying, half running, across the meadow. The king ran after them, but he could not run fast. He tried to crack the whip, but it was of no use. The geese were soon far away. (2), they had gotten into a garden, and were feeding on the tender vegetables.

A few minutes afterward, the boy came back with the book. “Just as I thought,” he said. “I have found the book, and you have lost the geese.” “Never mind,” said the king, “I will help you get them again.” “Well, then, run around that way, and stand by the stream while I drive them out of the garden.” The king did as he was told. The boy ran forward with his whip, and after a great deal of shouting and scolding, the geese were driven back into the meadow.

“I hope you will pardon me for (3),” said Maximilian; “but, as I am a king, I am not used to such work.” (6)“A king, indeed!” said the boy. “I was very silly to leave the geese with you. But I am not silly as to believe that you are a king.” “Very well,” said Maximilian, with a smile; “here is another gold piece, and now let us be friends.” The boy took the gold, and thanked the giver. He looked up into the king’s face and said, —

“You are a very kind man, and I think you are a good king; but if you were to try all your life, you would never be a good gooseherd.”

（注）

*Bavaria: 現在のドイツ南部にかつて存在したバイエルン王国

*wade:（川などを）歩いて渡る

1．Which is closest in meaning to (1)keep his mind on?

a．cast his eye over

b．give his time to

c．make sense of

d．remain focused on

2．Fill in blank (　1　) with the appropriate phrase.

a．but did not speak to him

b．and held a gold coin in his hand

c．and offered him his own shoes

d．hoping he knew how to read

3．Complete the sentence with the phrase that is closest in meaning to (2)the boy would be pleased. But not so.

The king thought that the boy would ＿＿＿＿＿.

a．feel honoured to speak with a king and he was

b．not question the king's motives, yet he did

c．be happy to earn some money, but he wasn't

d．enjoy a break from looking after geese, which he wasn't

4．Which is closest in meaning to (3)fool?

a．deceive

b．order

c．treat

d．trouble

5．When (4)The boy's eyes sparkled, how did the boy feel?

a．confused

b．delighted

c．glorious

d．suspicious

6．What does the boy mean when he says, (5)"I thought as much"?

a．He knew that Maximilian could not use a whip properly.

b. He thought himself foolish for trusting Maximilian.

c. He felt proud to be more able than Maximilian.

d. He was glad that the geese had not escaped.

7. Choose the best phrase to complete blank (2).

a. Curious to say

b. Just as he had expected

c. What was worse

d. With that said

8. Fill in blank (3) with the appropriate phrase.

a. forgetting a book

b. not paying you enough

c. becoming angry with you

d. not being a better gooseherd

9. What emotion does the boy feel when he says, “A king, indeed!”(6)?

a. anger

b. disbelief

c. horror

d. joy

10. Which is true according to the story? Choose three.

a. The boy did not find the book in time, which made the king anxious.

b. Before returning to Maximilian, the geese first tried to follow the boy.

c. At first, the boy could not believe the man was the king.

d. Much to the boy's surprise, the king could not control the geese.

e. The king finally gave the boy twice as much as he first offered.

f. Because of what happened, the king and the boy agreed to continue their friendship.

g. The king was unwilling to help the boy to drive back the geese into the meadow.

h. Although he was king, Maximilian was able to take orders from a child.

i. Because of the boy's comments, the king decided to train himself to be a good gooseherd.

Ⅳ 次の英文を読み，設問に答えなさい。

著作権の都合上，省略。

（注）

*landfill: 埋立地

*refurnish: 再び家具を入れる

*clipping: 挿し木，一部を切ったもの

*Pilea Peperomioides: ピレア・ペペロミオイデス，観葉植物の一種

1．下線部(1)が意味するものを以下から一つ選び，その記号をマークしなさい。

a．メンバーになる価値がある

b．メンバーに無料でなることができる

c．メンバーとお金の精算をする

d．メンバーになるためにお金を払う

2．下線部(2)を日本語に訳しなさい。

3．下線部(3)が意味するものを以下から一つ選び，その記号をマークしなさい。

a．譲渡品を手にしたことでその人の生活がより豊かになる

b．捨てずに欲しい人にあげることで，物を平等に行き渡らせる

c．不要な物を他人に譲って，より充実した人生を得る

d．他の人が譲渡品を使うことで，その物の寿命がさらに伸びる

4．ピレア・ペペロミオイデスが“sharing plant”と呼ばれる理由として正しいものを以下から一つ選び，その記号をマークしなさい。

a．挿し木を人にあげると，その人は簡単に育てて増やすことができるから

b．挿し木とともに人の思いやりを受け取ることができるから

c．何軒もの家で同じ植物を同時に観賞できるから

d．挿し木は店で買ってきたものよりもどんどん増えるから

5．空所（　A　）に入る最もふさわしい表現を以下から一つ選び，その記号をマークしなさい。

a．exchanging goods with neighbors

b．getting something for free

c．purchasing something from a store

d．helping people in need

6．空所（　B　）に入る最もふさわしい小見出しを以下から一つ選び，その記号をマークしなさい。

a．How often are new Buy Nothing groups formed?

b．How do I join a Buy Nothing group?

c．How can I find the information about Buy Nothing project?

d．How can we fix broken items?

7．空所（　C　）に入る最もふさわしい小見出しを以下から一つ選び，その記号をマークしなさい。

a. What can I do to have a big item delivered?

b. How can I ask for things on Buy Nothing?

c. What should I do when my kids go to a Halloween party?

d. How can people get rid of used things at home?

8. 本文の内容と合致するものを以下から三つ選び，その記号をマークしなさい。

a. Buy Nothing Project は世界44カ国に広がっており，海外在住者と品物のやり取りをすることができる。

b. Buy Nothing Project の目的の一つは，お金の節約を推奨することにより，経済の停滞に苦しむ国の人々の生活を少しでも向上させることである。

c. Buy Nothing Project に参加することで，人々は自分の住む地域を身近なものに感じることができる。

d. Buy Nothing Project を通して人からもらった物を使っている写真をSNSにあげることで，感謝の気持ちを表す。

e. Buy Nothing Project のおかげで，どの家にもある使われずに埃をかぶっている物を安く人に譲ることができる。

f. Buy Nothing Project では，他者を利することを第一に考えているため，自らが必要としている物をグループにリクエストすることは良しとされていない。

g. Buy Nothing Project は欲しいものがある人と不用品を手放したい人を結びつける組織である。

h. Buy Nothing Project は家具の手入れをして自宅を美しくする活動である。

■日本史■

（60 分）

I 次の文章を読み，設問に答えなさい。

1853年，アメリカ東インド艦隊司令長官ペリーは4隻の軍艦を率いて浦賀に来航し，フィルモア大統領の国書を幕府にわたした。幕府は国書を受理しつつも回答を翌年に先送りして，ひとまずペリーを退去させた。そして翌年ペリーがふたたび来航すると，今度は日米和親条約を締結した。

日米和親条約に基づいて，初代アメリカ総領事として来日したハリスは幕府にたいして通商条約の締結を強く求めた。老中の堀田正睦は条約調印の許可を朝廷に求めるが，当時朝廷では攘夷論が強かったこともあって，[a] 天皇の勅許は得られなかった。そのため，幕府は無勅許のまま<u>日米修好通商条約</u>①の調印を断行した。ついで [b] ・ロシア・イギリス・フランスとも同様の条約を結んだ。これらは一般に安政の五カ国条約といわれる。

大政奉還後，新政府は近代国家の建設をめざして諸改革を推進した。欧米諸国の影響は政治や社会制度だけでなく，<u>文学や芸術</u>②にまで及んでいった。

19世紀末から20世紀にかけて，東アジアでは大規模な戦争がつづいた。1894年に日清戦争が勃発して，日本が勝利をおさめると，清国の弱体ぶりが世界に知れわたることになった。列強が中国分割を進めるなか，1899年にはアメリカのジョン＝ヘイ国務長官が中国の門戸開放を宣言し，ヨーロッパ列強による中国分割を牽制した。他方でアメリカはハワイを併合し，さらにフィリピンを領有するなど極東への進出を開始した。

1904年に<u>日露戦争</u>③が勃発すると，アメリカは日本に好意的中立を保った。そのため，日本は同盟国のイギリスだけでなくアメリカからも戦費を調達することができた。日露戦争の講和交渉もアメリカのセオドア＝ローズヴェルト大統領の斡旋によって，アメリカのポーツマスで開催された。この交渉において日本側は全権として [c] 外相を，ロシア側はウィッテを派遣し，ポーツマス条約の調印へと至った。しかし，日露戦争後に日本が満州進出を本格化させると，満州市場に関心をもつアメリカは日本の南満州権益の独占に反対し，日米関係は悪化した。

第一次世界大戦勃発後，日本は中国の袁世凱政府にたいして，いわゆる二十一カ条の要求をおこなった。この要求は中国だけでなくアメリカの不信感を招くこととなった。しかし，日本の中国進出を批判していたアメリカもドイツにたいして参戦し，日本と同じ連合国の一員となった。そこで日米両国は1917年に特派大使石井菊次郎と［ d ］国務長官の間で公文を交換し，中国の領土保全・門戸開放と，地理的な近接性ゆえに日本は中国に特殊権益をもつことを認めた。

1919年６月ヴェルサイユ条約が調印された。この条約において国際連盟の創設が決定され，日本は常任理事国となった。提唱国であったアメリカは上院の反対によって，国際連盟に参加することができなかった。その後アメリカは④ワシントン会議を開催し，この会議において海軍軍縮や太平洋および極東問題にかんする諸条約が結ばれた。

第一次世界大戦が国民を動員する総力戦であったため，国民の側からも民主主義的要求が高まった。日本でもいわゆる普通選挙法が成立し，満［ e ］歳以上の男子が衆議院の選挙権を獲得した。⑤第一次世界大戦後には都市化と工業化の進展により，大都市では俸給生活者が増加し，都市の景観や市民生活もまた変わりつつあった。

1929年10月ニューヨークのウォール街での株価の大暴落をきっかけに世界恐慌がおこり，日本も深刻な不況におちいった。そうしたなか，関東軍は奉天郊外で⑥柳条湖事件をおこし，軍事行動を開始した。こうした日本の軍事行動にたいして，アメリカは不承認宣言を発した。国際連盟もまた，リットン調査団を現地と日中両国に派遣した。

1937年７月７日北京郊外の盧溝橋で日中両軍の武力衝突が発生した。いったん現地で停戦協定の成立をみたものの，ほどなく日中両国は全面戦争に突入してしまう。日本軍は1937年末に国民政府の首都である［ f ］を占領したが，国民政府は漢口，さらには重慶に退いて抗戦をつづけた。日中戦争が長期化すると，日本では，アメリカ・イギリス・フランスの対中国援助を断つとともに，石油などの戦略物資を確保するために東南アジアへ進出しようとする南進論が台頭した。この南進論はアメリカとの緊張を高めることとなった。

他方ヨーロッパでは，1939年９月ドイツがポーランド侵攻を開始した。イギリスとフランスがドイツに宣戦し，第二次世界大戦がはじまった。1940年９月日本はドイツおよびイタリアとの間に，アメリカを仮想敵国とする軍事同盟を結んだ。いわゆる日独伊三国同盟である。三国同盟はアメリカの強い反発を招くこととなり，日米関係は大いに悪化した。

日本はアメリカとの衝突を避けるために，対米交渉を開始した。しかし，交渉はまとまらず，日本はハワイの真珠湾への奇襲攻撃に踏み切った。太平洋戦争の幕開けである。日本の対米宣戦後，三国同盟によってドイツやイタリアもアメリカに宣戦した。こうして，第二次世界大戦は全世界に拡大していった。

第二次世界大戦はアメリカ・イギリス・ソ連を中心とする連合国の勝利におわった。日本は⑦1945年８月にポツダム宣言を受諾して敗戦を受け入れた。アメリカを中心とする連合国は日本を占領し，さまざまな改革を実施した。占領下の日本では，東京裁判がおこなわれ，太平洋戦争開始時に首相をつとめていた［ g ］をはじめ７人が死刑となった。当初アメリカは日本の非軍事化・民主化を目的としていたが，冷戦の進展とともに，日本を安定した工業国として復興させ，東アジアにおける自由主義陣営の主要友好国とする方針を採用するようになった。

⑧1951年９月にサンフランシスコで対日講和会議が開催され，サンフランシスコ平和条約が結ばれた。その一方で日本とアメリカは安全保障条約を締結し，米軍が日本に駐留をつづけることが認められた。

〔設　問〕

(1)　空欄ａ～ｇにあてはまる語・数字を解答用紙Ｂ面の所定欄に記入しなさい。

(2)　下線部①～⑧にかんして，下記の問にたいする答を１つずつ選び，解答用紙Ａ面の所定欄にマークしなさい。

①　この条約において定められた内容にかんする次の記述のうち，適切でないものはどれか。

(ア)　江戸と大坂を開市する。

(イ)　開港場に居留地を設ける。

(ウ)　アメリカに領事裁判権を認める。

(エ)　関税額はアメリカ政府が決定する。

(オ)　神奈川・長崎・新潟・兵庫を開港する。

②　明治時代の文学や芸術にかんする次の記述のうち，適切でないものはどれか。

(ア)　黒田清輝が絵画「湖畔」を発表した。

(イ)　島崎藤村が小説『破戒』を刊行した。

(ウ)　高村光雲が彫刻「老猿」を発表した。

(エ)　尾崎紅葉が小説『五重塔』を刊行した。

(オ)　二葉亭四迷が小説『浮雲』を刊行した。

③　日露戦争がはじまる前におきた出来事として，適切なものはどれか。

(ア)　大逆事件がおきた。

(イ)　義和団事件がおきた。

(ウ)　伊藤博文が暗殺された。

(エ)　韓国統監府が設置された。

(オ)　日比谷焼打ち事件がおきた。

④　ワシントン会議にかんする次の記述のうち，適切なものはどれか。

(ア)　中国とソ連も会議に参加した。

(イ)　海軍大臣の幣原喜重郎が全権をつとめた。

(ウ)　九カ国条約では，日英同盟の廃止が定められた。

(エ)　海軍軍縮条約では，締約国間で主力艦の保有比率が定められた。

(オ)　四カ国条約では，国家政策の手段としての戦争を放棄することが定められた。

⑤　第一次世界大戦後の日本国内の出来事として，適切でないものはどれか。

(ア)　関東大震災が発生した。

(イ)　ラジオ放送が開始された。

(ウ)　路面電車の運転が開始された。

(エ)　谷崎潤一郎が小説『痴人の愛』を刊行した。

(オ)　雑誌『種蒔く人』が創刊され，プロレタリア文学がもりあがりをみせた。

⑥　このとき内閣総理大臣をつとめていた人物は，次のうち誰か。

(ア)　犬養毅

(イ)　高橋是清

(ウ)　田中義一

(エ)　浜口雄幸

(オ)　若槻礼次郎

⑦　a～eはこの年におきた出来事である。古い順に並べ替えたとき，(ア)～(オ)のうち適切なものはどれか。

a．ドイツが無条件降伏した。

b．ヤルタ会談がおこなわれた。

c．アメリカ軍が長崎に原子爆弾を投下した。

d．アメリカ軍が広島に原子爆弾を投下した。

e．ソ連が日本にたいして宣戦布告をおこなった。

(ア)　a→b→d→c→e

(イ)　a→b→d→e→c

(ウ)　b→a→d→c→e

(エ)　b→a→d→e→c

(オ)　e→b→a→d→c

⑧　講和会議および講和条約にかんする次の記述のうち，適切なものはどれか。

(ア)　ソ連は講和会議に招かれなかった。

(イ)　この条約により，日本と大韓民国が国交を樹立した。

(ウ)　この条約により，日本の千島列島領有が認められた。

(エ)　中華人民共和国と中華民国は講和会議に招かれなかった。

(オ)　この条約により，沖縄諸島の施政権は日本にあることが認められた。

Ⅱ　次のAとBの文章を読み，文中の空欄(a)(b)〜(m)(n)にはいる，もっとも適切な語句・数字を語群より選び，その番号を解答用紙A面の所定欄にマークしなさい。なお，選択肢はすべて2ケタの数字であり，空欄内の左側のアルファベットは10の位を，また右側のアルファベットは1の位をあらわすこととする。

A　日本列島において本格的な農耕がはじまったのは，かつては弥生時代のこととされていた。しかし現在は研究が進展し，福岡県の (a)(b) 遺跡において水田が発見されていることなどから，縄文時代晩期から稲作がはじまったとする説もある。ともあれ一般的には，水稲耕作を基礎とする弥生文化は，紀元前4世紀頃に西日本に成立し，やがて東日本にも広まったとされる。弥生時代後期には，新しい技術がとりいれられた。 (c)(d) の使用により，灌漑施設が必要な耕地での乾田が拡大した。

律令国家は，戸籍に基づいて口分田を班給し，稲をおさめる税を課した。また，春に稲を貸し付け，秋の収穫時に高い利息を加えて徴収する制度も整備した。農業技術の進歩は見られたものの，依然としてその水準は低く，天候不順や虫害により水田が荒れることも多かった。政府は良質な口分田の不足をおぎなうため，農民に食料や道具を支給して良田をひらく計画をたてた。さらに (e)(f) 天皇の治世である743年には，開墾した田地の私有を永年にわたって保証した。

9世紀になり，調・庸の未進などによって国家収入が減少すると，政府は大宰府に (g)(h) を823年に設置するなどして財源の確保につとめたものの，10世紀になると班田収授が実施できないなど，律令制のゆきづまりは目に見えて明らかとなってきた。その後，あらたな土地支配である荘園制が発展していく。当初は免除されていなかった荘園にたいする租税は，やがて中央の貴族や有力寺社の権威を利用することで，太政官符や (i)(j) 符による免除が認められるようになった。

鎌倉時代には，武士が所領経営に力を入れ，農業技術が発達した。稲の裏作として麦が植えられ，肥料には草葉を発酵させた (k)(l) などが利用された。また，牛馬を利用した農耕も広がっていった。室町時代にはさらに土地の生産性が向上し，水車などによる灌漑や排水施設の整備がおこなわれ，水稲の品種改良も進んだ。年貢の支払いにおいても，しだいに銭納が普及していき，商業の発達もあいまって貨幣の流通がさかんになった。そのため，中国からあらたに流入した (m)(n) 通宝が利用されたが，需要の増大とともに粗悪な私鋳銭も流通するようになった。

B　織田信長の遺業を継いで全国を統一した豊臣秀吉は，統一した度量衡を用いて新しく獲得した領地の調査をおこなった。太閤検地とよばれるこの政策は，土地の面積単位を町・段・畝・ (a)(b) に統一し，村ごとに田畑・屋敷地の面積・等級を調査して，その石高を定めた。

江戸時代の初期から，幕府や大名は大規模な治水や灌漑などの工事をおこない，農業生産力を高める政策をとった。江戸時代の農業は百姓の小経営によって担われたが，幕府はこのような農業経営をできるだけ安定させて年貢の徴収を確実にしようとした。農業技術は深耕用の備中鍬や脱穀用の (c)(d) ，選別用の唐箕などが村々に広く普及したほか， (e)(f) が著した『農業全書』などの農業技術を教える書籍も広く読まれた。新田開発の進展もあって耕地面積も増加し，幕府や大名の年貢収入も増加した。ただし，天候不順や自然災害により凶作となり，多くの餓死者が出ることもあった。 (g)(h) 年間に浅間山の大噴火や冷害などによって生じた飢饉は，最も深刻なもののひとつである。

明治新政府は当初，旧幕府時代のまま受け継いだ年貢を主要な財源としていたが，旧藩ごとに税額が異なり，また，米の豊凶によって税額が安定しなかったため，財源の安定をめざして地租改正をおこなった。従来の年貢負担者に地券を交付し納税者としたうえで，算定された地価を基準に，金納で地租を納めさせた。これにより政府財政の基礎はいったん固まったが，地価を算定するにあたっては旧来の年貢収入を減らさない方針がとられたため，農民は負担の軽減を求めて地租改正反対の一揆をおこし，1877年に地租は1000分の (i)(j) に引き下げられた。

1880年代には，同時期にとられた厳しい緊縮・デフレ政策により，米価が下落するなど深刻な不況となり，定額金納である地租を負担する農民のなかには土地を手放し小作農となる者もいた。1884年には困民党と称する農民が武装蜂起し軍隊の派遣がおこなわれる (k)(l) 事件がおこった。

初期議会期においては，地租の軽減・地価の修正は政府と政党の間の争点となったが，日清戦争後，政府と政党の関係が変化すると， (m)(n) 党と提携した第二次山県有朋内閣のときに地租条例が改正され，地租増徴案が成立することとなる。

〔語　群〕

01　青木昆陽	02　板付	03　永楽
04　大蔵省	05　大蔵永常	06　加波山
07　刈敷	08　寛永	09　元慶官田
10　享保	11　公営田	12　慶長
13　間	14　乾元	15　元正
16　憲政	17　憲政本	18　元明
19　元禄	20　孝謙	21　楮
22　骨角器	23　晒	24　三内丸山
25　式部省	26　尺	27　自由

28　升	29　聖武	30　諸司田
31　進歩	32　角倉了以	33　青銅器
34　千石簁	35　尖頭器	36　千歯扱
37　大豆粕	38　高田	39　秩父
40　勅旨田	41　鉄器	42　天保
43　天明	44　登呂	45　中務省
46　菜畑	47　歩	48　福島
49　踏車	50　宮崎安貞	51　民部省
52　文武	53　吉野ヶ里	54　竜骨車
55　和同	56　15	57　25
58　35	59　45	

Ⅲ　次のA～Gの文章を読み，設問に答えなさい。

A　第三十九代，第二十五世，①天智天皇は舒明の御子。御母皇極天皇也。壬戌年即位。近江国大津の宮にまします。即位四年八月に内臣鎌足を内大臣大織冠とす。又藤原朝臣の姓を給。昔の大勲を賞給ければ，朝奨ならびなし。先後封を給こと一万五千戸なり。病のあひだにも行幸してとぶらひ給けるとぞ。此天皇中興の祖にまします〈［　ア　］の御祖なり〉。国忌は時にしたがひてあらたまれども，これはながくかはらぬことになりにき。

天下を治給こと十年。五十八歳おましましき。

B　第四十二代，文武天皇は草壁の太子第二の子，天武の嫡孫也。御母阿閇の皇女，天智御女也。……又藤原の内大臣鎌足の子，不比等の大臣執政の臣にて律令なむどをもえらびさだめられき。藤原の氏，此大臣よりいよいよさかりになれり。四人の子おはしき。是を四門といふ。一門は武智麿の大臣の流，南家と云。二門は参議中衛大将房前の流，②北家といふ。いまの執政大臣およびざるべき藤原の人々みなこのすゑなるべし。三門は式部卿［　イ　］の流，式家といふ。四門は左京大夫麿の流，京家といひしがはやくたえにけり。南家・武家も儒胤にていまに相続すといへども，ただ北家のみ繁昌す。房前の大将人にことなる陰徳こそおはしけめ。

C　第七十八代，③二条院。諱は守仁，……戊寅の年即位，己卯に改元。年号を［　ウ　］と云。

右衛門督藤原信頼と云人あり。上皇いみじく寵せさせ給て天下のことをさへまかせらるるまで成にければ，おごりの心きざして近衛大将をのぞみ申しを通憲法師いさめ申てやみぬ。其時源義朝朝臣が清盛朝臣におさへられて恨をふくめりけるをあひかたらひて叛逆を思くはたてけり。保元の乱には，義朝が功たかく侍けれど，清盛は通憲法師が縁者になりてことのほかにめしつかはる。通憲法師・清盛等をうしなひて世をほしきままにせんとぞはからひける。清盛熊野にまうでけるひまをうかがひて，先上皇御坐の三条殿と云所をやきて大内にうつし申，主上をもかたはらにおしこめたてまつる。通憲法師のがれがたくやありけむ，みづからうせぬ。其子どもやがて国々へながしつかはす。通憲も才学あり，心もさかしかりけれど，おのれが非をしり，未萌の禍をふせぐまでの智分やかけたりけむ。信頼が非をばいさめ申けれど，わが子どもは顕職・顕官にのぼり，近衛の次将なむどにさへなし，参議已上にあがるもありき。かくてうせにしかば，これも天意にたがふ所ありと云ことは疑なし。清盛このことをきき，道よりのぼりぬ。信頼かたらひおきける近臣等の中に心がはりする人々ありて，主上・上皇をしのびていだしたてまつり，清盛が家にうつし申てけり。すなはち信頼・義朝等を追討せらる。程なくうちかちぬ。信頼はとらはれて首をきらる。義朝は東国へ心ざしてのがれしかど，尾張国にてうたれぬ。其首を梟せられにき。

D　諸役人役柄に応ぜざる小身の面々，前々より御役料定め置かれ下され候処，知行の高下之有る故，今迄定め置かれ候御役料にてハ，小身の者御奉公続兼申すべく候。之に依り，今度御吟味之有り，役柄により，其場所不相応ニ小身ニて御役勤候者ハ，御役勤候内御［　エ　］仰せ付けられ，御役料増減之有り。別紙の通り相極候。此旨申し渡すべき旨仰せ出され候。……

　　三千石より内ハ

　　三千石の高ニ成し下さるべく候　　　　大目付

町奉行

御勘定奉行

E　朕，祖宗二千五百有余年ノ鴻緒ヲ嗣キ，中古紐ヲ解クノ乾綱ヲ振張シ，大政ノ統一ヲ総攬シ，又夙ニ立憲ノ政体ヲ建テ，後世子孫継クヘキノ業ヲ為サンコトヲ期ス。嚮ニ明治八年ニ元老院ヲ設ケ，十一年ニ府県会ヲ開カシム。此レ皆漸次基ヲ創メ，序ニ循テ歩ヲ進ムルノ道ニ由ルニ非サルハ莫シ。……将ニ明治二十三年ヲ期シ，議員ヲ召シ国会ヲ開キ，以テ朕カ初志ヲ成サントス。

F　富山県中新川郡西水橋町町民の大部分は出稼業者なるが，本年度は出稼先なる樺太は不漁にて帰路の路銀に差支ふる有様にて生活頗る窮迫し，加ふるに昨今の米価暴騰にて困窮愈其極に達し居れるが，三日午後七時漁師町一帯の女房連二百名は海岸に集合して三隊に分れ，一は浜方有志，一は町有志，一は浜地の米屋及び米所有者を襲ひ，所有米は他に売らざること及び此際義俠的に米の廉売を嘆願し，之を聞かざれば家を焼払ひ一家を鏖殺すべしと脅迫し事態頗る穏かならず……。

G　朕ハ爾等国民ト共ニ在リ，常ニ利害ヲ同ジウシ休戚ヲ分タント欲ス。朕ト爾等国民トノ間ノ紐帯ハ終始相互ノ信頼ト敬愛トニ依リテ結バレ，単ナル神話ト伝説トニ依リテ生ゼルモノニ非ズ。天皇ヲ以テ［　オ　］トシ，且日本国民ヲ以テ他ノ民族ニ優越セル民族ニシテ，延テ世界ヲ支配スベキ運命ヲ有ストノ架空ナル観念ニ基クモノニモ非ズ。

〔設　問〕

(1)　次のａ～ｇの問にたいする答を解答用紙Ｂ面の所定欄に記入しなさい。

ａ　文章Ａは，中世のある人物が記した歴史書の一部である。文中の［　ア　］には，奈良時代末の天皇の名がはいる。漢字２文字で答えよ。

ｂ　文章ＢもＡと同様，中世のある人物が記した歴史書の一部である。文中の［　イ　］にはいる人物名を漢字２文字で答えよ。

ｃ　文章ＣもＡと同様，中世のある人物が記した歴史書の一部である。文中の［　ウ　］にはいる言葉を漢字２文字で答えよ。

ｄ　文章Ｄは，江戸幕府の人材登用にかんする制度について定めた法令の一部である。文中の［　エ　］にはいる言葉を漢字２文字で答えよ。

ｅ　文章Ｅが出されたのは明治何年か。算用数字で答えよ。

ｆ　文章Ｆはある事件を報じた新聞記事の一部である。この事件が報じられたときの内閣総理大臣は誰か。

ｇ　文章Ｇは，1946年に発せられた詔書の一部である。文中の［　オ　］にはいるものを漢字３文字で答えよ。

(2)　次の①～⑦の問にたいする答を１つずつ選び，解答用紙Ｂ面の所定欄にマークしなさい。

①　文章Ａの下線部①に関連し，７世紀後半におこった出来事にかんする次の記述のうち，適切でないものはどれか。

(ア)　唐・新羅の侵攻に備えて，西日本に山城が築かれた。

(イ)　はじめての全国的な戸籍である庚午年籍が作成された。

(ウ)　大海人皇子は飛鳥浄御原宮で即位し，天武天皇となった。

(エ)　古い姓のあり方があらためられ，八色の姓が制定された。

(オ)　大海人皇子は壬申の乱において主に九州地方の兵を集めて勝利した。

②　文章Bの下線部②の北家に属さない人物は誰か。

(ア)　藤原緒嗣

(イ)　藤原兼家

(ウ)　藤原伊周

(エ)　藤原忠平

(オ)　藤原道隆

③　文章Cの下線部③の二条院が天皇であった時代より以前におこった出来事として，適切なものはどれか。

(ア)　平重衡が南都を焼き打ちにした。

(イ)　奥州藤原氏は泰衡の代で滅亡した。

(ウ)　平清盛が摂津の福原に都をうつした。

(エ)　養和の飢饉で畿内，西日本は大きな被害をうけた。

(オ)　崇徳上皇と後白河天皇が対立し，その結果戦乱がおきた。

④　文章Dに関連し，この制度が定められたときの将軍の在職中におこなわれた政策の説明として，適切でないものはどれか。

(ア)　関東農村の荒廃を防ぐため，旧里帰農令を出した。

(イ)　大坂にあった堂島米市場を公認し，米価を安定させようとした。

(ウ)　定免法を広く採用するとともに，税率を引き上げ，年貢の増徴をはかった。

(エ)　大名の参勤交代の負担を減らすかわりに，石高1万石について米100石をおさめさせる上米の制を設けた。

(オ)　増加する一方であった金銭の貸借にかんする争いを幕府に訴えさせず，当事者の間で解決させることを定めた，相対済し令を出した。

⑤　文章Eに関連し，日本における議会制度の整備にかんする説明として，適切でないものはどれか。

(ア)　大阪会議をへて，1875年に元老院が設置された。

(イ)　廃藩置県後の官制改革により，太政官に左院が設置された。

(ウ)　大日本帝国憲法の発布後，選挙により衆議院議員が誕生した。

(エ)　1878年の地方統治制度整備の結果，府会・県会の設置が全国的に認められた。

(オ)　地方の民情を反映させるため，1875年に府知事・県令を集めた議政官が設置された。

⑥　文章Fに関連し，1910年代の出来事にかんする次の記述のうち，適切でないものはどれか。

(ア)　原敬内閣の下で，小選挙区制が採用された。

(イ)　第一次護憲運動が広がるなかで，清浦奎吾内閣はわずか50日余りで総辞職した。

(ウ) 第二次西園寺公望内閣は，陸軍の二個師団増設要求をうけいれず，その後総辞職に追い込まれた。

(エ) 第二次大隈重信内閣の与党だった立憲同志会は，大隈内閣成立後の総選挙の結果，立憲政友会の議席を上回った。

(オ) 立憲政友会を与党として成立した第一次山本権兵衛内閣は，ジーメンス（シーメンス）事件の発覚後に総辞職した。

⑦ 文章Gに関連し，連合国による占領のもとにおこなわれたことにかんする次の記述のうち，適切でないものはどれか。

(ア) 独占禁止法が制定され，持株会社やカルテルが禁止された。

(イ) 労働組合法が制定され，日本労働組合総連合会が結成された。

(ウ) 自作農創設特別措置法が制定され，第二次農地改革が開始された。

(エ) 衆議院議員選挙法が改正され，女性参政権を認めた新選挙法が制定された。

(オ) 教育委員会法が制定され，公選により委員が選ばれる教育委員会が設置された。

世界史

（60分）

Ⅰ　次のＡ～Ｄの資料とそれに続く文章を読み，設問⑴～⑽に対する答えをそれぞれ①～⑤から1つ選んで，その記号を解答用紙の所定欄にマークしなさい。

Ａ「（　**1**　）が詩の中で，抵当に入った土地の『いたるところに立った標識を引き抜き，それまで奴隷のようだった土地も今は自由』と誇っている（中略）。そして借金のために引き立てられた市民のうち一部は外国から連れ戻したが，彼らは『アッティケの言葉をもはや語れず，いかに諸所を流転していたかを偲《しの》ばせた。またこの土地に留まって恥ずべき奴隷に落ちた人々を』自由の身にしてやったと言っている。」

上の資料は，前6世紀初頭にアテネで改革をおこなった人物（　**1**　）について，ローマ時代に活躍した伝記作家（　**2**　）がその著『対比列伝』（『英雄伝』）の中で，述べたものの一節である。

出典：村川堅太郎他訳『世界文学全集　5』，筑摩書房，1967年。

〈設問〉

⑴　空欄**1**に入る人物に関する記述ａ～ｃの正誤の組合せとしてもっとも適切なものは，次のうちどれか。　**1**

ａ　血縁に基づく4部族制を地縁に基づく10部族制に改めた。

ｂ　血統ではなく財産額の大小によって市民の参政権を定めた。

ｃ　軍艦の漕ぎ手として活躍した無産市民の発言力の高まりを背景に，民主政を完成させた。

①　すべて誤り
②　ａのみ正しい
③　ｂのみ正しい
④　ｃのみ正しい
⑤　すべて正しい

⑵　空欄**2**に入る人物は，次のうち誰か。　**2**

① プリニウス
② プルタルコス
③ ヘロドトス
④ ホメロス
⑤ リウィウス

B 「お国の羊です（中略）。羊は非常におとなしく，また非常に小食だということになっておりますが，今や〔聞くところによると〕大食で乱暴になり始め，人間さえも食らい，畑，住居，町を荒廃，破壊するほどです。」

上の資料は，$_{3}$テューダー朝第２代の王に仕えた（　4　）が，その著書『ユートピア』の中で$_{5}$当時のイギリスにおけるある社会事象について述べたものである。

出典：澤田昭夫訳『改版　ユートピア』，中公文庫，1993年。

〈設問〉

(3) 下線部3に関する記述としてもっとも適切なものは，次のうちどれか。　3

① 王権神授説を唱えて議会を軽視するとともに，ピューリタンを圧迫した。
② 修道院を廃止して，その土地財産を全て王有地とし絶対王政の基盤とした。
③ 娘のメアリ１世はフランス王と結婚して，カトリックを復活させた。
④ 無敵艦隊をやぶって，海上覇権の獲得に乗り出した。
⑤ 離婚問題を機に国王至上法（首長法）を制定して，国教会の首長であると宣言した。

(4) 空欄4に入る人物は，次のうち誰か。　4

① エラスムス
② クロムウェル
③ チョーサー
④ トマス=モア
⑤ ラブレー

(5) 下線部5に関する記述としてもっとも適切なものは，次のうちどれか。　5

① 囲い込み（エンクロージャー）の進展により，多くの農民が土地を失った。
② 航海法の制定により，経済が混乱した。
③ ジェントリ（郷紳）の没落により，王権が強化された。
④ ノーフォーク農法の導入により，農業生産力が向上した。
⑤ 多くのアイルランド農民が，不在地主の小作人となった。

C　「$_6$聖なる清皇帝の命令によって国境画定のために派遣された高官たちは，・・・$_7$皇帝陛下の大使たち・・・と，(　8　)近くで会同し，・・・国境を越えて，お互いに殺戮を繰り返したり，略奪を行ったり，あらゆる秩序紊乱及び攪乱を行う（中略）狩猟民達の図々しい行為の抑止と鎮圧のために，そして中国およびロシア両帝国の国境を正確に確定するために，最後に，恒常的な平和の確立と恒久的同盟締結のために，相互の同意を得て，以下の条項を決議し，決定する。

（中略）

(　8　)近傍にて，(　6　)二八年七月二四日」

上の資料は，清朝がロシアと結んだ(　8　)条約の冒頭と最後の部分で，この条約は両国間の国境の策定と通商の開始を定めた。清朝が外国と結んだ初の対等条約でもあった。

出典：歴史学研究会編『世界史史料　5』，岩波書店，2007年。

〈設問〉

(6)　下線部6の皇帝の名と空欄6に入る元号に共通するものは，次のうちどれか。　**6**

① 永楽
② 乾隆
③ 康熙
④ 万暦
⑤ 雍正

(7)　下線部7の皇帝は，次のうち誰か。　**7**

① アレクサンドル1世
② アレクサンドル2世
③ エカチェリーナ2世
④ ニコライ1世
⑤ ピョートル1世

(8)　空欄8に入る地名は，次のうちどれか。　**8**

① アイグン
② イリ
③ キャフタ
④ ネルチンスク
⑤ ブレスト=リトフスク

D 「現在の世界の国々は，一本の綱に結ばれた登山チームと似ているところがある。ともに山頂まで這い登ることができるかもしれないし，ともに奈落の底に滑り落ちてしまうかもしれない。こうした災禍から逃れたいのであれば，各国の政治指導者は自分たちの狭い利益よりも一段上に立って，深刻な現状を意識しなければならない。（中略）新たな政治への取り組みにおいて基本原則とすべきは，簡単なことである。それはつまり，核戦争は，政治的目的であれイデオロギー的目的であれ，いかなる目的を達成する手段ともなり得ない，という原則である。」

上の資料は，長くヨーロッパで確執を経験してきたドイツとフランスで2006年に刊行された共通歴史教科書のコラムで，（　**9**　）が1987年に出版した著書から引用された一節である。（　**9**　）はその2年前の1985年3月に，危機的状況にあったソ連の共産党書記長に就任した。当時，ソ連経済は疲弊していて，ソ連を「悪の帝国」と非難するアメリカ合衆国大統領（　**10**　）の仕掛けた技術開発競争や軍拡競争を支えることも，国民の期待に応えることもできなくなっていた。国民の不満は増大し，1986年4月にはチェルノブイリ原発事故がおこり，この国の末期的状態を象徴するものと世界には映った。

出典：ペーター=ガイス・ギヨーム=カントレック監修，福井憲彦・近藤孝弘監訳『ドイツ・フランス共通歴史教科書【現代史】』，明石書店，2008年。

〈設問〉

(9) 空欄9に入る人物に関する記述a～cの正誤の組合せとしてもっとも適切なものは，次のうちどれか。　**9**

a　情報公開（グラスノスチ）による言論の自由化や国内の改革（ペレストロイカ）を提唱した。

b　カーターと首脳会議を開催し，冷戦の終結を宣言した。

c　この人物に対する保守派のクーデタは，ソ連大統領エリツィンの反対などで失敗に終わった。

① すべて誤り
② aのみ正しい
③ bのみ正しい
④ cのみ正しい
⑤ すべて正しい

(10) 空欄10に入る人物は，次のうち誰か。　**10**

① アイゼンハワー

② ニクソン

③ ブッシュ（子）

④ ブッシュ（父）

⑤ レーガン

Ⅱ 次の文章を読み，設問(1)～(10)に対する答えをそれぞれ①～⑤から１つ選んで，その記号を解答用紙の所定欄にマークしなさい。

奴隷制は古代ギリシア・ローマ世界で典型的に展開したとされるが，そこに限られたわけではなく古今東西の多くの社会で多様な姿でみられ，隷属労働や児童労働も含めて今なお深刻な問題である。

[1]アリストテレスは奴隷を「もの言う道具」と定義したが，[2]アウグスティヌスや[3]マルティン=ルターなどの知識人も，同時代人のほとんどの人々と同じように奴隷制を肯定的にとらえていた。英語で奴隷を意味する *slave* は，ラテン語の *sclavus*，ギリシア語の *sklavos* を語源とするが，それはかつて「他者」としての[4]スラヴ系民族を購入・使役したことに由来する。奴隷とは，債務不履行，戦争捕虜や人さらい，強制連行，人身売買などで「主人」に供給されたヒトのことであり，そのヒトを財産と規定し，所有し，使役することが可能かつ合法とされる社会が奴隷制社会とするなら，まさに古代ギリシア・ローマはそうした社会だった。しかし，近世・近代になっても，奴隷制はなくなったわけではない。

大航海時代以降，西ヨーロッパ勢力は南北アメリカ大陸と西インド諸島に植民地を設置したが，そこにはすでに[5]先住民が独自の社会を築いていた。入植者は彼らを征服し，酷使し，さらに自分たちが持ち込んだ感染症で先住民の人口が激減すると，不足する労働力を補うためにアフリカ大陸から運ばれた黒人を奴隷として投入し，16世紀にはモノカルチャー奴隷制プランテーションが成立した。こうして，サハラ砂漠以南のアフリカ社会は壊滅的な打撃を受けることになり，アメリカ地域では奴隷制社会が形成され，その奴隷貿易は西ヨーロッパに莫大な富をもたらした。

イギリスでは，東インド会社や王立アフリカ会社等がこうした奴隷貿易に従事していたが，20世紀にビートルズを生むことになる港町（ **6** ）はブリストルとともに奴隷貿易の拠点として経済的に潤っていた。いっぽうで，奴隷制に反対する運動もイギリスで大きなうねりとなっていった。奴隷制の興隆をキリスト教の福音主義の立場から批判したウィリアム=ウィルバーフォースは，学友[7]ピット（ウィリアム=ピット）などの支援もえながら反奴隷制運動を展開した。提案を撥ねつけていた議会もようやく1807年には奴隷貿易を禁止する法を制定し，さらに，第１回選挙法改正を実現したチャールズ=グレイ内閣のもと，1833年に奴隷制は廃止された。

フランスでは，植民地だったハイチの独立運動を受けて，[8]国民公会が奴隷制を廃止したものの，その後権力を掌握したナポレオン=ボナパルトが奴隷制を復活させてしまった。フランスが最終的に奴隷制を廃止するのは，1820年の奴隷貿易禁止を経て，1848年に成立する[9]第二共和政をまたなければならなかった。

[10]アメリカ合衆国の独立宣言を起草し，第3代大統領となったトマス=ジェファソンは，奴隷制否定論者でありながら多数の奴隷を所有して農園で働かせ，身の回りの世話などをさせたことでも有名である。アメリカ合衆国は南部における大規模な奴隷制プランテーションの上に成立した国家であったが，北部で奴隷制批判と廃止運動が高揚すると，これが国を二分する一大争点と化した。結局，19世紀半ばの南北戦争を機に奴隷制はようやく廃止されたが，解放された後も黒人が置かれた社会状況は厳しく，他の有色人種に対する人種差別問題とともに深刻な社会問題として残り，現在にいたっている。

〈設問〉

(1) 下線部1に関する記述としてもっとも適切なものは，次のうちどれか。　11

① イデア論を唱え，有徳者による哲人政治を理想とする国家論を説いた。

② イブン=ハルドゥーンの主著は，彼の哲学書への註釈書である。

③ 「人間は万物の尺度である」として，真理の主観性を唱えた。

④ 「万学の祖」と呼ばれる彼の学問体系は，スコラ学に大きな影響を与えた。

⑤ プラトンの師で，アテネで学校を開いた。

(2) 下線部2に関する記述としてもっとも適切なものは，次のうちどれか。　12

① ストア派の哲学者として，自らの体験と省察を『自省録』に残した。

② 単性論を唱えてアレクサンドリア司教に任じられ，『神の国』を執筆した。

③ 同時代のアリウスとともに正統教義の確立につとめ，教父と呼ばれる。

④ マニ教に傾倒したがキリスト教に回心し，『告白』（『告白録』）などの著作を残した。

⑤ ユリアヌス帝に仕えて神寵帝理念を定式化し，『教会史』を残した。

(3) 下線部3に関する記述としてもっとも適切なものは，次のうちどれか。　13

① カール5世に破門された後，ザクセン選帝侯に保護された。

② 司教制度を廃止して，長老主義を取り入れた。

③ ドイツ農民戦争には初めから批判的で，諸侯に徹底的な鎮圧を求めた。

④ 人の救いを信仰のみにおき，信仰の基礎を聖書のみにおくとの立場から，贖宥状の販売を批判した。

⑤ フッガー家出身の教皇レオ10世がドイツで販売させた贖宥状を批判した。

(4)　下線部4に関する記述としてもっとも適切なものは，次のうちどれか。　14

① クロアティア・モンテネグロがユーゴスラヴィア連邦からの分離を宣言すると，セルビアとの間で内戦が勃発した。

② スラヴ諸語はマジャール語やフィン語などとともに，インド=ヨーロッパ語族に属する。

③ 第二次世界大戦は，ナチス=ドイツがハンガリー侵攻を開始したことで始まった。

④ チェコスロヴァキアでは「プラハの春」と呼ばれる市民運動がおこったが，ドプチェクはこれをただちに弾圧した。

⑤ ベーメン（ボヘミア）の新教徒がハプスブルク家に反抗したのをきっかけに，三十年戦争がおこった。

(5)　下線部5に関する記述としてもっとも適切なものは，次のうちどれか。　15

① アメリカのスペイン植民地では，アシエンダ制に代わり債務奴隷化した先住民などを労働力とするエンコミエンダ制がひろがった。

② オーストラリアの先住民マオリは，土地を守るためにイギリスの支配に抵抗したが，最後は武力によって制圧された。

③ 西部出身のジョンソン大統領は，白人支持層のためにミシシッピ以東の地域から先住民を全面的に排除するインディアン強制移住法を制定した。

④ ラス=カサスのように先住民の救済につとめた人物も一部には存在したが，多くの場合，抵抗を続ける先住民を植民者が労働力として酷使した。

⑤ ローデシアは，ポルトガル人入植者の子孫のブール人（アフリカーナー）が先住アフリカ人を支配して築いた。

(6)　空欄6に入る地名は，次のうちどれか。　16

① ストックトン

② バーミンガム

③ マンチェスター

④ ヨーク

⑤ リヴァプール

(7)　下線部7に関する記述としてもっとも適切なものは，次のうちどれか。　17

① カトリック教徒解放法を成立させた。

② 穀物法を廃止した。

③ 審査法を廃止した。

④　責任内閣制を始めた。

⑤　第1回対仏大同盟を結成した。

(8)　下線部8が開催されていた時期に属さない出来事としてもっとも適切なものは，次のうちどれか。　**18**

①　ヴァレンヌ逃亡事件

②　ヴァンデーの反乱の勃発

③　共和暦（革命暦）の制定

④　総最高価格法（最高価格令）の制定

⑤　ルイ16世の処刑

(9)　下線部9に関する記述としてもっとも適切なものは，次のうちどれか。　**19**

①　市街戦によりシャルル10世は退位し，共和政が成立した。

②　1848年4月の選挙結果に反発した各地の農民は，六月蜂起をおこした。

③　大統領に当選したルイ=ナポレオンは，国民投票を経ずに皇帝に即位した。

④　臨時政府には，社会主義者サン=シモンや労働者の代表も加えられた。

⑤　二月革命が他国に波及して始まった「諸国民の春」のなかでウィーン体制は崩壊した。

(10)　下線部10に関する記述としてもっとも適切なものは，次のうちどれか。　**20**

①　南北戦争後，南部の旧プランターや白人小農民らは北部が地盤の共和党に抵抗した。

②　南北戦争後，民主党主導の再建策で黒人に市民権や参政権が付与されたが，結局彼らの投票権は剥奪された。

③　フォードは，ケネディ暗殺後，公民権法を成立させた。

④　マッキンリーらによる「赤狩り」が，1950年頃に始まった。

⑤　クリントンは同時多発テロ事件に際し，アフガニスタンに対し軍事行動をおこし，ターリバーン政権を打倒した。

Ⅲ　8世紀のユーラシア大陸に関する次の文章を読み，設問(1)〜(10)に対する答えをそれぞれ①〜⑤から1つ選んで，その記号を解答用紙の所定欄にマークしなさい。ただし，設問は必ずしも8世紀に限定されるものではない。

8世紀のユーラシア大陸では，古代帝国が変質あるいは解体に向かい，新たな帝国が誕生していた。かつてのローマ帝国は，コンスタンティノープルを中心としたビザンツ帝国$_{1}$に変貌を遂げ，ヨーロッパの西方にはローマ教会$_{2}$と連携するフランク王国$_{3}$が台頭した。前世紀に興ったイスラームは，またたく間にその勢力と版図を拡大し，ウマイヤ朝$_{4}$に代わったアッバース朝$_{5}$は，地中海沿岸の北アフリカ$_{6}$から内陸アジア$_{7}$，インダス川にいたる広大な地域を制圧した。東アジアでは，第二次世界帝国として繁栄した唐$_{8}$が衰退期に入っていた。そして，ユーラシア大陸から少し離れた洋上には，西の島国イギリス$_{9}$と東の島国日本$_{10}$の原型ができた。

〈設問〉

(1)　下線部1に関する記述としてもっとも適切なものは，次のうちどれか。　**21**

① イタリア半島のラヴェンナ地方は8世紀半ばにブルグンド王国に奪われた。

② スラヴ系のブルガール人が建国したハンガリー王国を，11世紀に併合した。

③ ヘラクレイオス1世の時代に，プロノイア制がしかれた。

④ ラテン帝国打倒後に復興した帝国は，1453年にセリム1世により滅ぼされた。

⑤ レオン3世の聖像禁止令で東西教会の対立は激化し，両教会は1054年に分離した。

(2)　下線部2に関する記述としてもっとも適切なものは，次のうちどれか。　**22**

① 使徒パウロの後継者として首位の座を主張するローマ司教は，やがて教皇と称するようになった。

② 宗教改革に対抗するためカルケドン公会議を開いて，教皇の至上権とカトリック教義を再確認した。

③ トマス=アクィナスは『神学大全』をあらわし，スコラ学の普遍論争を収拾した。

④ バドリオ政権との間に結ばれたラテラノ（ラテラン）条約で，教会の国家からの独立が保障された。

⑤ フランス王フィリップ2世の時代に，教皇庁はアヴィニョンに移った。

(3)　下線部3に関する記述としてもっとも適切なものは，次のうちどれか。　**23**

① カールは宮廷にアルクインら学者を多数招いたが，そこからおこった文芸復興をカロリング=ルネサンスという。

② カールは在地の有力豪族を退けて，自ら派遣した伯に統治させて中央集権体制を確立した。

③ カールと騎士たちの武勲を描いた『ローランの歌』は，セルバンテスの代表作である。
④ 西フランク王国では，アンジュー伯ユーグ=カペーが王位に就いた。
⑤ 東フランク王国では，シュタウフェン朝のオットー1世が皇帝として戴冠された。

(4) 下線部4に関する記述としてもっとも適切なものは，次のうちどれか。 24
① アッバース朝の成立後，グラナダを都として後ウマイヤ朝が建てられた。
② イベリア半島の西ゴート王国を滅ぼした。
③ ウマイヤ家のシリア総督ウマルが，ダマスクスを都にこの王朝を開いた。
④ 征服地の先住民でも改宗すれば，ジズヤとハラージュは免除された。
⑤ タラス河畔で唐軍と戦った。

(5) 下線部5に関する記述としてもっとも適切なものは，次のうちどれか。 25
① アラビア語に代わり，ペルシア語が公用語となった。
② この王朝以降，サマルカンドやバグダード等に製紙工場が建設された。
③ ファーティマ朝は，この王朝のカリフの権威を尊重した。
④ マンスールの治世に黄金時代を迎えた。
⑤ ハールーン=アッラシードは，フランク王クローヴィスと使節を交換した。

(6) 下線部6に関する記述としてもっとも適切なものは，次のうちどれか。 26
① イタリアは20世紀にイタリア=トルコ戦争をおこして，エリトリアを獲得した。
② ファーティマ朝は，カイロにニザーミーヤ学院を創建した。
③ フランスのシャルル10世は，1830年にチュニジア出兵をおこなった。
④ ベルベル人のあいだでは，11世紀半ばにイスラームへの改宗が急速に進んだ。
⑤ モロッコ事件後，スペインはモロッコの大半を保護下に置いた。

(7) 下線部7に関する記述としてもっとも適切なものは，次のうちどれか。 27
① ウイグルは，9世紀にエフタルに敗れて滅亡し，一部はタリム盆地に移動した。
② カラハン朝の分裂抗争のなかから，軍人のティムールが頭角をあらわした。
③ サファヴィー朝のアッバース1世は，イスファハーンを首都とした。
④ 清は東トルキスタン全域を占領して「新疆」と称し，モンゴル・台湾・チベットとともに藩部とした。
⑤ トルコ系のソグド人は，ユーラシアの東西を結ぶ交易ネットワークを構築した。

(8) 下線部8に関する記述としてもっとも適切なものは，次のうちどれか。 28

① この王朝は，節度使やキルギスの援軍を得て安史の乱を鎮圧した。

② 高句麗はこの王朝の制度・文化を摂取して律令制をしき，さらに骨品制を採用した。

③ この王朝は，服属した諸民族の首長に統治をまかせ，要所に都護府をおいて監督させる羈縻政策をとった。

④ 7世紀末，大祚栄は東京城（上京竜泉府）を都に高麗を建て，この王朝の冊封を受けた。

⑤ 8世紀半ば，均田制とともにくずれた募兵制に代わり，府兵制が採用された。

(9) 下線部9に関する記述としてもっとも適切なものは，次のうちどれか。 29

① イギリス議会の起源は，ヘンリ3世によって招集された模範議会である。

② イギリスの封建社会は最初から王権が強く，ステュアート朝を開いたヘンリ2世はフランス西半部も領有した。

③ 共同で即位したウィリアム3世とメアリ2世の下で，議会は権利の章典を制定し，立憲王政が確立した。

④ 百年戦争はヴァロワ家出身の母を持つエドワード3世が，フランス王位を主張して始まった。

⑤ 保守党のグラッドストンは，スエズ運河株式会社の株を買収した。

(10) 下線部10に関する記述としてもっとも適切なものは，次のうちどれか。 30

① 『後漢書』東夷伝によれば，奴国は後漢に朝貢し武帝から印綬を受けた。

② 唐に留学した阿倍仲麻呂は，官僚に抜擢されたが帰国し朝廷で活躍した。

③ 琉球王国の清への朝貢は，日本の琉球領有（琉球処分）後も続いた。

④ 三国防共協定を発展させ，日独伊三国同盟を結んだ。

⑤ 田中角栄首相はニクソン訪中の前年に北京を訪問し，日中平和友好条約を締結した。

Ⅳ　次のA～Bの文章を読み，設問⑴～⑽に対する答えをそれぞれ①～⑤から1つ選んで，その記号を解答用紙の所定欄にマークしなさい。

A　12世紀のインド洋周辺では，中国商人が東シナ海・南シナ海から南インドにまで進出し，各地の都市をつなぐ商業ネットワークができた。それより西のアラビア海では，$_{1}$ムスリム商人の商業ネットワークができていた。さらに西の地中海では，イタリア商人が毛織物や$_{2}$ヨーロッパの南北二つの商業圏を繋いだ南ドイツの交易都市からの銀を携えて活躍した。

13世紀の$_{3}$モンゴル帝国時代にはユーラシア大陸の一体化がすすみ，陸上でも海上でも東西交流が活性化した。しかし，$_{4}$14世紀に入ると，北半球はアジア由来の感染症や気候の寒冷化にともなう飢饉などにより社会不安が増大し，それまでの活発な交流を支えた商業ネットワークは混乱し，いちじ寸断されてしまった。このネットワークは15世紀に復活して，ふたたびヒト・モノ・カネ・情報が往来するようになった。鄭和の大航海がおこなわれ，さらにアジアとの直接的な交易を求めて$_{5}$ヨーロッパ勢力の大航海がうながされた。こうして，アメリカ大陸も含めた世界の一体化が本格的に始動することとなる。

〈設問〉

⑴　下線部1に関する記述a～cの正誤の組合せとしてもっとも適切なものは，次のうちどれか。　31

a　『エリュトゥラー海案内記』が，ムスリム商人によって書かれた。

b　アイユーブ朝からマムルーク朝の時代には，カーリミー商人がインド洋と地中海の交易をむすんだ。

c　10世紀半ば以降，紅海ルートに代わりペルシア湾ルートが重要になった。

①　すべて誤り
②　aのみ正しい
③　bのみ正しい
④　cのみ正しい
⑤　すべて正しい

⑵　下線部2の都市としてもっとも適切なものは，次のうちどれか。　32

①　アウクスブルク
②　ダンツィヒ
③　ハンブルク
④　ブレーメン
⑤　リューベック

(3)　下線部3に関する記述としてもっとも適切なものは，次のうちどれか。　33

①　元では，科挙の廃止や復活があり，科挙のおこなわれた回数も少なかったため，士大夫が官界で活躍する機会は少なかった。

②　チンギス=ハンは，軍事・行政組織として緑営を設置した。

③　チンギス=ハンの死後即位したオゴタイは，北京に都を建設した。

④　バトゥはフビライ即位に対する長期にわたる反乱を主導したが，敗北した。

⑤　モンゴル軍はアッバース朝を滅ぼした後，ワールシュタットの戦いでドイツ・ポーランド連合軍を破った。

(4)　下線部4に関する記述a～cの正誤の組合せとしてもっとも適切なものは，次のうちどれか。　34

a　黒海沿岸部との交易からイタリアに入ったペスト（黒死病）は，ヨーロッパのほぼ全域に流行した。

b　ヨーロッパでは，深刻な労働力不足が領主に対する強い立場を農民に与え，領主への農奴的従属から解放される農民が増えていった。

c　元・高麗・日本で中央政府の力が弱まると，東シナ海では武装した海の民を中心とする倭寇の略奪が活発になった。

①　すべて誤り
②　aのみ正しい
③　bのみ正しい
④　cのみ正しい
⑤　すべて正しい

(5)　下線部5に関する記述としてもっとも適切なものは，次のうちどれか。　35

①　アメリカ大陸からもたらされたトウガラシは，アジアでは韓国や中国，タイ，インドなどで主要な調味料となり，独自の食文化を生み出した。

②　現在のブラジルにあたる地域でポトシ銀山が発見された後，メキシコでも鉱山が見つかり，スペインによる開発が進められた。

③　スペインの「航海王子」エンリケは，航海学校を設立して各種の技術開発にあたらせ，アフリカ西岸の探検に乗り出した。

④　スペインのコンキスタドールであるコルテスは，インカ帝国を滅ぼし首都クスコを破壊した。

⑤　地中海原産のトマトは，小麦などとともにヨーロッパ人がアメリカ大陸に持ち込んだ作物である。

B　近代スポーツは，19世紀のイギリスにおいて成立し，世界各地に普及した。その歴史を概観すると，まず「スポーツ」は主に「気晴らし」を言い表す語として17世紀のイギリスで浸透した。とりわけジェームズ1世は，自ら狩猟やテニスに親しみ，スポーツを振興した。同世紀から18世紀にかけてイギリスは，$_{6}$オランダ，フランスとの植民地争奪戦に勝利し，海外貿易の覇権を握った。この時代にスポーツはジェントルマンの娯楽として発展し，狩猟や競馬は高貴なスポーツとして位置づけられていく。ヴィクトリア期には，$_{7}$産業革命を背景に豊かになったミドルクラスにも広く普及し，パブリック・スクールの体育教育に導入された。こうしたなか，各種競技のルールの統一・成文化が進み，サッカーやラグビー，陸上競技など，近代スポーツの多くが次々とイギリスで成立していった。

イギリスで発展した近代スポーツは，19世紀に他のヨーロッパや$_{8}$南北アメリカの諸国に伝搬していく。こうしたスポーツの国際化の流れの中で，古代オリンピック復興の動きが生まれる。古代ギリシア・ローマ文化への関心は，18世紀の古典主義の影響によって拡大し，1821年に勃発した$_{9}$ギリシア独立戦争に対する英仏の軍事支援の原動力にもなった。こうしたなか，フランスの教育学者クーベルタン男爵は，$_{10}$プロイセンに敗れた祖国を立て直すために教育改革を主張し，肉体と精神の調和を目指す古代ギリシアのオリンピックに魅せられた。彼は1894年に国際オリンピック協会を創設し，全世界の青年の平和の祭典としてオリンピックを定期開催することに成功した。

〈設問〉

(6)　下線部6に関する記述としてもっとも適切なものは，次のうちどれか。　**36**

① ヘンリ7世は，東インド会社を設立してアジア進出にのりだした。

② オランダはアンボイナ事件によって，イギリスの勢力を南アフリカから締め出し，ケープ植民地を建設した。

③ イギリスはオーストリア継承戦争の結果，フランスから北アメリカの領土を獲得した。

④ フレンチ=インディアン戦争に勝利したイギリスは，フランスからカナダとミシシッピ以東のルイジアナを，オーストリアからフロリダを獲得した。

⑤ イギリスは，フランスと結んだベンガル太守の軍をプラッシーの戦いでやぶり，その後，インド東部の大部分をベンガル管区に編入した。

(7)　下線部7に関する記述a～cの正誤の組合せとしてもっとも適切なものは，次のうちどれか。　**37**

a　アダム=スミスの流れを引くマルサスやリストらの古典派経済学が，自由貿易論を推し進めた。

b　大規模な機械製工業が発達すると，スティーヴンソンは蒸気機関車，カートライトは蒸気船を開発し，交通・運輸の一大変革がおこった。

c　フランスでは，その進行は緩慢で，七月王政をへて製鉄業の発展した第二帝政期に本格化した。

① すべて誤り
② aのみ正しい
③ bのみ正しい
④ cのみ正しい
⑤ すべて正しい

(8) 下線部8に関する記述としてもっとも適切なものは，次のうちどれか。 38

① ラテンアメリカでは，19世紀前半に，北部ではサン=マルティン，南部ではシモン=ボリバルらによって，独立が達成された。
② ラテンアメリカ諸国では，植民地生まれの白人であるメスティーソの大地主層が独立運動の中心となった。
③ アメリカ合衆国の第5代大統領モンローの時代に，先住民強制移住法が定められ西漸運動が加速化し，先住民の抵抗が強まった。
④ アメリカ=メキシコ戦争の結果，アメリカ合衆国はメキシコからカリフォルニアなどを獲得した。
⑤ 産業革命がすすみ，資本主義が発達したアメリカ合衆国の北部では，イギリスとの自由貿易を求める声が強まり，南部と対立した。

(9) 下線部9の交戦国に関する記述としてもっとも適切なものは，次のうちどれか。 39

① カルロヴィッツ条約によって，オスマン帝国はハンガリー・トランシルヴァニアなどをフランスに割譲した。
② ムハンマド=アリーは，在地のワッハーブ派を一掃してエジプト総督となった。
③ アブデュルハミト2世は司法・行政・財政・軍事にわたる大規模なタンジマートを開始した。
④ クリミア戦争の結果，ロシアは黒海の中立化と，1840年のパリ条約の取決めを再確認させられた。
⑤ ロシアはサン=ステファノ条約を締結して，ルーマニア・セルビア・モンテネグロを独立させたほか，ブルガリア自治公国の領土を拡大して保護下におき，南下政策を前進させた。

⑽　下線部10に関する記述a～cの正誤の組合せとしてもっとも適切なものは，次のうちどれか。　40

a　フリードリヒ=ヴィルヘルム1世は，国家財政をたてなおすとともに，農場領主制の担い手であるユンカー（地主貴族）を官僚や将校とし，徴兵制をしいた。

b　オーストリアとともに，シュレスヴィヒ・ホルシュタイン両州をめぐる対立から，デンマークと開戦して勝利をおさめた。

c　ビスマルクは，スペイン王位継承問題をきっかけに，プロイセン=フランス戦争をおこした。

① すべて誤り
② aのみ正しい
③ bのみ正しい
④ cのみ正しい
⑤ すべて正しい

V　次のA～Bの文章を読み，設問⑴～⑽に対する答えをそれぞれ①～⑤から1つ選んで，その記号を解答用紙の所定欄にマークしなさい。

A　10世紀以降の北アジアに現れた漢民族以外の民族の王朝1は，漢文化に接しつつ，自己の民族の独自性を保とうとしながらも漢文化に融合していった。このような王朝の中には，統治の上で中国風の都城を建設し，統治者が皇帝を名乗って唐や宋の制度2を積極的に取り入れるものも存在した。その一方で，独自の文字をつくり，仏教3を信仰して仏典を印刷する事業を行うこともあった。これらの多様な諸勢力を統一したモンゴルは，中央アジア・西アジアへの進出を経て東西にまたがる広大な領土を有し，東西交流4の交通網を発展させた。元朝初代大ハンの正統性を継承するとした清朝は，（　5　）を創始して公文書に使用し，漢語・漢字と巧みに使い分け，中国内地のほか，広大なアジア各地域を統治していった。

〈設問〉

⑴　下線部1の行った政策に関する記述としてもっとも適切なものは，次のうちどれか。　41

① 西夏（大夏）では，部族制に基づく猛安・謀克を維持し，都が燕京に移された。
② 金では，南宋を崩壊させたのち，州県制を継承した。
③ 遼（契丹）では，遊牧民には部族制が，農耕民には州県制が用いられた。

④　渤海では，宋朝の官僚制や都城プランが熱心に取り入れられた。

⑤　西遼（カラ=キタイ）では，宋朝との和議を結んだのち，契丹の文化を維持した。

(2)　下線部2の歴史に関する記述a～cの正誤の組合せとしてもっとも適切なものは，次のうちどれか。　42

a　司馬光は，自作農や小商人の保護，財源の確保，国防力の強化を図る改革（新法）を行った。

b　北宋では，科挙が官吏登用法の中心として整備され，科挙の受験を突破できるのは，おもに経済力のある新興地主層の人々であった。

c　唐代の則天武后は，門閥貴族を積極的に登用し，科挙官僚の政治への介入が抑制された。

①　すべて誤り

②　aのみ正しい

③　bのみ正しい

④　cのみ正しい

⑤　すべて正しい

(3)　下線部3の普及のために，7世紀に海路でインドに渡り，見聞をまとめた中国人の著者と著書は，次のうちどれか。　43

①　義浄『南海寄帰内法伝』

②　玄奘『大唐西域記』

③　鳩摩羅什『仏国記』

④　仏図澄『仏国記』

⑤　法顕『南海寄帰内法伝』

(4)　下線部4に関する記述としてもっとも適切なものは，次のうちどれか。　44

①　ローマ教皇は，モンゴル人との接触を試み，カトリックの布教のために使節を派遣した。

②　ヴェネツィアの商人マルコ=ポーロは，陸路を利用して大都を訪れ，チンギス=ハンに仕えたのち海路で帰国した。

③　羅針盤・火薬・絹の実用化の技術は，ヨーロッパからイスラーム世界をつうじて，大都に伝えられた。

④　西域の彼方にすむ汗血馬は，元朝のときに東方へはじめて伝えられた。

⑤　交鈔とよばれた硬貨が元朝のときに政府から発行されて普及し，多額の取引や輸送に便利なため主要な通貨となった。

(5)　空欄5に入る語句としてもっとも適切なものは，次のうちどれか。　**45**

①　ウイグル文字

②　契丹文字

③　西夏文字

④　パスパ文字

⑤　満州文字

B　近代の帝国主義時代において，アジアを一つの共同体として再構築してゆくことを目指した日本人は少なくない。宮崎滔天は，中国の革命運動こそがアジアを救う道であると考え，戊戌の政変6後に日本に亡命した康有為や，革命家孫文と彼のもとに集まる留学生や華僑たちを支援した。この他にも，宮崎は，黄興や宋教仁，ファン=ボイ=チャウ7といったアジアの民族主義者たちとも交流を深めた。他方，孫文は，三民主義を唱えて革命勢力8の強化を図った。1899年の中国行の途上で宮崎も目撃した興漢会成立の際には，三合会や哥老会といった政治的な結社9に協力を求めていった。辛亥革命後，政治の不安定な社会で民衆に新しい思想を広める運動が現れ，（ 10a ）は白話（口語）文学を唱え，（ 10b ）は『新青年』を刊行するなど，文学革命が進められた。

〈設問〉

(6)　下線部6の時代に関する記述としてもっとも適切なものは，次のうちどれか。　**46**

①　この政変の前に康有為と同治帝は，国会開設や憲法制定による立憲君主制に向けての改革をおしすすめようとした。

②　政変の頃，国内各地で反キリスト教運動（仇教運動）がおこり，その後の騒乱によって8か国の連合軍は北京を占領した。

③　改革に反対する保守派は皇帝と西太后を幽閉し，改革は短期間で失敗した。

④　アメリカは進出の遅れを取り戻そうと，ペリーの名で中国の門戸開放・機会均等および領土保全を求めた。

⑤　日清戦争にて清の敗北が決したのち，清朝国内では富国強兵を目指して西洋の学問を導入する洋務運動が展開した。

(7)　下線部7が関わった出来事としてもっとも適切なものは，次のうちどれか。　**47**

①　イスラーム同盟

② イラン立憲革命
③ 義兵闘争
④ タバコ=ボイコット運動
⑤ ドンズー運動

(8) 下線部8に関する記述としてもっとも適切なものは，次のうちどれか。 48

① 清朝は鉄道の国有化を断念し，国内民間資本で建設しようとしたため地方勢力の反発を招き，四川省で暴動がおきた。
② 孫文は革命諸団体の結集をはかり，1905年に日本の東京で興中会を組織した。
③ 辛亥革命がおこると，袁世凱は中華民国臨時政府と交渉し，宣統帝（溥儀）の退位を条件に孫文から臨時大総統の地位を譲り受けた。
④ 革命後も革命派は満州人打倒の主張を堅持したため，外モンゴルやチベットの独立を招いた。
⑤ 革命後も共和制は安定せず，袁世凱はみずから帝位につこうとしたが，孫文ら国民党がおこした第二革命によって失敗した。

(9) 19世紀半ばにキリスト教の影響を受けて組織された下線部9に関するもっとも適切なものは，次のうちどれか。 49

① 四川・湖北省境の山間部に結集した移住民が世界の終末の到来を説く教えのもとで反乱をおこし，ただちに鎮圧された。
② ウォードやゴードンの常勝軍が清軍に協力して反乱を鎮圧し，北京が陥落した。
③ 南京を首都に定め，アヘン吸飲や纏足などの習慣を禁止する政策をうち出した。
④ 指導者の洪秀全は，太平天国を建て，滅満興漢を唱えて儒教復活を目指した。
⑤ 太平軍を破ったのは，曾国藩の淮軍や李鴻章の湘軍などの漢人官僚による義勇軍（郷勇）であった。

(10) 空欄10aと10bの組合せでもっとも適切なものは，次のうちどれか。 50

① 10a 胡適 10b 陳独秀
② 10a 陳独秀 10b 梁啓超
③ 10a 李大釗 10b 胡適
④ 10a 梁啓超 10b 胡適
⑤ 10a 魯迅 10b 李大釗

第三問　次の一、二の問いに答えなさい。

一　次の傍線部の漢字の読みをひらがな（現代仮名遣い）で解答用紙の所定欄に記しなさい。

（1）恭しく頭を下げる。

（2）真摯に受け止める。

（3）唯々諾々と命令に従う。

二　次の傍線部のカタカナを漢字に直して解答用紙の所定欄に記しなさい。

（1）時代の推移の中でサビれる。

（2）この規則は四月にソキュウして適用される。

（3）シンショウヒツバツを徹底する。

一〇　傍線部(14)「いづちか」の解釈として最も適当なものを次の中から一つ選び、その番号をマークしなさい。

1　どこにいらっしゃるのですか
2　どちらにしましょうか
3　どこにも行きません
4　いくつまで生きられるでしょうか
5　どうにもなりません

一一　次は、傍線部(10)「令百由旬内」を含む『法華経』の一節を書き下したものである。これについて(i)(ii)の問いに答えなさい。

我[注1]も亦自ら当に是[注2]の経を持たん者を擁護して、百由旬[注3]の内に諸々の衰患《わづらひ》無からしむべし。

注1　我＝仏教の守護神である毘沙門天。
注2　是の経＝『法華経』。
注3　由旬＝古代インドの距離の単位。一由旬は約一一・二キロメートルという。

(i)　傍線部「亦」の読みとして正しいものを次の中から一つ選び、その番号をマークしなさい。

1　やや　2　かく　3　それ　4　また　5　さて

(ii)　二重傍線部「当」は再読文字である。次の中から再読文字を一つ選び、その番号をマークしなさい。

1　雖　2　宜　3　豈　4　焉　5　与

3　あばらなる板敷きに臥す
4　ここなるもの取り侍らむ
5　かならず身の災ひとなるべし

七　Aの和歌「ほととぎす……」の解釈として最も適当なものを次の中から一つ選び、その番号をマークしなさい。

1　ほととぎすの声は天に通じるものなので、弥勒菩薩のいる兜率天に両親を往生させてくれるのではないかと考えている。
2　ほととぎすの声が法華経を読誦する声に似ているので、それを聞くと天稚御子とともに往生できるのではないかと頼みにしている。
3　法華経を読誦する声とは異なるものの、ほととぎすが帝への思いを天上にいる天稚御子に伝えてくれるのではないかと願っている。
4　ほととぎすの声は天稚御子の声と同じではないが、ほととぎすが自分を天上へ導いてくれるのではないかと期待している。
5　ほととぎすの声を聞いていると心が澄むので、いずれ兜率天から弥勒菩薩が迎えに来てくれるのではないかと思っている。

八　傍線部(8)「経も高くな読みたまひそ」とあるが、母宮がこのように言ったのはなぜか。その理由について四十字以内で説明しなさい。
※〈解答は、マークシート裏面の所定欄をよく確認したうえで、そこに記述すること。〉

九　傍線部(13)「かくしも思いたる」とはどういうことか。その説明として最も適当なものを次の中から一つ選び、その番号をマークしなさい。

1　狭衣の親が、狭衣が重病になるのではないかと懸念している。
2　狭衣が、自分の命は長くはないだろうと覚悟をしている。
3　狭衣の親が、特別な祈祷をさせるなどして狭衣の身を案じている。
4　狭衣が、精進生活を送って仏道修行を続けようと思っている。
5　狭衣の親が、狭衣に仏道修行を勧めて出家させようと考えている。

二 傍線部(2)「ほのぼの明けゆく山際、春ならねどをかし」は、ある文学作品の一節を踏まえている。その作品を次の中から一つ選び、その番号をマークしなさい。

1 竹取物語　2 枕草子　3 蜻蛉日記　4 徒然草　5 方丈記

三 傍線部(3)「思はましかば留まらざらまし」の解釈として最も適当なものを次の中から一つ選び、その番号をマークしなさい。

1 思うならば、この人間界にとどまることになるだろう。
2 思っていれば、兜率天にはとどまらなかっただろう。
3 思ったならば、この人間界にとどまらなかっただろう。
4 思うことができれば、兜率天にとどまることになるだろう。
5 思うことになれば、きっと宮中にはとどまらないだろう。

四 傍線部(4)「読み澄ましたまふ」、(11)「うち笑ひたまへり」、(12)「聞こえたまふ」の主語を次の中からそれぞれ一つずつ選び、その番号をマークしなさい。同じものを何度使ってもよい。

1 天稚御子　2 弥勒菩薩　3 狭衣　4 殿　5 母宮

五 空欄 X に入る言葉を次の中から一つ選び、その番号をマークしなさい。

1 らる　2 ぬる　3 つる　4 ける　5 るる

六 傍線部(7)「なる」と文法的に同じ意味のものを次の中から一つ選び、その番号をマークしなさい。

1 いかなる折にかありけん
2 旅人のすなる日記といふもの

注2　即往兜率天上＝『法華経』の一節。弥勒菩薩のいる兜率天に往生するだろうという意。
注3　殿＝狭衣の父親、堀川の大臣。
注4　母宮＝狭衣の母親。先帝の妹なので、「宮」と呼ばれている。

一　傍線部(1)(5)(6)(9)の現代語訳として最も適当なものをそれぞれ一つずつ選び、その番号をマークしなさい。

(1)　寝ぬに明けぬと言ひけん人
1　眠りについた直後に夜が明けてしまったと言った人
2　眠りにつくと夜が明けるのに気が付かないと言ったとかいう人
3　眠れないで過ごしているとなかなか夜が明けないと言った人
4　眠ってしまうとあっという間に夜が明けるものだと言った人
5　眠りにつかないうちに夜が明けてしまったと言ったとかいう人

(5)　え聞き過ぐしたまはで
1　聞き漏らさないようにして
2　聞き過ぎてしまわないで
3　聞き逃すまいとお考えになり
4　聞き流すことがおできにならず
5　聞き込んでいらっしゃったので

(6)　夜もすがら
1　夜明けに
2　深夜に
3　夜通し
4　その夜
5　夜ごとに

(9)　いみじうゆゆし
1　はなはだ無礼だ
2　とても迷惑だ
3　まったく不健康だ
4　少し耳障りだ
5　たいそう不吉だ

第二問　次の文章は『狭衣物語』の一節である。主人公の狭衣は名門に生まれた貴公子で、さまざまな才能に恵まれている。あるとき、狭衣が帝の求めに応じて笛を吹くと、その音に魅せられた天稚《あめわか》御子《みこ》が天から降りてきた。天稚御子は狭衣を天に連れて行こうとしたが、帝が狭衣を引き留めた。次の文章はその翌朝、狭衣が妻戸を押し開けるところからはじまる。これを読んで、後の問いに答えなさい。

(1)寝ぬに明けぬと言ひけん人もうらやましきに、からうじて明けぬる心地すれば、東の渡殿の妻戸を押し開けたまへるに、雨少し降りけるなごりに、菖蒲《あやめ》の雫《しづく》ばかりにて、空の雨雲晴れて、(2)ほのぼの明けゆく山際《やまぎは》、春ならねどをかし。ありし楽の声、御子《みこ》の御ありさまなど思ひ出《い》でられて、恋しうもの心細し。[注1]兜率天《とそつてん》の内院かと(3)思はましかば留まらざらまし、と思し出で、[注2]「即往兜率天上《そくわうとそつてんじやう》」といふわたりをゆるらかにうち出だしつつ、押し返し「弥勒菩薩《みろくぼさつ》」と(4)読み澄ましたまふ。まことにかなしくて、また兜率天の弥勒の迎へや得たまはんずらん、と聞こゆ。折しも、ほととぎすの、ただここにのみ知り顔に立ち返り言語《ことかた》らふを、(5)え聞き過ぐしたまはで、

(6)夜もすがら物をや思ふほととぎす天《あま》の岩戸《いはと》をあけがたに鳴く

Aほととぎす鳴くにつけてぞ頼まるる語らふ声はそれならねども

とぞ思さ[X]。[注3]殿など目覚まして聞きたまふに、老いの涙留めがたくて、[注4]母宮少しゐざり出でたまへり。「などかく夜深くは起きたまへる。五月の空には恐ろしき物の(7)あなるものを」と、御鼻声にさへなりたまひて、(8)「経も高くな読みたまひそ」と(9)いみじうゆゆしと思ひきこえたまへれば、(10)「『令百由旬内《りやうびやくゆじゆんない》』とこそあんなれ。なでうおどろおどろしきものか参で来ん」と(11)うち笑ひたまへり。殿も起きたまひて、「この頃ばかり慎みてものしたまへ。歩《あり》きなどなしたまひそ。今日より七日ばかりはとりわきたる御祈りせさするなり。このほどは精進にて、同じ心に仏をも念じたてまつりたまへ。親に物思はする、重き罪にてもあんなり」など(12)聞こえたまふ。いでや、長くしもあるまじき身を、(13)いとかくしも思《おぼ》いたるこそと、心苦しうて、(14)「いづちか」など申したまひて、我が御方に渡りたまひぬ。

（『狭衣物語』による）

注1　兜率天の内院か＝天稚御子が自分を兜率天の内院に連れていくのか、の意。兜率天は弥勒菩薩の浄土。その内院で弥勒菩薩が説教を行なっており、五十六億七千万年後にこの世に降りて人々を救済するとされたが、はるか先であるため、その前に兜率天に往生することも願われた。

2　科学的常識に基づき迷信を退けた物質文明の恩恵をアメリカと同じく享受する。

3　史上最大の物質文明の繁栄をほこるアメリカに対して反対の声をあげる。

4　霊魂を否定したことで精神的頽廃を招いたアメリカと同じような失敗をする。

5　科学的常識を信奉し環境公害や交通事故死を再生産するアメリカに背を向ける。

一〇　傍線部(8)「『今昔物語』」（正式には『今昔物語集』）に収められている説話を素材として書かれた近代の小説とその作者の組み合わせとして正しいものを次の中から一つ選び、その番号をマークしなさい。

1　芥川龍之介『羅生門』　2　二葉亭四迷『浮雲』　3　夏目漱石『三四郎』

4　谷崎潤一郎『刺青』　5　樋口一葉『たけくらべ』

一一　空欄 Z に入る言葉として最も適当なものを次の中から一つ選び、その番号をマークしなさい。

1　直感　2　煽情《せんじょう》　3　高踏　4　厭世《えんせい》　5　常識

一二　次のア〜カについて問題文の内容と合致するものには1、そうではないものには2をそれぞれマークしなさい。

ア　霊魂や神の存在を否定する近代の科学主義は、ゆたかな物質文明をもたらすと同時に精神的頽廃ももたらした。

イ　江戸時代になると、現世の悪行は、現世のみならず死後の世界でも応報があると信じられるようになった。

ウ　哲学者のカントは、道徳における善と幸福の不一致を解決したことで近代思想の先頭に立ったと評価された。

エ　死者は山路を越えながら生前におかした罪の軽重に応じて長く苦しい旅をすると、古代人は信じていた。

オ　祖先がミロクの浄土から世直しのためにやって来るという信仰が変形して、補陀落渡海が行なわれるようになった。

カ　死後の世界など存在するはずがないと考える一部の古代人は、その代わりに現世において山中他界を想定した。

※〈解答は、マークシート裏面の所定欄をよく確認したうえで、そこに記述すること。〉

五　空欄 X に入る言葉として最も適当なものを次の中から一つ選び、その番号をマークしなさい。

1　腕　　2　うだつ　　3　火の手　　4　しぐれ　　5　血道

六　傍線部(5)「横行する」に近い意味の言葉として最も適当なものを次の中から一つ選び、その番号をマークしなさい。

1　激化する　　2　蔓延《まんえん》する　　3　放浪する　　4　繁栄する　　5　謳歌《おうか》する

七　傍線部(6)「死後の世界の存在の「要請」」とあるが、その説明として最も適当なものを次の中から一つ選び、その番号をマークしなさい。

1　カントは、現代の欺瞞やニヒリズムを克服するためには、現代人も死後の世界を肌で感じるべきだと考えた。
2　カントは、近代思想に限界が来ることを見越して、死後の世界の実在を信じなければならないと考えた。
3　カントは、現代の物質文明を花ひらかせるためには、死後の世界の存在を否定しなければならないと考えた。
4　カントは、善が報いられて道徳が成立するためには、死後の世界があるという前提がなければならないと考えた。
5　カントは、現代の世相に見られるような問題点が生じることを見越して、死後の世界の存在を証明しようと考えた。

八　空欄 Y に入る言葉として最も適当なものを次の中から一つ選び、その番号をマークしなさい。

1　啓蒙《けいもう》　　2　耽美《たんび》　　3　神秘　　4　瑣末《さまつ》　　5　刹那

九　傍線部(7)「その轍をふまないだろうか」とあるが、この場合の「轍をふむ」とはどういうことか。その説明として最も適当なものを次の中から一つ選び、その番号をマークしなさい。

1　精神的頽廃に陥ったアメリカの問題点を指摘することで相手を怒らせる。

2　近代人であれば当然持っている考え方を否定する
3　近代人としての存在意義が問い直される
4　近代人としての合理的な生き方に関係する
5　近代人の典型である自分の立場が危うくなる

二　傍線部(2)「無用の長物」の意味として最も適当なものを次の中から一つ選び、その番号をマークしなさい。

1　実は大切だが、一見すると役に立たないように見えるもの
2　あっても役に立たず、かえって邪魔になるもの
3　かつては役に立っていたのに、今では無意味になったもの
4　荘厳で見た目は立派だが、役に立たないもの
5　役に立つのに、その価値が忘れられがちなもの

三　傍線部(3)「一体このうしろめたさは何だろうか」とあるが、この問いにかんして、筆者はどのように考えているか。その説明として最も適当なものを次の中から一つ選び、その番号をマークしなさい。

1　生と死を光と影にたとえても、絶対に矛盾する二つの概念を理解できないので、人々はもどかしがっていると考えている。
2　霊魂や死後の世界の存在をいっさい認めない近代人に対して、たいていの人はそれでは安心できないと反発すると考えている。
3　生を理解できなくなってしまうかもしれないので、多くの人々は死後の世界の存在を否定することに不安を覚えると考えている。
4　肉親を失った経験がないにもかかわらず、死後の世界を「ある」と考えることに、一部の人はためらいを感じていると考えている。
5　死に直面しなければ生の意味はわからないと考えた古代人に対して、近代人の大半はいらだっていると考えている。

四　傍線部(4)「死後と現世の因果律」とは何か、三十字以内で説明しなさい。

かえられ、水葬は死者を補陀落へ送ることだといわれた。これが有名な熊野那智や室戸岬などで行なわれた「補陀落渡海《ふだらくとかい》」で、生きながらにして船に食糧をのせて渡海しようとする乱暴な信仰者もあらわれた。

日本に凶作や災害がうちつづくと、庶民のあいだにミロク（弥勒・身禄・命禄）という私年号[注8]をつかう風習が、室町時代にたびたび見られる。これも古代の「常世」や沖縄のニライカナイのような「ミロクの浄土」から、祖先の霊が世直しに、米や宝をもってくるという信仰があって、ミロク船を宝船におきかえ、七福神がやってくるという信仰に変形した。

このように他界は、暗黒の世界からしだいに楽土、あるいは浄土に変わってゆく傾向がある。庶民は貴族階級のように、末法とか末世などという［Z］的でなく、死後についても楽天的だったのである。しかしそれには条件があって、生前の罪をいろいろの形でほろぼしておかなければならない。生きているあいだに橋をかけたり、道をつくったりする社会的作善《さぜん》にくわわることも、死んで地獄におちない「罪ほろぼし」であった。行《ぎょう》基菩薩《きぼさつ》や空也上人《くうやしょうにん》のいろいろの社会事業は、そうした庶民の死後の世界観の上に成り立ったものである。

（五来重『日本人の死生観』による）

注1　ヒッピー＝一九六〇年代のアメリカで、既成の価値観や道徳に反抗した若者たち。
注2　ニヒリズム＝既存の価値観や権威を否定する思想や態度。
注3　イタコ＝死者の霊を自身に憑依《ひょうい》させてその言葉を語る巫女。青森県恐山のイタコが有名。
注4　六文銭＝一文銭が六枚そろったもので、死者を葬る時、三途の川の渡し賃として棺に納めた。
注5　頭陀袋＝僧侶が旅をする時に経や携帯品を入れて首にかける袋。
注6　恐山＝青森県下北半島北部の火山。死者の集まる山とされた。
注7　賽の河原＝死んだ子供が行くとされた冥途にある河原。
注8　私年号＝朝廷で正式に定められた公年号に対して、主として中世以降に民間で作られた年号。ミロクは十六世紀に関東で用いられた。

一　傍線部（1）「近代人の沽券にかかわる」の意味として最も適当なものを次の中から一つ選び、その番号をマークしなさい。

1　近代人と自負している自分の体面にさしつかえる

た彼方の暗い谷間で、この地上の延長線上にあった。死者の霊は生前におかした罪の軽重に応じて、針を立てたようなけわしい山を越え、血の池のような害獣毒蛇のすむ川をわたり、飢《うえ》と渇《かわ》きをしのぶ苦痛をなめなければならない。そのために死者は死装束に、白の帷子《かたびら》・草鞋《わらじ》・脚絆《きゃはん》をつけ、笠と杖をもち、[注4]六文銭と五穀の種を入れた[注5]頭陀《ずだ》袋《ぶくろ》を首にかけるという旅姿で、野辺に送られた。

このような古代人の死後観はだいたい世界共通で、この地上と連続した遠方の山や谷、あるいは海上の島などに死者の霊のあつまる世界があると考えられていた。またそのような世界を垂直的な上下関係で、地下としたり天上とする信仰もあって、これらを総称して「他界」というのが、宗教学上の用語になっている。他界（Das Jenseit）ということば、原始人が「遠い彼方《あちら》」という表現をとるからであるが、日本でも俗に死んだということを、「彼方《あっち》むいて行った」といったり「垜山《あずちやま》」という言葉があったりする。安土《あづち》などもその変化だろうと思う。

山の中に他界を想定するのを「山中他界」というが、これは古代には庶民は死者を山に葬った（風葬《ふうそう》・野葬《やそう》・林葬《りんそう》）ことからおこったものと考えられる。野辺の送りを「山行き」といい、墓を山（陵）というのはその名残りで、葬られた霊魂は死体からぬけ出して「死出の山路」をこえながら、長い苦しい旅をするものと古代の庶民は信じていた。「率土《そと》が浜」の彼方に海をへだててそびえる[注6]恐山《おそれざん》などは、まさしく他界の幻想をよぶのにふさわしく、死霊の山となり、死霊に会ってその言葉を聞くイタコ市がひらかれるようになる。

このような他界信仰の山は日本全国いたるところにあったのだが、地獄谷とか[注7]賽《さい》の河原の地名をもつ山は、たしかに他界信仰のあった証拠といってよいだろう。立山《たてやま》も白山《はくさん》もそれがあり、立山の地獄谷に陸奥《むつ》の率土が浜（外が浜）なる猟師の亡霊が来ていた話は、世阿弥《ぜあみ》の謡曲「善知鳥《うとう》」でよく知られている。しかもこの立山地獄の物語は平安時代の『本朝法華験記』や(8)『今昔物語』に見えて、古代人にひろく信じられていたことがわかる。熊野詣《くまのもうで》も古代末期から中世にかけて繁昌したが、熊野路の山中では死んだ肉親の亡霊に会えるといわれた。いまでも年寄りのなかには、善光寺の内陣の地下の戒壇めぐりの闇のなかで、死んだ子供に会えると信じている者もいる。死者の霊に会えるのはけっして恐山だけではなく、古代にはいたるところに、そうした山があったのである。

古代の日本人は、死後の世界を山ばかりでなく、海の彼方の国または島に想定していたが、これも水葬という古代の葬制の反映であろう。古代神話ではこれを「常世《とこよ》」とよんで、死者のゆく世界であるとともに、幻想的な楽土とするようになった。沖縄では海の彼方にニライカナイとよぶ楽土があり、お盆には祖先の霊がそこからかえって来ると信じられていた。日本の伝説にあらわれる龍宮も「常世」の変形で、常世では年をとらないように、龍宮では時が停止して、龍宮人は年をとらないのである。仏教が入って海上の常世が、観世音菩薩の住むポタラカ（補陀落）という島にすり意味になる。いまでも義理人情を語って大衆を感動させる講談や浪曲などの大衆文学・大衆演芸は、この勧善懲悪なしには成立しない。ここに大衆の正義感があるのだが、現世だけではこの因果律はしばしばそのとおりにならないことがある。いったい、それをどうしたらよいのか。

　われわれはしばしば悪人が世にはびこり、善人がいつまでも［X］があがらぬ現実を見る。したがって大衆の正義が成立するためには、死後まで延長された勧善懲悪、すなわち因果応報が必要になってくる。もしそれがなければ現代の世相のように、恥しらずの欺瞞《ぎまん》やヒッピー[注1]やニヒリズム[注2](5)が横行するようになる。こうした道徳における善と幸福の不一致を「実践理性の二律背反」といい、その二律背反を解決して、善がむくいられるためには、「霊魂の不滅」すなわち死後の世界がなければならない、と主張したのは哲学者カントであった。近代思想では目に見えないもの、耳にきこえないもの、手でふれられないもの、その他の感覚でとらえられないものは存在しない。したがって霊魂や来世や神の存在を否定する科学主義があったればこそ、月旅行すら可能にする現代の物質文明が花ひらいたのである。そうした近代思想の先頭に立ったカントも、道徳＝社会秩序が正しく成り立ち、人類の自由と平和が保証されるためには、科学的常識の否定する霊魂や死後の世界が、存在しなければならないと主張したのである。

　カントは近代的な科学主義に立っていたから、死後の世界が存在するという断定と証明をする代わりに、それが「存在しなければならない」――「存在するはずだ」というにとどめた。そして(6)この死後の世界の存在の「要請」[注3]は、カント哲学の矛盾とも弱点ともいわれるのだが、実は庶民はそれが存在すると考え、死者の冥福を祈る仏教的供養や追善をし、死者の声をイタコに聞いたりしている。庶民のほうはカントのようなまわりくどいことを言わずに、直観的に死後の世界の存在を肌で感じているのだといえる。

　現在のわれわれのゆたかな物質文明は、たしかに霊魂を否定し、宗教を軽侮し、イタコを迷信視する科学的常識の勝利であろう。しかし同時にこの科学的常識は、神をおそれぬ大量殺人兵器や、怨念をおそれぬ環境公害や交通事故死を再生産する。それよりもっともおそろしいのは「人生は現在の自己だけ」という［Y］主義、断絶主義、自己主義の精神的頽廃《たいはい》である。史上最大の物質文明の繁栄をほこるアメリカの悲劇は、外なるベトナム戦争より、内なる精神的頽廃だという声があがっている。われわれは(7)その轍《てつ》をふまないだろうか。

　われわれは一応、近代人の科学的常識の衣をぬいで、古代人の死後の世界観を見てみよう。タイムトラベルやタイムトンネルを通ったつもりで、一千年あるいは二千年前の日本人にもどるのである。そうすると死後の世界は厳然と存在するが、それは闇黒の「やみ」の世界で「よみの国」とよばれ、中国の地下の「黄泉」という文字をあてて、黄泉《よみの》国と書かれた。しかし日本人の「よみの国」は「死出《しで》の山路《やまじ》」などとよばれる幾山河を越え

国語

（六〇分）

第一問　次の文章は、仏教民俗学者の五来重が一九七二年に発表したものである。これを読んで、後の問いに答えなさい。

死後の世界は「ある」か、という問いにたいしてたいていの人は「ない」とこたえるだろう。しかしそれは「ある」とこたえれば(1)近代人の沽券《こけん》にかかわる、という強がりであって、ほんとうは何程かは「何かありそうだ」といううしろめたさはのこっている。これは肉親を失った経験のある人にとってはなおさらであり、これあるが故に、現在(2)無用の長物のような大伽藍やお寺が繁昌しているのだ。(3)一体このうしろめたさは何だろうか。

実はこのように霊魂や死後の世界は、認識できないから存在しない、と考える一面と、それでは安心できない、という一面と、この両面をもつのが人間というものである。したがって死後の世界を問うということは、人間とは何か、生とは何か、という根源的な問いを問いかけるのとおなじことなのである。

生と死とは光と影にたとえられる。この絶対に矛盾する二つの概念は実によく似ているからである。光は影によってはじめてとらえられることは、絵や写真をしたことのあるものならすぐわかる。生も死に直面し、死と対決しなければ実感することはできない。したがって死後の世界を考えるということは、生を理解し、人生の意義をあきらかにすることにほかならない。

古代人にとって、死後の世界は現世の延長であり、現世の投影であった。したがって現世で善をすれば、死後は幸福がえられるし、悪をすれば不幸になると単純に考えた。すなわち(4)死後と現世の因果律が道徳的規範、すなわち律法の成立する条件であった。その法律にそむく制裁――それを因果とか応報とかいったのだが――が、地獄という死後の世界の苦しみであった。

近世になるとこの因果律は「勧善懲悪《かんぜんちょうあく》」となって、現世の悪行は死後をまたずに現世で報いをうけ、現世の善行は現世の幸福につながるという

解答編

英語

I

解答　1－e　2－c　3－b　4－d　5－f　6－c
7－a　8－f　9－d　10－a

◀解　説▶

1．全文は（Most of）today's work is finished by（our team.）となる。Most of の後には名詞の today's work が続き，これが文全体の主語となる。work は不可算名詞で単数扱いなので，この述語動詞は are finished ではなく is finished となる。our team に前置詞 by を付けて受動態の文となる。「我々のチームによって今日の仕事のほとんどが終わっている」とも訳せる。

2．全文は（You）are to write more than（1,000 words for this report.）となる。be 動詞＋to *do* で助動詞と同じ役割となり，ここでは「～することになっている」という意味になる。You are to write の語順で「書くことになっている」となり，ここで going は不要だとわかる。1,000 words の前に more than「～を超えている」をつなげて文は完成する。

3．全文は（He played better in the game than）we had thought he would(.) となる。比較級＋than S（had）thought で「思ったより～」＝「予想以上に～」となることから，than の後に we had thought と並べる。ここで名詞の expectation は不要だとわかる。残った選択肢は he と would となるが，had thought の後に that の省略された名詞節となるように he would とつなげればよい。would の後には play well が省略されている。

4．全文は Had it not been for（you, we would all have been lost.）となる。If it had not been for～「～がなかったら」を倒置させて Had it not been for～の語順となる。よって if は不要となる。

5．全文は Given that she has never (been late, I'm sure there is a good reason why she was late today.) となる。Given that S V～で「～ということを考えると」となり，been には現在完了の has never を付ければよいので，Given that she has never been の語順となる。Because she has never been～と副詞節にしても文意は通るが，空所の数に合わなくなる。

6．全文は (I would like to get a job) for which my language skills (will be helpful.) となる。will be helpful の主語になりうるのが，選択肢の中では my language skills で「私の語学力が役に立つ」となる。この時点で use の入る余地がないとわかる。空所(1)(2)に残った for which を入れて，関係代名詞節とすればよい。この関係詞節を元の文に戻すと，My language skills will be helpful for it (＝a job). となる。文末の代名詞 it が関係代名詞 which に変わり，for とともに節の頭にくる。

7．全文は (It) may have worked to their (advantage if the weather had been different.) となる。may have *done* で「～したかもしれない」となり，この過去分詞として helped が入るか worked が入るかが問題となる。to *one's* advantage で「～にとって有利に」となり，この前置詞句にうまくつながる動詞は他動詞の helped ではなく自動詞の worked である。

8．全文は (Do you) know what drove him to (go all the way to the United States?) となる。Do you の後には動詞の原形の know が入り，その目的語として what から始まる間接疑問文が続く。「なぜ彼が行くようなことになったのか」とするには，what made him go か，what drove him to go のいずれかとなるが，空所の数から後者となり，made が不要だとわかる。

9．全文は (Her friends don't believe that Emily) should be blamed for the (accident.) となる。blame *A* for *B*「*A* に *B* の責任がある」を受動態にして *A* is blamed for *B* の語順となる。be 動詞に助動詞 should が付き，should be blamed for the accident となる。主節に don't があり否定文となっているので，that 節に not は不要。

10．全文は (I'd like to live in those countries) where when I'm eighteen I (can drink.) となる。「18 歳になれば」の部分を並べると

when I'm eighteen となる。空所(1)には those countries を先行詞とする関係副詞 where を入れ，次に先程の副詞節 when I'm eighteen を挿入させて，その後 can drink の主語となる I を入れたら文は完成する。become の入る余地はない。

Ⅱ　解答

1－a　2－d　3－b　4－c　5－c　6－b
7－a　8－d

◆全　訳◆

≪夏の旅行先についての会話≫

リード夫妻は2人の子どもたち，オリバーとエミリーとともに，イギリスで暮らしている。彼らは夏休みの計画を立てている。

リード氏　：さあ，みんなおいで。本当に決めないといけない。今年の夏はどこに行きたい？

リード夫人：私はまだドバイを考えているわ。すばらしいビーチがあるし，買い物はすばらしいし，ホテルは世界で最高のもののひとつなのよ。

エミリー　：ちょっと違うことはできない？　昨年私たちはスペインに行って，そこってビーチや店だらけだったのよね。ちょっと退屈になっちゃったわ，ママ。

リード氏　：スペインはかなりよかったけど，ドバイは格安とはちょっと違うよね？　ドバイはかなりたくさん金がかかるだろう。これについてはエミリーに賛成だな。他のところはどうだ？

オリバー　：じゃあ，パリのディズニーランドは？　ユーロスターでたった2時間だよ。

エミリー　：そんなのに行く歳じゃないんじゃない？

オリバー　：そこじゃないよ。ああ，そこは本当に子ども向けだよ。そうじゃなくてディズニースタジオのことを言いたいんだ。ウェブサイトをチェックしてみて。そこではできることがたくさんあって，僕たちみんなにとっていいところだよ。それに僕はフランス語の練習ができるし。

エミリー　：えーと，私はイタリア語をやっているわ。じゃあローマに行くのを考えてみたら？　私は行くわよ。

リード氏　：お前たち，私たちはお前たちが学校でやっていることを基準にして場所を選んでいるんじゃないんだぞ。家からもっと近いところはどうだ？ 外国に行く必要はあるのか？

リード夫人：必要あるわよ！ 私は太陽を浴びたいし，少し異国情緒があって，少し変わったところがいいわ。

リード氏　：でもな，私はいつもスコットランドを訪れたいと思っていたんだ。そしてそれは今年に意味があるんだ。

エミリー　：なぜなの，パパ？

リード氏　：まあ，国際的な新型コロナウイルス感染症のルールについてはわからないんだよ。それらは常に変化しているのだから。休暇を取っても，その国が突然外国人観光客を受け入れなくなる可能性もあるんだ。お金も休暇も失うかもしれない。

オリバー　：そんなこと起きないよ，パパ。パパは心配しすぎだと思うよ。

リード夫人：それに万が一に備え，休日保険をかけるつもりよ。

エミリー　：こんなことを言うのが自分でも信じられないんだけど，私は兄弟の意見に賛成よ。

リード氏　：でも，このウェブサイトを見てくれ。ダルハウジー城だ。何という場所だろう。本物の城なんだ！

オリバー　：すごいね。冷たくて，暗くて，怖いね。

リード氏　：でもそれは近代化されているんだ。部屋は豪華だよ。リラックスするための温泉もあるし５つ星のレストランもあるんだ。同時に価格もお手ごろなんだ。

リード夫人：見せてあなた。うん，そんなに悪くないと思うわ。

リード氏　：それにもし買い物に行きたければ，エジンバラからたった数キロのところなんだよ。

オリバー　：パパとママ向けの場所のようだね。エミリーと僕向けのものは何かある？ 僕たちはそこで何をすればいいの？

リード氏　：何かは思いつくはずだよ。１～２冊本を持っていけ。散歩をしたり自然を楽しんだりしろよ。

エミリー　：それは私にとってもよい時間とは思わないわよ。フランスのほうがもっと魅力的に思えるわ。

リード夫人：聞いてよ，らちが明かない（どこにも行けない）でしょ？ 妥協策を考えることはできないのかしら？

リード氏　：そうだな，じゃあママのために太陽を浴びて買い物ができる場所で，私のために平和で静かな場所で。でもお前たちがすることもある場所で。

エミリー　：えーと，私たちの友達のエマが昨年ギリシャに行ったの。すごいって言ってたよ。見たりしたりすることがたくさんあるって。それに天気も最高にいいわよ。

オリバー　：うん，それがいいね。エマがインスタグラムでシェアした画像があるんだ。見てみてよ，ママ。

リード夫人：ええっ？ それはいい考えかもね。私はいつもアテネに行きたいと思っていたのよ。あなた。

リード氏　：うん，そんなに高くもないし，間違いないね。それに私は本当に古い遺跡をうろつくのが好きなんだ。

エミリー　：じゃあギリシャの場所をいくつかグーグル検索してみる？ ノートパソコンを貸してよ，パパ。

リード氏　：じゃあ今年はスコットランドの城はなしか？

リード夫人：それはなさそうね。

◀解　説▶

1．空所のある発言の直後のリード氏の発言（It'll cost us…）に「ドバイはかなりたくさん金がかかるだろう」とあることから，空所には a bargain「格安」ではないという意味を表す語句が必要となる。not exactly で「～とはちょっと違う」という意味になるので，正解は a となる。b の completely と d の perfectly は「完全に～というわけではない」で部分否定となり，「完全に格安というわけではない（が，格安の側面もある）」という意味にも取れるので不可。

2．直前にエミリーとオリバーにより，旅行のついでに語学学習もできるという内容の発言があった後，リード氏が「私たちはお前たちが学校でやっていることに（　2　）場所を選んでいるんじゃないんだぞ」と両者をたしなめている場面である。空所に入るのは「（～に）基づいて，（～を）基準として」という意味の語が入ると推測できる。したがって，正解は d の based となる。

3．空所の直前にリード氏が「そしてそれは（＝スコットランドに行くことは）今年に意味があるんだ」と発言して，空所の直後でリード氏が「まあ，国際的な新型コロナウイルス感染症のルールについてはわからないんだよ。それらは常に変化しているのだから。休暇を取っても，その国が突然外国人観光客を受け入れなくなる可能性もあるんだ。お金も休暇も失うかもしれない」と，スコットランドを今年訪れることに意味がある理由を伝えていることから，正解はbとなる。How come SV～？で「なぜ～か？」となる。

4．空所の直前でリード氏がダルハウジー城を紹介して，空所の直後でリード氏が「でもそれは近代化されているんだ。部屋は豪華だよ。リラックスするための温泉もあるし5つ星のレストランもあるんだ」と返答していることから，オリバーがその城に対して古さを感じていると推測できる。したがって，正解はc．「冷たくて，暗くて，怖いね」となる。

5．各自が旅行先についての案を出すもどれも決め手がない状態で，リード夫人が空所の直後で「妥協策を考えることはできないのかしら？」と述べている。その流れに合うものはc．「私たちはどこの着地点にも達していない→らちが明かない」「(実際に）どこにも（旅行に）行けない」（cは，上記の両方の意味に解釈が可能）となる。

6．「リード氏が心配しているのは」

a．「子どもたちが本を十分に読まないということだ」 b．「休日にはお金がかかりすぎるかもしれないということだ」 c．「妻が常に家族の行き先を選んでいるということだ」 d．「新型コロナウイルス感染症のせいで家族が休日を取れないということだ」

リード氏の2番目の発言（Spain *was* pretty…）中のIt'll cost us quite a lot，7番目の発言（But it's been…）中のReasonably priced, as well，11番目の発言（Well, it's not…）から，旅行費用が高額にならないかを気にしていることがわかる。したがって，正解はbとなる。

リード氏は3番目の発言（Kids, we're not…）で，外国に行く必要はあるのかとたずね，5番目の発言（Well, we don't know…）で，国際的な新型コロナウイルス感染症ルールは常に変更されるので，下手をすると休日をなくしかねない，と述べているが，旅行の行き先として国内のスコットランドを強く勧めており，純粋に新型コロナウイルス感染症の心配をしているというよりは，家族の関心を，海外ではなく国内に向けさせたかったのだと考えられる。よって，dは不正解。

7．「海岸での休日を本当に楽しめないのは誰か？」
リード夫人がドバイの海岸を推す発言をした後の，エミリーの1番目の発言（Can't we do…）に「ちょっと違うことはできない？　昨年私たちはスペインに行って，そこって海岸や店だらけだったのよね。ちょっと退屈になっちゃったわ，ママ」とあることから，正解はaのエミリーだとわかる。

8．「家族が休日旅行で最も選びそうなのはどこか？」
エミリーの7番目の発言（You know, our…）で「えーと，私たちの友達のエマが昨年ギリシャに行ったの。すごいって言ってたよ。見たりしたりすることがたくさんあるって。それに天気も最高にいいわよ」と発言して，それに対してオリバーが「うん，それがいいね」と同意し，リード夫人の6番目の発言（You know what? …）で「ええっ？　それはいい考えかもね。私はいつもアテネに行きたいと思っていたのよ。あなた」と発言して，それに対してリード氏が「うん，そんなに高くもないし，間違いないね。それに私は本当に古い遺跡をうろつくのが好きなんだ」と興味を示していることから，正解はdのギリシャとなる。

III　解答

1－d　2－b　3－c　4－a　5－b　6－a
7－c　8－d　9－b　10－c・e・h

◆全　訳◆

≪王様とガチョウ飼いの少年の物語≫

ある夏の日，バイエルン王国のマクシミリアン王が田舎を歩いていた。太陽が照りつけて暑かったので，彼は木の下に立ち寄って休んだ。涼しい木陰はとても心地よかった。王は柔らかい草の上に横たわり，空を横切る白い雲を見上げた。それから，ポケットから小さな本を取り出し，読もうとした。しかし，王は本に集中できなかった。やがて王は目を閉じ，すやすやと眠ってしまった。

目が覚めたときには正午過ぎだった。草枕から起き上がり，辺りを見回すと，家路についた。1マイルほど歩いたところで，ふと本のことを思い出した。ポケットの中をまさぐってみた。そこにはなかった。木の下に置いてきたのだ。王はもうかなり疲れていたので，そんなに遠くまで歩いて戻るのは嫌だった。しかし，本を失いたくなかった。どうしたらいいのだろう？　もし，誰か本を取りに行ってくれる人がいればなあ！

そう思っていると，道の近くの野原で，たまたま裸足の小さな男の子を見かけた。彼は，短い草をついばみながら浅い小川を歩いて渡っているガチョウの大群の世話をしていた。王はその少年のところに行き，そして手に金貨を握った。「おいお前，この金が欲しいか？」と彼は言った。

「欲しいよ。でも，こんなにたくさんは望めないよ」と少年は言った。「道の２つ目の曲がり角にある樫の木まで走って戻って，そこに置いてある本を取ってきてくれたら，お金をあげるよ」 王は少年が喜ぶと思ったが，そうではなかった。彼はそっぽを向いて，「俺はあんたが思うほど愚かではないよ」と言った。「どういう意味だ？」と王は言った。「誰がお前をバカだと言ったんだ？」

「ああ」 少年は言った。「あんたは，１マイル走って本を持ってくれば，その金貨をくれると信じるほど俺がバカだと思ってるんだろう。俺をだますことはできないよ」「でもな，もし今私がそれを渡せば，たぶんお前は私を信じてくれるだろうよ」と王は言い，金貨を小さな男の子の手に置いた。

少年は目を輝かせたが，動かなかった。「どうしたんだ。行かないのか？」と王は言った。「行きたいけど，ガチョウを残しては行けない。迷子になって，それから俺が責められちゃうよ」と少年は言った。「ああ，お前がいない間，私が世話をしてやる」と王は言った。少年は笑った。「あんたがそうするのを見たいよ！」と彼は言った。「そりゃ，奴らはすぐにあんたから逃げてしまうだろうよ」「まあやらせてくれよ」と王は言った。

ついに少年は王に鞭を渡すと，走り出した。彼は少し行ったところで，振り返って戻ってきた。「どうしたんだ？」とマクシミリアンは言った。「鞭を打てよ！」 王は言われたとおりにしようとしたが，音を出すことができなかった。「そうなると思ったよ」と少年は言った。「あんたは何もやり方を知らないんだな」

それから鞭を手に取り，王に鞭の打ち方を教えた。「もうどうやるかわかっただろ」と言って，彼は鞭を手渡した。「ガチョウが逃げようとしたら，大きな音を立てて鞭を打つんだ」 王は笑った。王は一生懸命に指導を受け，すぐに少年は再びお使いに出発した。

マクシミリアンは石の上に座り，自分がガチョウ飼いになっているんだと思うと笑ってしまった。しかし，ガチョウはすぐに主人がいないことに気付いてしまった。クワックワッ，シューシューと盛大に鳴きながら，半分は飛び，半分は走りながら，牧草地を横切って行った。王はガチョウの後を追って走ったが，速く走ることはできなかった。彼は鞭を打とうとしたが，それは無駄であった。ガチョウはすぐに遠くに行ってしまった。さらに悪いことに，彼らは庭に入り込み，柔らかい野菜を食べていた。

それから数分後，少年は本を持って戻ってきた。「思ったとおりだ」と彼は言った。「俺は本を見つけたけど，あんたはガチョウを失くしちゃったなあ」「気にするな」王は言った。「もう一度捕まえるのを手伝ってあげるよ」「それなら，あっちの方に走って行って，俺が庭から追い出す間，小川のそばに立っていてよ」王は言われたとおりにした。少年は鞭を持って走り出し，たくさん大声を出して叱りつけると，ガチョウは牧草地に追い戻された。

「いいガチョウ飼いになれないことを許してほしい。しかし私は王なので，このような仕事には慣れていないのだ」とマクシミリアンは言った。「王様？　まさか！」と少年は言った。「ガチョウをあんたに預けてしまったのはとても愚かだったよ。でも，あんたが王様だと信じるほど，俺は愚かじゃないよ」マクシミリアンは微笑みながら，「よろしい，もう1枚金貨をあげよう。さあ，友達になろうよ」と言った。少年はその金貨を受け取り，贈り主に感謝した。そして，王の顔を見上げて，こう言った。

「あんたはとても親切な人で，いい王様なんだと思うよ。でも，仮に一生かけても，いいガチョウ飼いにはなれないだろうね」

◀解　説▶

1．「下線部(1)の意味と最も近いものはどれか？」

下線部を含む文と直後の文を訳すと「しかし，王は本に集中できなかった。やがて王は目を閉じ，すやすやと眠ってしまった」となる。keep *one's* mind on ～ は「～に集中する」という意味である。直前の文に「それから，ポケットから小さな本を取り出し，読もうとした」とあり，それにもかかわらず結果として眠ってしまったのは，本に集中できなかったからだと推測できる。したがって，正解はd.「～に集中したままでいる」となる。

2.「空所（　1　）を適当な語句で埋めなさい」
直後の文（“My boy,”…）に「『おいお前，この金が欲しいか？』と彼は言った」とあることから，王は少年のところに行ってお金を見せる行為をしたと推測できる。したがって，正解はb.「そして手に金貨を握った」となる。
3.「下線部(2)に最も意味が近い語句を用いて文を完成させなさい」
be pleasedは「喜ぶ」であり，But not soはBut the boy wasn't pleasedを指す。下線部を含む文の意味は「王は少年が喜ぶと思っていたが，喜ばなかった」となる。直前の第4段第2文（“You shall have…）の王の発言に「道の2つ目の曲がり角にある樫の木まで走って戻って，そこに置いてある本を取ってきてくれたら，お金をあげるよ」とあることから，王が少年にお金をあげたら喜ぶだろうと考えたことがわかる。したがって，正解はcで，完成した文を訳すと「王は男の子がお金を稼げて喜ぶと考えたが，そうではなかった」となる。
4.「下線部(3)に最も近い意味はどれか？」
直前の第5段第1文（“Well,” said the…）に「『ああ』 少年は言った。『あんたは，1マイル走って本を持ってくれば，その金貨をくれると信じるほど俺がバカだと思ってるんだろう』」とあり，少年は自分がうまい話にだまされるほど愚かではないと王に伝えている場面であることから，You can't fool meの意味を推測することができる。foolには「～をだます」という意味がある。したがって，正解はaのdeceiveとなる。
5.「下線部(4)のとき，その少年はどのような感情であったか？」
下線部を訳すと「少年は目を輝かせた」となる。下線部直前の第5段最終文（“But if I…）に「『でもな，もし今私がそれを渡せば，たぶんお前は私を信じてくれるだろうよ』と王は言い，金貨を小さな男の子の手に置いた」とあり，お金を渡したことが目を輝かせる原因となっている。日本語でも「目を輝かせる」は「喜びで興奮しているさま」を指す。したがって，正解はbのdelighted「喜んだ」となる。
6.「少年は下線部(5)のように言ったとき，何を言おうとしたのか？」
I thought as muchは「やっぱり」「そうなると思った」という意味である。直前の第7段第5文（The king tried…）に「王は言われたとおりにしようとしたが，音を出すことができなかった」とあり，王が鞭をうまく使えなかったことがわかる。したがって，正解はa.「マクシミリアンがきちんと鞭を使えないということが彼にはわかっていた」となる。

7.「空所（　2　）を完成させるのに最も適切な語句を選びなさい」

第9段第3～7文（With a great… the tender vegetables.）を訳すと「クワックワッ，シューシューと盛大に鳴きながら，半分は飛び，半分は走りながら，牧草地を横切って行った。王はガチョウの後を追って走ったが，速く走ることはできなかった。彼は鞭を打とうとしたが，それは無駄であった。ガチョウはすぐに遠くに行ってしまった。（　2　），彼らは庭に入り込み，柔らかい野菜を食べていた」となる。この部分は王がガチョウを逃がしてしまった一部始終を表しているが，空所の前ではガチョウが遠くに行ってしまったこと，空所の後ではガチョウが庭で悪さをしていることが述べられており，空所の前後で状況が悪化していることがわかるので，正解はc.「さらに悪いことには」となる。

8.「適切な語句を用いて空所（　3　）を埋めなさい」

空所を含む文を訳すと，「『（　3　）ことを許してほしい。しかし私は王なので，このような仕事には慣れていないのだ』とマクシミリアンは言った」となる。第9段（Maximilian sat down…）では，王が少年に本を取りに行かせている間にガチョウの面倒を見ようとしたが，ガチョウに逃げられてしまったことが明らかになっている。ここでは，王はガチョウを逃がしてしまってガチョウの面倒をきちんと見られなかったことを謝罪しようとしていることがわかる。したがって，正解はd.「いいガチョウ飼いになれないこと」となる。

9.「下線部(6)と言ったときに，その少年はどんな感情を抱いていたか？」

ここでのindeedは「もちろん」ではなく「まさか」である。indeedを「まさか」と解釈できる根拠は直後の第11段第3・4文（“I was very… are a king”.）「ガチョウをあんたに預けてしまったのはとても愚かだったよ。でも，あんたが王様だと信じるほど，俺は愚かじゃないよ」にある。したがって，正解はb.「不信」である。

10. 物語の内容と一致する選択肢を3つ選ぶ問題。c.「最初は，その少年はその男が王だとは信じられなかった」は第11段第4文（But I am…）「でも，あんたが王様だと信じるほど，俺は愚かじゃないよ」と一致する。e.「王は最終的に最初に提案した2倍の額の金を少年にあげた」

については，第5段第3文（“But if I…）「『でもな，もし今私がそれを渡せば，たぶんお前は私を信じてくれるだろうよ』と王は言い，金貨を小さな男の子の手に置いた」で最初に金貨を渡し，第11段第5文（“Very well,”…）で「マクシミリアンは微笑みながら，『よろしい，もう1枚金貨をあげよう。さあ，友達になろうよ』と言った」と2枚目の金貨を渡したことがわかるので正しい。h.「王でありながら，マクシミリアンは子どもから指示を受けることができた」 第8段（Then he took…）で，王は少年から，ガチョウが逃げそうになったら鞭を使うよう指導を受けている。この内容に合うので，正解。なお，bについては，第9段第2・3文（But the geese … across the meadow.）で，主人の不在に気付いたガチョウが逃げ出したことが述べられているが，第9段最終文（(　2　), they had gotten…）より，これは主人を追いかけるためではなかったことがわかるので，不正解。

Ⅳ　解答

1－a　2．著作権の都合上，省略。　3－d　4－a
5－c　6－b　7－b　8－c・d・g

◆全　訳◆

≪バイ・ナッシング・プロジェクトの社会的意義≫

著作権の都合上，省略。

著作権の都合上，省略。

著作権の都合上，省略。

◀解　説▶

1．it pays to be a member の it は形式主語であり，真主語は to be a member となる。pays は自動詞で「利益になる，割に合う」という意味で，全体を訳すと「メンバーになることは利益になる」となる。したがって，正解は a となる。

2．主語は One of the things であり，I personally love about the concept は the things を先行詞とする関係代名詞節。主部を訳すと「私が個人的にその考え方について気に入っていることのひとつは」となる。述語動詞は is であり，how 以下は補語となる名詞節。how は疑問詞で本来は「どれだけ〜か」と訳すが，「とても〜すること」と訳してもよい。allow *A* to *do* は「*A* が〜するのを可能にする，*A* が〜できる」となる。

how 以下の名詞節を訳すと「それによって，私たちがとても環境にやさしくなれるということ」となる。

3．下線部(3)を訳すと「他の誰かにそれらを譲ることでさらに寿命が延びる」となる。them はダンボール箱などの譲渡品を表す。選択肢の中でこの訳に最も近いものは d となる。

4．第6段第1文（I think it's…）後半に「それは友人や近所の人に簡単に挿し木を渡して自分自身のものを育ててもらうことができるため『シェアする植物』とも呼ばれている」とあることから，選択肢の中でこの内容に最も近いものは a となる。

5．空所を含む文を訳すと「(　A　) では，このような体験は決してできない」となる。「このような体験」が指すものは，直前の第6段第3文（Every time I…）に「台所に置かれた小さな植物を見るたびに，それを分けてくれた近所の人のことや私たちのグループの寛容さについて思い出す」とあることから，「植物を無償で分けてくれた人の寛容さを感じること」であるとわかる。無償で譲渡してもらえたからこその体験であるので，c.「店でものを買うこと」ではその体験が得られないという文になるとわかる。

6．空所（　B　）は第8段（First, check to…）の小見出しとなる。第8段に「まず，あなたの近所にバイ・ナッシングのグループがあるかどうか確認してほしい。あなたのいる地域にまだない場合は，自分で立ち上げることもできる」とあることから，小見出しは入会方法についての問いかけであると考えられる。したがって，正解は b.「バイ・ナッシングのグループに参加するにはどうしたらいいか？」となる。

7．空所（　C　）は第10段（If there's something…）の小見出しとなる。第1文に「欲しいものや必要なものがあれば，新しいものを買う前に，グループにお願いすれば届けてくれるかもしれない」とあることから，小見出しはものをもらう方法についての問いかけであると考えられる。したがって，正解は b.「バイ・ナッシングでものを譲ってもらうようお願いするにはどうすればいいか？」となる。

8．c は第4段第1・2文（Another amazing benefit… often isolated times.）の「もうひとつのこのグループのすばらしい利点は，共同体意識だ。近所の人々が集まってお互いに分かち合うことに尽きるが，特に孤立しがちなこの時代において，これはとても純粋で美しいと感じることができる」と内容が一致する。d は第 5 段（There's so much …）の「それぞれの寄付する行動に対して感謝の気持ちが多く寄せられる。人々は受け取った品物の写真を投稿し，それをどのように使用したかを紹介する。例えば，鍋とその鍋で作った料理や，本棚とその中に並べた本などである」と内容が一致する。g は第 2 段第 2 文（It's a network …）の「近所の人々が集まって，砂糖 1 杯からソファまで，ほとんどすべてのものをお金のやり取りなしに共有できる，地域のギフトエコノミーのネットワークである」と内容が一致する。

日本史

I **解答**　(1)a．孝明　b．オランダ　c．小村寿太郎
d．ランシング　e．25　f．南京　g．東条英機

(2)①—(エ)　②—(エ)　③—(イ)　④—(エ)　⑤—(ウ)　⑥—(オ)　⑦—(エ)　⑧—(エ)

◀解　説▶

≪近代の外交≫

(1)a．孝明天皇は，江戸時代末期の天皇である。1854年の日米和親条約は許可したが，1858年の日米修好通商条約の勅許は拒否した。妹和宮の14代将軍徳川家茂への降嫁を認め，公武合体をすすめた。

c．小村寿太郎は，明治時代の外交官である。ポーツマス講和会議では全権となり条約締結に成功し，また1911年に関税自主権回復，不平等条約の完全撤廃を実現した。

f．日本軍は国民政府の首都である南京を攻略し早期戦争終結を構想したが，国民政府は漢口，重慶へと退き抗戦を続け，戦争は長期化していった。

g．東条英機は，1941年に首相となり太平洋戦争に突入した。1944年，サイパン島が陥落し辞職した。東京裁判ではA級戦犯として絞首刑となった。

(2)①(エ)誤文。関税額は交渉により決められた。ただ日米修好通商条約では協定関税制がとられ，日本には関税自主権は認められておらず，条約改正を行わない限り，税率変更はできなかった。

②(エ)誤文。小説『五重塔』の作者は，尾崎紅葉ではなく幸田露伴である。尾崎紅葉の代表作は，小説『金色夜叉』である。

⑤(ウ)誤文。日本の路面電車の運転が開始されたのは明治時代の1895年のことである。京都で始まった。

⑥(オ)柳条湖事件は満州事変のきっかけとなった鉄道爆破事件である。この事件後，軍部は軍事行動を起こした。第2次若槻礼次郎内閣は不拡大方針を出したが事態は収まらず，総辞職した。

⑧(エ)中華人民共和国と中華民国は，サンフランシスコ講和会議には招請されなかった。講和会議翌年の1952年，日本は中華民国と日華平和条約

を結んだ。

Ⅱ　**解答**　A．(a)(b)—02　(c)(d)—41　(e)(f)—29　(g)(h)—11
(i)(j)—51　(k)(l)—07　(m)(n)—03

B．(a)(b)—47　(c)(d)—36　(e)(f)—50　(g)(h)—43　(i)(j)—57　(k)(l)—39
(m)(n)—16

◀解　説▶

≪原始～近代の土地・税制≫

A．(a)(b)福岡県の板付遺跡，佐賀県の菜畑遺跡など縄文時代晩期の水田が発見され，この時期に水稲耕作が始まっていたことがわかっている。

(e)(f)聖武天皇は奈良時代の天皇である。国分寺の建立や大仏の造立など鎮護国家政策を推し進めた。また，聖武天皇の治世では土地の私有を認める墾田永年私財法も出された。

(g)(h)公営田は大宰府管内につくられた直営田である。国家財政の確保のために設置された。879年には畿内に官田も設けられている。

(m)(n)永楽通宝は，明の時代に鋳造された貨幣である。室町時代から大量に日本に輸入された。江戸時代初期まで日本で広く流通した。

B．(c)(d)千歯扱により，それまで扱箸で行われていた脱穀作業の効率が著しく向上した。人を雇用する必要もなくなり，千歯扱は「後家倒し」とも呼ばれた。

(e)(f)宮崎安貞は江戸時代前期の農学者である。40年にもわたる研究成果を『農業全書』にまとめた。この書は明治時代初期まで再販され続け，日本の農業に大きな影響を与えた。

(i)(j)地租は3％と定められたが，その負担は重く1876年に三重・愛知・岐阜・堺・茨城で地租改正反対一揆が起こり，1877年に地租は2.5％に下げられた。

(k)(l)埼玉県秩父地方の不況に苦しむ農民が困民党などをつくり，武装蜂起し役所や警察などを襲い占領を行った。だが，軍隊の出動により鎮圧された。

III **解答** ⑴ a．光仁　b．宇合　c．平治　d．足高　e．14
f．寺内正毅　g．現御神

⑵ ①―(オ)　②―(ア)　③―(オ)　④―(ア)　⑤―(オ)　⑥―(イ)　⑦―(イ)

◀解　説▶

≪古代～現代の史料問題≫

⑴ a．史料の「天智天皇」，設問文の「奈良時代末の天皇」から，壬申の乱以来の天智系の天皇である光仁天皇を導き出したい。

c．史料の内容をみれば，平清盛が藤原信頼・源義朝と争ったことがわかる。この事件は，1159 年の平治の乱である。ここから「平治」と推測できる。

d．史料から役職と役料の関係について書かれていることがわかる。また設問文には「江戸幕府の人材登用にかんする制度」とあり，徳川吉宗による足高の制を導き出すことができる。

f．史料の「富山県」「米価暴騰」「女房」「米屋」などから，米騒動であることがわかる。このときの首相は寺内正毅である。

⑵ ①(オ)誤文。大海人皇子は「九州地方の兵」ではなく，東国豪族たちの軍勢を味方につけて勝利した。

④(ア)誤文。「旧里帰農令」が出されたのは徳川吉宗の治世ではなく，老中松平定信が主導した寛政の改革のときのことである。

⑥(イ)誤文。「第一次護憲運動」は 1910 年代の出来事ではあるが，これにより総辞職したのは「清浦奎吾内閣」ではなく，第 3 次桂太郎内閣である。

⑦(イ)誤文。「日本労働組合総連合会」ができたのは，1989 年のことである。戦後期の 1946 年に結成されたのは，右派の日本労働組合総同盟（総同盟）や左派の全日本産業別労働組合会議（産別会議）である。

■世界史■

I 解答

(1)—③ (2)—② (3)—⑤ (4)—④ (5)—① (6)—③
(7)—⑤ (8)—④ (9)—② (10)—⑤

◀解 説▶

≪ソロンの改革,『ユートピア』,ネルチンスク条約,独仏の共通歴史教科書に関する資料問題≫

(1)「前6世紀初頭にアテネ」から空欄1にはソロンが入る。aは誤文。クレイステネスについての文章。bは正文。cは誤文。民主政を完成させたのはペリクレス。よって,答えは③となる。

(3)①誤文。ジェームズ1世についての文章。
②誤文。没収した修道院領はジェントリらに売却された。
③誤文。メアリ1世が結婚したのは,後のスペイン王フェリペ2世。
④誤文。エリザベス1世についての文章。

(5)『ユートピア』が書かれたのは16世紀前半のこと。
②誤文。航海法の制定は1651年。
③誤文。ジェントリは没落したわけではなく,王権の支持基盤となった。
④誤文。ノーフォーク農法は18世紀に導入された。
⑤誤文。アイルランド農民は17世紀にクロムウェルにより征服されて以降,イギリス人不在地主の小作人となった。

(9)空欄9にはゴルバチョフが入る。aは正文。bは誤文。ゴルバチョフはアメリカのブッシュ(父)大統領とのマルタ会談でともに冷戦の終結を宣言した。cは誤文。エリツィンはロシア大統領。保守派のクーデタ当時のソ連大統領はゴルバチョフ。よって,答えは②となる。

II 解答

(1)—④ (2)—④ (3)—④ (4)—⑤ (5)—④ (6)—⑤
(7)—⑤ (8)—① (9)—⑤ (10)—①

◀解 説▶

≪奴隷制の歴史≫

(1)①誤文。プラトンについての文章。

②誤文。アリストテレスの注釈を行ったのはイブン＝ルシュドである。イブン＝ハルドゥーンは『世界史序説』で知られる歴史家。

③誤文。ソフィストのプロタゴラスについての文章。

⑤誤文。アリストテレスはプラトンの開いた学校アカデメイアで学んだプラトンの弟子である。

(2)①誤文。哲人皇帝と称されるマルクス＝アウレリウス＝アントニヌスについての文章。

②誤文。アウグスティヌスは三位一体説の確立に尽力した。また北アフリカのヒッポの司教である。

③誤文。アリウスはイエスの人性を強調した3～4世紀の聖職者で，彼の説はニケーア公会議で異端とされた。4～5世紀のアウグスティヌスとは時代が異なる。

⑤誤文。神寵帝理念を主張したのはエウセビオスで，彼はコンスタンティヌス帝に仕えた。

(3)①誤文。ルターを破門したのは教皇レオ10世。破門を行うことができるのは皇帝ではなくローマ教皇である。

②誤文。長老主義はカルヴァン派の特徴である。

③誤文。ドイツ農民戦争に対してルターは当初同情的であったが，彼らの主張が急進化すると鎮圧を主張した。

⑤誤文。教皇レオ10世はメディチ家の出身である。

(4)①誤文。ユーゴスラヴィア内戦は，クロアティアとスロヴェニアがユーゴスラヴィア連邦からの分離独立を宣言したことから勃発した。

②誤文。フィン語はウラル語族の言語。

③誤文。第二次世界大戦はナチス＝ドイツによるポーランド侵攻で始まった。

④誤文。ドプチェクは「プラハの春」を推進したチェコスロヴァキアの指導者。

(5)①誤文。アシエンダ制はエンコミエンダ制に代わってひろがった。

②誤文。マオリはニュージーランドの先住民。オーストラリアの先住民はアボリジニーである。

③誤文。インディアン強制移住法を制定した大統領はジャクソンである。

⑤誤文。ローデシアはイギリスの植民地であり，またブール人（アフリカ

ーナー）はオランダ人入植者の子孫を指す。

⑼①誤文。第二共和政は，ルイ＝フィリップを王とする七月王政を打倒して成立した（二月革命）。シャルル10世は復古王政期の国王で七月革命により打倒された。

②誤文。六月蜂起は労働者がおこした。

③誤文。ルイ＝ナポレオンは国民投票によって皇帝ナポレオン3世として即位した。

④誤文。臨時政府に参加した社会主義者はルイ＝ブランである。

⑽②誤文。南北戦争後の再建は共和党が主導して行われた。

③誤文。ジョンソン大統領が公民権法を成立させた。

④誤文。「赤狩り」はマッカーシー上院議員の発言から始まった。マッキンリーは19世紀末から20世紀初頭のアメリカ大統領。

⑤誤文。同時多発テロ事件発生当時のアメリカ大統領はブッシュ（子）。

Ⅲ 解答

⑴―⑤ ⑵―③ ⑶―① ⑷―② ⑸―② ⑹―④
⑺―③ ⑻―③ ⑼―③ ⑽―④

◀解 説▶

≪8世紀のユーラシア大陸≫

⑴①誤文。ビザンツ帝国領であったラヴェンナ地方は8世紀にランゴバルド王国に奪われた。

②誤文。ブルガール人はトルコ系であり，ブルガリア王国を建国して南スラヴ系民族と融合した。そのブルガリア王国（第1次ブルガリア帝国）は11世紀にビザンツ帝国により征服された。ハンガリーを建国した民族はマジャール人であるが，ビザンツ帝国に併合されることはなかった。

③誤文。7世紀のヘラクレイオス1世が採用したのはテマ制（軍管区制）。なお，テマ制の実施はヘラクレイオス1世の時代よりも後だという説もある。

④誤文。ビザンツ帝国を滅ぼしたのはメフメト2世。

⑵①誤文。ローマ司教は使徒ペテロの後継者を称した。

②誤文。宗教改革に対抗するため開催されたのはトリエント公会議。

④誤文。ラテラノ（ラテラン）条約を結んだのはムッソリーニ政権。この条約によりヴァチカン市国が成立した。

⑤誤文。教皇庁をアヴィニョンに移したのはフィリップ4世。これを「教皇のバビロン捕囚」という。

(3)②誤文。伯に任命されたのは地方の有力豪族や家臣。伯を監督するため巡察使が派遣された。

③誤文。『ローランの歌』の作者は不詳。セルバンテスは『ドン＝キホーテ』の作者。

④誤文。ユーグ＝カペーはパリ伯。

⑤誤文。オットー1世はザクセン朝出身。

(4)①誤文。後ウマイヤ朝の都はコルドバ。

③誤文。ウマイヤ朝を開いたのはムアーウィヤ。

④誤文。ウマイヤ朝の時代，征服された人々はムスリムであってもジズヤとハラージュを負担した。

⑤誤文。タラス河畔で唐と戦ったのはアッバース朝である。

(5)①誤文。アッバース朝の公用語はアラビア語である。

③誤文。ファーティマ朝はアッバース朝の権威を否定し，カリフを自称した。

④誤文。アッバース朝は第5代ハールーン＝アッラシードの時代に最盛期を迎えた。

⑤誤文。ハールーン＝アッラシードは，フランク王カール1世と使節を交換した。

(6)①誤文。イタリア＝トルコ戦争の結果，イタリアはトリポリ・キレナイカを領有し，リビアと改称した。

②誤文。ファーティマ朝はカイロにアズハル学院を創建した。ニザーミーヤ学院はセルジューク朝で創建された。

③誤文。シャルル10世は1830年にアルジェリアに出兵した。

⑤誤文。モロッコ事件後，モロッコの大半を保護下に置いたのはフランス。

(7)①誤文。ウイグルはキルギスに敗れて滅亡した。

②誤文。ティムールは西チャガタイ＝ハン国から台頭した。

④誤文。台湾は藩部ではなく，清の直轄地である。

⑤誤文。ソグド人はイラン系である。

(8)①誤文。安史の乱鎮圧に協力したのはウイグル。

②誤文。律令制をしき，骨品制を採用したのは新羅。

④誤文。大祚栄が建国したのは渤海。高麗の建国者は王建。

⑤誤文。府兵制に代わって募兵制が採用された。

(9)①誤文。1265年にシモン＝ド＝モンフォールが招集した議会が，イギリス議会（下院）の起源である。模範議会はエドワード1世が招集した。

②誤文。ヘンリ2世が開いたのはプランタジネット朝。

④誤文。エドワード3世の母はカペー家の出身で，フィリップ4世の娘である。

⑤誤文。スエズ運河株式会社の株を買収したのはディズレーリ。

(10)①誤文。奴国が印綬を受けたのは後漢の光武帝。

②誤文。阿倍仲麻呂は日本へ帰国できず，唐で客死した。

③誤文。日本の明治政府は琉球に対して清への朝貢を強制的に止めさせた上で，沖縄県を設置した。

⑤誤文。田中角栄首相は，ニクソン訪中の後に中華人民共和国を訪れて日中共同声明を発した（1972年）。日中平和友好条約が締結されたのは1978年。

Ⅳ 解答

(1)―③　(2)―①　(3)―①　(4)―⑤　(5)―①　(6)―⑤
(7)―④　(8)―④　(9)―⑤　(10)―⑤

◀解　説▶

≪12～15世紀の商業ネットワーク，近代スポーツ≫

(1)aは誤文。『エリュトゥラー海案内記』はギリシア商人によって書かれた。bは正文。cは誤文。アッバース朝の衰退に伴い，ペルシア湾ルートに代わり紅海ルートが重要になった。よって，③が正解。

(3)②誤文。緑営は清が創設した漢人による正規軍。

③誤文。オゴタイが建設した都はカラコルム。

④誤文。フビライの即位に対して反乱を起こしたのはハイドゥ。

⑤誤文。ワールシュタットの戦いは第2代オゴタイの時代であり，アッバース朝を滅ぼしたのは第4代モンケの時代である。

(5)②誤文。ポトシ銀山は現在のボリビアで発見された。

③誤文。「航海王子」エンリケはポルトガルの王子である。

④誤文。インカ帝国を滅ぼしたのはピサロ。コルテスはアステカ王国を滅ぼした。

⑤誤文。トマトは新大陸原産である。

(6)①誤文。イギリス東インド会社はエリザベス1世の特許状によって設立された。

②誤文。アンボイナ事件は現在のインドネシアのモルッカ諸島（香料諸島）で発生し，イギリスはインドネシアから排除された。

③誤文。イギリスがフランスから北アメリカの領土を獲得したのは七年戦争後のパリ条約。

④誤文。イギリスはスペインからフロリダを獲得した。

(7)aは誤文。リストは歴史学派経済学者であり，自由貿易を批判した。bは誤文。カートライトは力織機を発明し，蒸気船はアメリカのフルトンが発明した。cは正文。よって，④が正解。

(8)①誤文。サン＝マルティンがラテンアメリカ南部で，シモン＝ボリバルがラテンアメリカ北部で活躍した。

②誤文。植民地生まれの白人はクリオーリョ。メスティーソとは白人とインディオの混血のこと。

③誤文。先住民強制移住法を制定したのは第7代大統領のジャクソン。

⑤誤文。北部では保護貿易政策が求められ，南部では自由貿易が主張された。

(9)①誤文。カルロヴィッツ条約でハンガリー・トランシルヴァニアを獲得したのはオーストリア。

②誤文。ムハンマド＝アリーは，エジプト総督となって在地のマムルークを一掃した。

③誤文。タンジマートを開始したのはアブデュルメジト1世である。

④誤文。ロシアは，クリミア戦争の結果，1840年のロンドン条約の取決めを再確認させられた。

V　解答

(1)―③　(2)―③　(3)―①　(4)―①　(5)―⑤　(6)―②
(7)―⑤　(8)―③　(9)―③　(10)―①

◀解　説▶

≪10世紀以降の漢民族以外の王朝，中国の革命勢力≫

(1)①誤文。猛安・謀克は女真人が建てた金の制度である。

②誤文。金が崩壊させたのは北宋であり，南宋とは淮河を国境として中国

を二分した。

④誤文。渤海が取り入れたのは唐の制度である。

⑤誤文。宋朝と和議（澶淵の盟）を結んだのは遼。西遼（カラ＝キタイ）は，遼の滅亡後に一族が中央アジアに建てた国。

(2) a は誤文。北宋で新法を実施したのは王安石。司馬光は新法を批判した。b は正文。c は誤文。則天武后は科挙官僚を積極的に登用した。よって，③が正解。

(4)②誤文。マルコ＝ポーロが仕えたのはフビライ。

③誤文。羅針盤・火薬の技術や絹織物は中国から西方に伝えられた。

④誤文。汗血馬は，前漢の武帝が大宛（フェルガナ）から獲得している。

⑤誤文。交鈔は硬貨ではなく，紙幣である。

(6)①誤文。康有為は光緒帝とともに戊戌の変法で改革を実行しようとした。

③誤文。西太后は改革に反対して保守派とともに光緒帝を幽閉した。

④誤文。門戸開放・機会均等・領土保全を中国に求めたのはアメリカの国務長官ジョン＝ヘイ。

⑤誤文。日清戦争の敗北で限界が明らかとなった洋務運動は挫折した。

(9)キリスト教の影響を受けて組織されたのは拝上帝会。

①誤文。拝上帝会はキリスト教的宗教結社で，広西省の移民社会で支持された。彼らが起こした太平天国の乱は1851年から1864年まで続いた。

②誤文。太平天国は首都の南京が陥落して滅亡した。

④誤文。太平天国はキリスト教の影響を受けて儒教を否定した。

⑤誤文。曾国藩が組織した郷勇は湘軍。李鴻章は淮軍を組織した。

二一　(ⅰ)「亦」は「また」と読む。4が最適。「…もまた」の形で〝やはり、同じように、同じく〟の意。
(ⅱ)「当」は当然や推量を表す再読文字で、「まさニ…ベシ」と読む。〝当然…べきである、きっと…であろう〟の意。
2が正解。「宜」は適当や勧誘を表す再読文字で、「よろシク…ベシ」と読み、〝…のがよい〟の意。

三　解答

一　(1)うやうや　(2)しんし　(3)いいだくだく

二　(1)寂〔荒〕　(2)遡及〔溯及〕　(3)信賞必罰

みになる〟のように直訳し、和歌以外の本文から「それ」（＝天稚御子）や、（天上界に導いてくれるのかと）「頼みになる」などと具体的な内容を補うとよい。しかしながら和歌の解釈は容易ではないので、まずは五・七・五・七・七の作りのどこかに句切れを見つけ、和歌を散文のように句読点「。」「、」をつけ、直訳してみるとよい。4が最適。「それならねども」に該当する部分があるのは3の「異なるものの」と4の「同じではないが」だが、3は「帝への思い」について、本文にもリード文にも何も書かれていないので不適。

八　「な…そ」の形で〝…してくれるな〟というやわらかな禁止の意を表す。母宮が息子の狭衣に〝経を声高くお読みなさるな〟と言っているのは、五月の魔物が現れないようにするためである。昨晩、狭衣が笛を吹くと天稚御子が天から降りてきたのである。声も「まことにかなしくて」（傍線部(4)直後）、つまり〝まことに魅力があって〟という狭衣である。「…五月の空には恐ろしき物のあなるものを」と心配されるのももっともである。母宮が狭衣に経を声高く読むのを禁じた理由として、経を読んでいるのが狭衣の行動であるという内容（狭衣が経を読むと・狭衣の声はすばらしく、など）と、母宮の心配事の内容（五月の魔物に聞かれたくないため・五月の魔物が現れないようにするため、など）を記述する。

九　「かくしも思いたる」は〝このようにお思いなさっている〟の意。「かく」の指示内容は、狭衣を心配している殿（＝狭衣の父親）の発言の中にある。傍線部(11)の直後「殿も起きたまひて」以下の発言内容に着目し、合致しているものを選ぶ。3が「今日より七日ばかりはとりわきたる御祈りせさするなり」と合致する。2の内容は、傍線部(13)直前の「いでや、長くしもあるまじき身を」のことで、狭衣が自分の身について思っていることであり、自分はそれほど長く生きないだろうに、親がこんなにも自分を案じてくれているのが心苦しい、という文脈である。

一〇　「いづちか」は、「いづちか（行かむ・参らむ）」と後が省略されている形であり、〝どこへ（参りましょう）か。（どこへも参りません）〟という反語の意。これは、傍線部(12)直前の殿の発言の「この頃ばかり慎みてものしたまへ。歩きなどなしたまひそ」の内容を受けての狭衣の応答である。3が最適。

なっているが、狭衣が現在いるのは兜率天ではなく人間界なのだから3が最適。

四 (4)文章の冒頭からずっと狭衣を動作主にして話が進んでおり、ここまでは他の人物は登場していない。天稚御子は回想、「弥勒菩薩」は『法華経』の一節である。

(11)直前の発言「『令百由旬内』とこそ…参で来ん」に着目しよう。〝法華経に『令百由旬内』とあるようだ。どうしておそろしい魔物がやってまいるだろうか〟と言って笑いなさったのは誰か。母宮が五月の魔物がいるから経を声高く読みなさるな、と狭衣に言ったことに対し、狭衣が応答している場面である。

(12)直前の発言「この頃ばかり…重き罪にてもあんなり」は「殿も起きたまひて」に続いているので、「聞こえたまふ」のは殿である。殿が息子の狭衣に対して心配し、しばらくの間は気をつけよと伝えている場面である。

五 サ行四段活用動詞「思《おぼ》す」の未然形「思さ」に接続する助動詞を選ぼう。2・3・4は連用形に接続するので不適。1と5は未然形接続だが、1の「らる」は四段・ナ変・ラ変以外の未然形に、5の「るる」は四段・ナ変・ラ変の未然形に接続する。よって、5が最適。終止形は「る」で、ここでは係助詞「ぞ」の結びで「るる」と連体形になっている。

六 「あなり」は連語で〝あるようだ、あるそうだ〟の意。ラ変動詞「あり」の連体形「ある」＋伝聞・推定の助動詞「なり」からなる「あるなり」の撥音便「あんなり」の「ん」が表記されない形である。伝聞・推定の助動詞「なり」は終止形、もしくはラ変型の活用語には連体形に付く。2がサ変動詞「す」の終止形に接続している伝聞・推定の助動詞「なり」の連体形「なる」である。1と3は形容動詞ナリ活用の活用語尾。4は体言に接続する断定・存在の助動詞「なり」の連体形「なる」。5は、ラ行四段活用動詞「なる」の終止形「なる」。

七 「ぞ…るる」の係り結びに着目しよう。和歌の解釈のひとつの方法として、係り結びがあるところを句切れとみなし、結びに散文のように句点「。」をつける。ここでは三句切れとみなし、まず句切れの後の四句目から訳してみよう。倒置法のようなイメージの構成の和歌である。〝語らう声はそれではないけれども、ほととぎすが鳴くにつけても頼

「明けぬ」は、カ行下二段活用動詞「明く」の連用形「明け」＋完了の助動詞「ぬ」の終止形「ぬ」で、〝（夜が）明けてしまった〟の意。「言ひけん」の「けん（けむ）」は名詞の上にあるときには、過去伝聞〝…たという、…たそうだ〟の訳をすることが多い。

(5)副詞「え」は下に打消しの語をともなって〝…できない〟の意となる。ここでは「たまはで」の「で」が打消しの接続助詞。「たまふ」は狭衣への敬意を表す尊敬語。「聞き過ぐす」は〝聞き捨てる、聞き流す〟の意。4が最適。

(6)「夜もすがら」は〝夜通し、一晩中〟の意。3が最適。

(9)「いみじ」は〝非常に、たいそう〟〝よい、すばらしい〟〝ひどい、おそろしい〟の意。「忌む」が形容詞化した語で、決して触れてはならないと感じられる意で、転じて善と悪ともに極端に甚だしい意となる。「ゆゆし」は〝おそれ多い、不吉だ〟〝すばらしい〟の意。「斎《ゆ》」を重ねて形容詞化した語で、触れてはならないと感じられる意で、転じて善と悪ともに極端に甚だしい意となる。ここでは、母宮が「五月の空には…あなるものを」と言っていることからも、5が最適である。

二　傍線部(2)は〝ほのぼのと明けていく空の山の稜線に接するあたり（の様子）は、春ではないが風情がある〟の意味になる。『枕草子』の冒頭「春はあけぼの…雲の細くたなびきたる」の一節が踏まえられていると言われる。2が最適。

三　「…ましかば…まし」は反実仮想で〝（もし）…であったら、…であっただろう〟の意となる。実際には起こらなかったことを想像し、それに基づいて想像した事態を述べる。直前の「兜率天の内院かと」は注1にあるように〝天稚御子が自分（狭衣）を兜率天の内院に連れていくのか〟の意。傍線部(3)は〝思ったならば、とどまらなかっただろう〟と訳す。リード文にあるように、天稚御子が天から降りてきて狭衣を天に連れて行こうとしたが、実際には帝が引きとどめた。狭衣は、天稚御子が自分を連れて行こうとしている場所が「兜率天の内院か」とそのとき思ったならば、自分はここにとどまらなかっただろう、と昨晩の出来事を反実仮想で思い出している。2・3が反実仮想の訳に

（第十三段落）のであり、凶作や災害がつづいてミロク（弥勒・身禄・命禄）の浄土から世直しにやってくる信仰が、「補陀落渡海」につながったとは書かれていない。カ、本文の内容に合致しない。死後の世界が「ない」と答えるのは科学主義に立つ大半の近代人であり（第一・八段落）、古代人にとって死後の世界は現世の延長であり（第四段落以降）、古代人が死後の世界を否定していたということは本文中に書かれていない。

二

出典　『狭衣物語』〈巻一〉・『法華経』

解答

一　（1）－5　（5）－4　（6）－3　（9）－5

二　2

三　3

四　（4）－3　（11）－3　（12）－4

五　5

六　2

七　4

八　狭衣が経を声高らかに唱えると、空にいる魔物が聞いて地上に現れると心配したから。（四十字以内）

九　3

一〇　3

一一　（i）－4　（ii）－2

▲解　説▼

一　（1）「寝ぬ」は、ナ行下二段活用動詞「寝《ぬ》」の未然形「寝《ね》」＋打消の助動詞「ず」の連体形「ぬ」で、〝寝ない〟の意。

部が不適、カントは「死後の世界」が存在するという断定や証明をしてはいない（第七段落冒頭）。

八　「死後の世界」の否定は、現在だけがよければすべてよしという行き過ぎた事態を招く。大量殺人兵器や環境公害などを再生産することになる（第八段落前半部）。空欄Yには直前の「人生は現在の自己だけ」という意味につながる言葉が入る。5が最適。「刹那主義」とは〝将来や過去は考えず、一時的な快楽だけを求める生き方〟の意。

九　「轍」は車輪のわだちのこと。「轍《てつ》をふむ」は、前を行く車のわだちを後ろの車がふむことで、〝前の人の失敗をそのまま繰り返す〟ことをたとえている。筆者は第八段落で「刹那主義」「断絶主義」「自己主義」は、精神的頽廃だと述べている。傍線部(7)を含む文は、反語文に近い疑問文であり、警鐘を鳴らしている書き方であることに注意して読んでみよう。

一〇　1が最適。芥川龍之介作『羅生門』は一九一五年（大正四年）十一月に雑誌『帝国文学』で発表された。『今昔物語集』の本朝世俗部巻二十九「羅城門登上層見死人盗人語第十八」と巻三十一「太刀帯陣売魚姫語第三十一」の内容をもとに書かれた近代小説である。

一一　空欄Zの後の「…でなく、死後についても楽天的だったのである」に着目し、空欄には「楽天的」とは反対の意味の言葉が入ることを見越して選択しよう。4が最適で、「厭世的」は〝苦しみ、不幸、不具合ばかりが多いこの世に生きることを嫌だと思うさま〟の意。2の「煽情的」とは〝感情や情欲を煽り立てるさま〟の意。

一二　ア、第八段落の内容と合致する。イ、第五段落の内容と合致しない。古代からあった死後の世界まで続く因果律が、近世（江戸時代）になると現世のなかでの因果律という「勧善懲悪」の考え方となる。ウ、第六・七段落の内容と合致しない。霊魂や神の存在を否定する科学主義・近代思想の先頭に立っていたのがカントである。カントは、道徳における善と幸福の不一致を解決するため（＝善がむくいられるため）には、死後の世界は必要であると主張しているが、善と幸福の不一致そのものを解決したわけではない。エ、第九段落の内容に合致する。オ、第十三・十四段落の内容と合致しない。仏教が入って海上の常世が、観世音菩薩の住むポタラカ（補陀落）という島にすりかえられたう。「死後の世界は『ある』」、と答えてしまうと近代人とは言えなくなってしまうのである。1が最適。

二　「無用の長物」は「むようのちょうぶつ」と読み〝あっても役に立たず、かえって邪魔になるもの〟を意味する。2が最適。

三　「うしろめたい」とは〝心にやましいところがあって気がとがめること〟の意。たいていの近代人は、死後の世界は「ない」と答えつつも気がとがめている。なぜか。第二段落「実は…安心できない…」と、第三段落「生も死に直面し、…実感することはできない。したがって…ほかならない」に着目しよう。人間が生を実感・理解するためには、死後の世界を考えなければならないので、人間は死後の世界を無視できないと筆者は考えている。3が最適。

四　「因果律」とは〝原因となるべき状態には、必ず結果となるべき状態が伴うという自然の法則〟の意。第四段落二文目「したがって…考えた」の内容を字数制限に合わせて短くしてみよう。また、解答の最後は、傍線部(4)直後「道徳的規範、すなわち律法の成立する条件であった」に着目し、「律法」「法則」「戒律」など「因果律」とは何かがわかるような言葉で結ぶのがよい。

五　空欄Xを伴う慣用句は、すぐ上の「悪人が世にはびこり」と対になって、現世だけでは「勧善懲悪」が成立しにくい現状を説明していることに着目しよう。「うだつがあがらない」は〝富や地位に恵まれない、よい境遇になれない〟の意。善行をすれば、現世の幸福につながる「勧善懲悪」が現実には成り立ちにくいという内容となる。2が正解。

六　「横行する」は〝悪事などが世の中で盛んに行われること、勝手気ままに歩きまわること、比喩的に（好ましくないことが）ほしいままにはびこること〟の意。「恥しらずの欺瞞や…」という文意からも「横行する」に近いのは2の「蔓延する」〝好ましくないことがどんどん広がる〟となる。

七　第六段落四文目「…善がむくいられるためには…死後の世界がなければならない、…」や、第六段落最終文「そうした近代思想の…存在しなければならないと…」に着目しよう。道徳＝社会秩序が成り立つためには、「死後の世界」が必要だとカントは主張している。4が最適。1は後半部が不適。2は前半部が不適。3は後半部が不適。5は後半

国語

一

出典　五来重『日本人の死生観』（講談社学術文庫）

解答

一　1

二　2

三　3

四　現世の善行が死後の幸福に、悪行が死後の不幸になるという法則。（三十字以内）

五　2

六　2

七　4

八　5

九　4

一〇　1

一一　4

一二　ア—1　イ—2　ウ—2　エ—1　オ—2　カ—2

▲解　説▼

一　「沽券にかかわる」は〝品位や体面にさしつかえること〟の意。傍線部（1）の直後「…強がりであって」に着目しよ

//////////////////// · memo · ////////////////////

2022
年度

問題と解答

■ 3 教科型学部個別入試（A 方式）

問題編

▶試験科目・配点

学科	教　科	科　　　目	配　点
英語英米文	外国語	コミュニケーション英語Ⅰ・Ⅱ・Ⅲ，英語表現Ⅰ・Ⅱ	200 点
	地　歴	日本史B，世界史Bのうちから１科目選択	100 点
	国　語	国語総合・現代文B・古典B	150 点
日本文	外国語	コミュニケーション英語Ⅰ・Ⅱ・Ⅲ，英語表現Ⅰ・Ⅱ	100 点
	地　歴	日本史B，世界史Bのうちから１科目選択	100 点
	国　語	国語総合・現代文B・古典B	150 点
国際文化・現代社会	外国語	コミュニケーション英語Ⅰ・Ⅱ・Ⅲ，英語表現Ⅰ・Ⅱ	150 点
	地　歴	日本史B，世界史Bのうちから１科目選択	100 点
	国　語	国語総合・現代文B・古典B	150 点

英語

（60分）

I　次の1～10の日本文と一致するように，それぞれの語群の語を（　　）に入れて，正しい英文を作りなさい。解答欄には，空所（　3　）に入る語の記号をマークしなさい。ただし，それぞれの語群には不要な語が一つずつあり，文頭にくる場合も頭文字を小文字にしてあります。

1．その本はとても面白かったので読み続けました。

The book was so（　1　）（　2　）（　3　）（　4　）（　5　）but keep reading it.

a．couldn't　b．that　c．I　d．fascinating　e．such　f．help

2．雨が降らなければバーベキューをやめていなかったのに。

We wouldn't have cancelled（　1　）（　2　）（　3　）（　4　）（　5　）rained.

a．unless　b．barbecue　c．hadn't　d．if　e．it　f．the

3．土曜日に食料品を買うのを忘れないようにしなければなりません。

I have to（　1　）（　2　）（　3　）（　4　）（　5　）on Saturday.

a．my　b．to　c．remember　d．getting　e．groceries　f．get

4．次にどうなると思いますか。

（　1　）（　2　）（　3　）（　4　）（　5　）be done next?

a．happen　b．will　c．what　d．think　e．you　f．do

5．他の条件が全て同じとすると，午前中の会議の方が私には都合が良い。

All（　1　）（　2　）（　3　）（　4　），（　5　）morning meeting suits me better.

a．things　b．same　c．being　d．other　e．equal　f．a

6．彼は自分が魅力的だと思っています。

（　1　）（　2　）（　3　）（　4　）（　5　）.

a．quite　b．he　c．him　d．attractive　e．finds　f．himself

7．私の友達のリンダはとても良い人です。

My friend (　1　)(　2　)(　3　)(　4　)(　5　) person.

a．a　b．who　c．Linda　d．nice　e．such　f．is

8．学校は今春休み真っただ中です。

The school is (　1　)(　2　)(　3　)(　4　)(　5　) the spring break.

a．middle　b．the　c．during　d．right　e．in　f．of

9．彼が間違いだと示した内容に人々は驚いた。

The fact (　1　)(　2　)(　3　)(　4　)(　5　) false amazed people.

a．be　b．it　c．proved　d．that　e．to　f．he

10．そのビルは太陽光発電で暖められていなかっただろう。

The building (　1　)(　2　)(　3　)(　4　)(　5　) with solar power.

a．heated　b．been　c．have　d．be　e．couldn't　f．being

Ⅱ　次の英文を読んで，空所1～7にあてはまる最も適切な表現を，また設問8～10に対する最も適切な答えを，それぞれa～dの中から一つ選び，その記号をマークしなさい。

Jim: So you see, when I turned my new computer back on, the whole report was gone.

Carol: Okay. Do you mind if I ask a question?

Jim: Um ... I guess you can.

Carol: Did you save the file?

Jim: Save it? Well, yeah. It was there on my screen. Of course it was saved.

Carol: No, I mean, did you save it using the program? You have to press this key and then this key, or you can use the drop-down menu, and ...

Jim: Hey! I know how to save a file. I'm not an idiot.

Carol: I wasn't (　1　) that. I was just asking ...

Jim: I mean, I've been (　2　) here for years. I think I know how to use a computer by now. You tech people are all the same. You just think that the rest of us are stupid or something.

Carol: No, no. I didn't say that at all ...

Jim: And then you come along and you use all of these big, scary words to make it sound like you're so much better than the rest of us. "Server" and "mainframe" and "download." Why do you have to use such (3) language all the time?

Carol: Well, that's just what they're called.

Jim: Oh, sure! Always acting like you're really smart, but right now, you can't even tell me what happened to my report.

Carol: Okay. I'm sorry. Look, why don't you show me how you save files.

Jim: Why? So you can make fun of me? I do it like everybody else. First, I click on the file, then I drag it to this folder at the (4) of the screen.

Carol: Umm ... that folder down there?

Jim: Yes. Exactly. Then, I click on it to make sure it's saved and press "Enter."

Carol: Oh. I see.

Jim: What? What's wrong?

Carol: Well, it's just ...

Jim: Just what? Doesn't the mouse work properly? Is there some problem with my hard drive, whatever that might be? Go on – tell me.

Carol: Well, it's just that that "folder" is the Trash. (5) saving your files, you've been throwing them away.

Jim: What? Impossible. Well bring them back. That's your job.

Carol: Um, I'm sorry, but I can't. Once you get rid of a file, it's gone forever.

Jim: But ... but that's stupid! Why would my computer have something on it that looks like a folder but actually gets rid of files?

Carol: Well, it looks like a trash can to me. Also, it's labelled "Trash." See? Then, when you click on it, it asks if you really want to delete the files.

Jim: (6). This is your fault. Yours, and the rest of your Department. Now I have to start again. I'm going to complain.

Carol: Well, I mean, if you think that will help, then go ahead.

Roger: Ah, hi Jim! Working hard, I see. Hope everything's going well with the budget report.

Jim: Well, Roger, actually I have to talk to you about that. There's a bit of a problem.

Roger: Problem, Jim?

Jim: Well yeah. You see, it was all finished, but then Carol here deleted the file and can't get it back.

Carol: Now wait just a minute!

Roger: No excuses from you, young lady. In this company, if we make a mistake, we take (7) for it.

1. a. implying
   b. denying
   c. complaining
   d. refusing

2. a. living
   b. staying
   c. working
   d. trying

3. a. rude
   b. inaccurate
   c. simple
   d. complicated

4. a. top
   b. bottom
   c. middle
   d. upper left

5. a. Instead of
   b. As well as
   c. Intended by
   d. Because you've been

6. a. You're just making excuses
   b. That makes sense
   c. I see my mistake now
   d. But that's what I wanted to do

7．a．time

b．credit

c．responsibility

d．over

8．Which of the following statements best describes Roger's reaction?

a．He thinks that Jim has made a mistake.

b．He is not sure whose fault the problem is.

c．He thinks that Carol has made a mistake.

d．He thinks that Jim has not finished his work.

9．Which sentence best describes Jim's behaviour in this passage?

a．He is angry because Carol is rude.

b．He is upset but honest.

c．He blames others for his mistakes.

d．He is quick to understand things.

10．What is likely to happen next?

a．Carol will find the file.

b．Jim will get a new computer.

c．Roger will write a new budget report.

d．Jim will have to write the report again.

Ⅲ Read the passage and answer the questions.

In the thirteenth century, there lived a noble man named Prince Llewellyn the Great. His home was a great palace located near a beautiful village in Caernarvonshire in northern Wales. The prince was a very keen hunter and he spent much of his time in the surrounding countryside and forests hunting the wild animals that also made this area their home. He had many hunting dogs, but his favourite was one named Gelert. He was the finest, biggest and the bravest of all Prince Llewellyn's hunting dogs and he loved nothing more than to hunt with his master. Yet despite Gelert's strength and skill, he had never been able to help the prince catch the wild wolf that lived deep in the forest.

One day Prince Llewellyn was out hunting with his wife and friends. The couple had left their baby son in the care of a nurse and were just about to return home when (1)<u>Gelert stopped, sniffed the air and started to bark</u>. Then suddenly he raced off in the direction of the castle, despite Prince Llewellyn's attempts to call him back.

When the hunting party reached home, the child's nurse met them, grief stricken. "Please forgive me," she sobbed, "I only left the child for a moment... and then the dog..." As she spoke Gelert ran up to them. He was panting loudly and patches of fresh blood covered his body.

The prince and his wife were terrified, full of fear for their child and when they rushed into the baby's chamber they were dumb struck. (2). In the centre of the room, the child's bed was lying upside down on the floor. Worst of all, the baby's blankets were torn to pieces. "Where is my son?" screamed Prince Llewellyn's wife. "What has happened to our son?"

Prince Llewellyn looked at the damaged bedclothes and his blood-stained dog. He flew into a rage. "You evil dog," he shouted at Gelert, "You have killed my son." He drew his sword and plunged it deep into the animal. Gelert slumped to the floor next to the child's bed and after (3)<u>one last look at his master</u>, he died. For a while all was silent.

Then the couple heard the soft cries of their small child. Prince Llewellyn's wife rushed over to the bed and, turning it the right way up again, saw her baby son completely unharmed lying on the floor. There also, close by and covered by the baby's torn blankets, she found the body of a huge wolf, the wolf Gelert had fought and killed.

Too late, Prince Llewellyn realised what he had done. Gelert was not a dangerous dog, but a hero. He had raced away from the hunt when he caught the smell of the wolf. The brave dog had fought a fierce animal far bigger and stronger than itself in order to save his master's child.

Realising what he had done, the prince was filled with shame and regret. (4)"Brave Gelert, you did not deserve this," he said. He turned to his men. "Take my loyal and faithful companion. We shall give him a burial that is fitting for such a courageous friend." The men carried Gelert away and buried him in a green field close to the palace. A stone was placed at the spot so that everyone who passed would know of Gelert's story.

Now much time has passed. Towns, villages and roads have spread over the area where Gelert hunted with his master. One of these villages is named Beddgelert, which, in Welsh, means "grave of Gelert." The name can be found on a map of Wales close to Mount Snowdon; visitors to the village can still see the slab of stone that marks Gelert's final resting place and read the story of this brave and loyal friend. Every year thousands of people visit this site to reflect on the meaning of courage. And of foolishness.

There is, however, a small problem with Gelert's grave and it is this: The stone that marks the noble beast's final resting place is actually less than 200 years old! It is very likely that the story of Gelert and the prince may well be nothing more than a work of fiction; history and myth appear to have become a little confused.

For the story goes that a man named David Pritchard once came to live in the village of Beddgelert. He was the owner of the Royal Goat Inn and his business was not doing well. Very few customers came to eat and drink in his tavern so he had to think of a way to attract more visitors to the little village. He had heard of the story of a brave dog mistakenly killed by his master and changed it to fit the village. He apparently invented the name Gelert, and introduced the name Llewellyn into the story because of that prince's connection with a nearby church. Many people suspect that it was Pritchard who laid the stone to mark the dog's grave.

Whatever the truth behind this story, it does remind us all of that well known saying: (5).

1．Which of the following best describes Gelert the dog?

a．The prince was very keen to hunt wild dogs in the countryside.

b．He was brave enough to help the Prince capture the wild wolf.

c．Hunting with the prince was his greatest pleasure.

d．He was large enough to be in charge of the other hunting dogs.

2．Which of the following is suggested by (1)Gelert stopped, sniffed the air and started to bark?

a. The dog was enjoying the company of the Prince and the others.

b. The dog smelt that the wolf was close to the castle.

c. The dog was anxious to return to the nurse.

d. The dog was told to run to the castle by the prince.

3. Fill in the blank (2).

a. Furniture was turned over, curtains had been torn from the walls, and there was blood everywhere

b. The prince's other hunting dogs fought against Gelert while the baby was crying fiercely

c. The inside of the room was a mess because wild animals were running around

d. The prince's son was found badly wounded and was bleeding

4. What does the phrase one last look at his master (3) most likely suggest?

The dog's ＿＿＿＿＿

a. satisfaction at his brave deed

b. appreciation of his master's kindness

c. deep concern for the baby

d. sorrow at his master's misunderstanding

5. The prince said, "Brave Gelert, you did not deserve this." (4)

It was because he ＿＿＿＿＿.

a. at last understood that it was not Gelert but the wolf that was to blame

b. considered that Gelert's burial place was not suitable after his bravery

c. did not think that Gelert was worthy of his pity

d. felt that the killing of Gelert was not enough to express his anger

6. Which is true of the village of Beddgelert where the dog was buried?

a. A large number of tourists still visit there and think of the virtue of loyalty and the consequences of mistakes.

b. Thanks to the story of Gelert, this old rural village has been modernized like others in the area.

c. Gelert's story has motivated many visitors to learn the Welsh language to understand the meaning of the word Beddgelert.

d. The story and grave of Gelert have inspired a lot of visitors to read the map of Wales in their travels to Mount Snowdon.

7. Which is **NOT** true of Gelert's grave and story?

a. Although the story about the brave dog appears not to be true, it is believed to be so by many.

b. They have served as a reminder of the real history of the dog and his master.

c. His grave is not old enough to be connected with the story of a brave dog in the 13th century.

d. They were probably invented by an unsuccessful business person for commercial purposes.

8. Fill in the blank (5).

a. *a hungry wolf is stronger than a satisfied dog*

b. *where there are no dogs the wolves will howl*

c. *the good dog never gets a good bone*

d. *a man's best friend is truly his dog*

9. Which of the following suggests the author's attitude towards what David Pritchard might have done?

The author __________.

a. is certain about how he made use of the story he heard about the brave dog

b. is critical of his selfish way of utilising and inventing the story about the dog

c. is impressed by Pritchard's effective commercial abilities

d. does not think that the truth about the story of the dog is really important

10. Which is true according to the passage?

a. Because the nurse was unclear, the Prince reached the wrong conclusion in the story of Gelert.

b. The story about Prince Llewellyn's loyal dog is known by all Welsh people.

c. The author does not refer to real historical events, but only a good story.

d. The wolf that was trying to eat the baby was small and cowardly in the story of Gelert.

Ⅳ　次の英文を読み，設問に答えなさい。

Conflict is a natural part of our lives. We have disagreements with others from time to time based on our values, beliefs, behavior, and much more. But recently, we've seen what feels like serious conflict dividing America. How do we move toward some kind of resolution? Let me focus on conflict in families and relationships. Maybe we can learn how to put our conflicts to rest nationally if we start closer to home.

In my clinical* experience, relationships become stronger, more enduring, and closer through the resolution of conflicts. But resolution takes practice. It requires building skills that are essential for effective relationships at home, with friends, and in our communities. The process of working through a conflict is also an important way for us to develop an ability to recover from difficulties and learn more about ourselves and others. (1) We are never too young to start building these skills, as the benefits can last a lifetime.

In families, there are two (2) situations from my clinical point of view.

1. Families that never fight, where there is no apparent conflict, or hidden conflict.

2. Families in which the conflict is visible, often violent, and hurtful.

What is common in these two situations is the *lack of conflict resolution.*

In one situation, conflict is denied or hidden. In the other, feelings of rage or harshness do not allow for peace and forgiveness. In both cases, conflict damages the needed attachment we have for each other in families, and puts pressure not only on the relationship, but on one's personal sense of security, acceptance, and self-esteem.

Here is the major premise: we are all going to have conflict at times − it's a fundamental fact of human relationships. But when we make it transparent, when we take responsibility for our role in it, and when we resolve it, we become closer. (3) Our attachment and sense of belonging improve greatly.

A Guide to Conflict Resolution

Resolution does not necessarily mean we agree. We can agree to disagree.(4) Resolution does involve:

- appreciation of differences
- acceptance
- tolerance
- an ability to love each other, despite our disagreements

In many conflicts, it's apparent what's going on – perhaps a fight over rules, behavior, or differing opinions. But sometimes it's harder to get to the root of things, and while people don't necessarily have the skills or insight to manage the situation, it's still clear that there is some kind of conflict.

When conflict is not transparent, we might only see its impact in a child's or a teen's behavior. For example, in a conflict between husband and wife, a child might demonstrate angry, oppositional behavior or physical symptoms, such as stomach pain. Kids pick up on the argument between parents unconsciously, and it comes out in behavioral challenges.

With this(5) in mind, here are some tips.

1. Have open conversations and listen to both points of view.

2. Be careful of making judgments.

3. Have frequent conversations and keep emotions under control.

4. Be prepared to apologize.

5. Identify the problem and make a plan.

6. Accept responsibility – everyone and no one is at fault.

7. Violence should never be tolerated in a conflict.

8. Consequence and compensation are sometimes part of the solution.

9. It's not about winning－learn to live with differences or compromise.

10. Seek professional help.

In my work as a therapist and as a parent, I have learned a few things. One of them is, to quote Donald Winnicott, "We succeed by our failures." And one of the most common failures I have made is unconsciously blaming or criticizing a patient who is not behaving the way I want them to. That is a conflict that I, as a therapist, need to deal with.

(注)
*clinical: 臨床の

1. 著者が従事している活動についての説明を以下から一つ選び，その記号をマークしなさい。
   a. カウンセリングを通して適切なアドバイスを与えている。
   b. 大学でコミュニケーションについて講義をしている。
   c. 保護者として小学校の行事を手伝うボランティア活動をしている。
   d. 国際紛争を解決する専門家である。

2. 意見の相違による衝突を解決した結果について説明しているものを以下から一つ選び，その記号をマークしなさい。
   a. 人々との絆が強くなり，二度と言い争わなくなる。
   b. 意見の相違による問題の解決方法を見つける訓練をするようになる。
   c. 人々は精神的にたくましくなり，意見の相違が気にならなくなる。
   d. 意見の相違のために争っていた当事者同士の関係が密接になっていく。

3. 下線部(1)を日本語に訳しなさい。

4. 空所(　2　)に入る最もふさわしい語を以下から一つ選び，その記号をマークしなさい。
   a. identical

b．worrying

c．beneficial

d．annoying

5．下線部(3)が意味するものを以下から一つ選び，その記号をマークしなさい。

a．an act of joining one thing to another

b．a document that you send to somebody in an email

c．an enthusiastic support for an opinion

d．a strong feeling of affection for others

6．下線部(4)が意味するものを以下から一つ選び，その記号をマークしなさい。

a．反対意見を述べることは当然だということに同意することができる。

b．異議を唱えていても，常に相手を思いやることができる。

c．相手の意見に同意することでお互いの心の溝を埋めることができる。

d．人は相手の意見に同意することもできるし，反対することもできる。

7．意見の相違が顕在化していない場合の家族への影響について述べていないものを以下から一つ選び，その記号をマークしなさい。

a．子どもは怒りっぽくなる。

b．子どもは，両親が争っていることが何となく分かってしまう。

c．争いを解決するスキルを身につけずに育ってしまう。

d．子どもの体調に変化がでてきて，胃炎などになる。

8．下線部(5)の説明として最もふさわしいものを以下から一つ選び，その記号をマークしなさい。

a．自分の意見が通るように意見調整をするようにしなさい。

b．意見の相違を解決する方法は存在しないので自分で判断するようにしなさい。

c．意見の相違があることを前提として，お互いの立場や考え方を理解しなさい。

d．意見の相違を解決するために，誰の考えが間違っているか注視しなさい。

9．意見の相違についての著者の意見として最もふさわしいものを以下から一つ選び，その記号をマークしなさい。

a．意見の相違が起きそうになった場合，自己主張しないようにする。

b．意見の相違が起きないような人間関係を構築するようにしよう。

c．意見の相違が起きることは，私たちの社会では避けられない。

d．意見の相違が起きた場合は，独力で解決しようとすることが大切である。

10. 本文の題名として最もふさわしいものを一つ選び，その記号をマークしなさい。

a．How to Get Rid of Conflicts in Families

b．Solving Conflicts by Ignoring Others

c．How to Win Conflicts

d．Learning How to Deal with Conflicts

日本史

（60分）

I　次の文章を読み，設問に答えなさい。

1998年，ときの①橋本龍太郎内閣が中央省庁等改革基本法を成立させた結果，2001年1月から，政府の省庁再編がおこなわれ，1府22省庁から1府12省庁になり，官僚組織が大きく変化した。日本の歴史上，ひとりの独裁者や少数の貴族などによる政治体制というのはきわめてまれで，指導者のもとに官僚組織やそれと同等な組織が編成されることが多かった。このような支配のあり方について，江戸時代初期まで概観してみよう。

古くヤマト政権のもとでは，②5世紀から6世紀ごろにかけて，氏姓制度とよばれる支配の仕組みが出来ていたと見られる。豪族たちは，血縁などをもとに氏とよばれる組織を編成し，その単位をもってヤマト政権に奉仕していた。彼らは，臣や連などの，姓（カバネ）とよばれる称号を大王から与えられた。

この姓は代々世襲されるものだったようだが，［　a　］天皇の治世になり，603年に冠位十二階が制定されると，才能や功績に従って個人に冠位が与えられるようになり，昇進することも可能であった。その結果，氏族単位による王権組織の再編成が進められたのである。また，翌604年に定められたとされる③憲法十七条にも，官吏としてまもるべき心構えが記されている。

遣隋使・遣唐使の派遣にともない，中国大陸の政治システムを学んだ留学生たちの知識をもとに，これまでの制度をあらため，強力な中央集権国家をつくろうという動きが高まった。645年，中大兄皇子は中臣鎌足らとともに，蘇我本宗家を滅ぼして政権をにぎると，それまでとは異なり左大臣・右大臣を置き，中臣鎌足を［　b　］に任命するなどして，国政改革を進めていった。

その後も中央官僚組織の充実がはかられたが，701年に大宝律令が完成すると，政治の仕組みもほぼととのった。中央行政組織には，行政全般を管轄する太政官と祭祀をつかさどる［　c　］の二官があり，太政官のもとで八省が政務を分担した。また，それらとは独立して風俗取り締まり，官吏の監察などをおこなう弾正台や，宮城などの警備をおこなう五衛府が設置された。このような官僚制度は，奈良時代をとおしてある程度維持された。

その後，長岡京・平安京に④遷都され，⑤平安時代になると，律令制が日本の実情にそって大きく修正されるようになっていった。中央官僚組織も，薬子の変（平城太上天皇の変）に際して機密保持のために蔵人頭が設置され，また，平安京内の秩序維持のために検非違使が設置された。

源頼朝によって幕府がひらかれ鎌倉時代⑥にはいると，簡素ながら支配機構も設置されていった。御家人を組織・統制する侍所，政務や財政をつかさどる公文所（のちに政所と改称），訴訟を担当する問注所が置かれた。朝廷の下級貴族出身者も幕政に参加しており，たとえば問注所の初代長官は［　d　］であった。

その後，源氏将軍が三代で途絶えると，北条氏が執権とよばれる地位を世襲するようになり，鎌倉幕府の実権を握るようになっていった。さらに3代執権の北条泰時は，承久の乱後の幕府の政治システムを発展させていった。執権の補佐役として［　e　］を置いて北条氏一族の有力者をあて，さらに有力な御家人や政務に優れた人物を評定衆に選んだ。彼らに幕府の政務処理や裁判を担当させ，合議制にもとづく政治がおこなわれた。

鎌倉時代後期になると，北条氏本家である得宗の勢いが強くなり，得宗家の家臣である御内人が幕府政治を主導するようになった。評定衆による合議は実質的に機能しなくなり，得宗家の専制が強まると，幕府は御家人から批判をうけるようになった。

このような幕府の動揺のもと，朝廷では政治の実権を取り戻そうと考える天皇も現れた。後醍醐天皇⑦である。後醍醐天皇は何度かの討幕を試みて挫折したものの，最終的には有力御家人である足利高氏（のちの尊氏）や新田義貞の協力のもと，幕府を滅ぼした。後醍醐天皇は建武の新政とよばれる新しい政治をはじめ，記録所や雑訴決断所を設置した。天皇への権限集中をはかり，すべての土地所有権にかんしては天皇の［　f　］とよばれる文書が必要であるという法令を出した。しかしこのような政策は，それまでの武士社会の慣習と相いれず，彼らの不満を引き起こした。そのため足利尊氏は後醍醐天皇に反旗を翻し，北朝の天皇をいただいて征夷大将軍に任命されて，室町幕府をひらいた。

その後，3代将軍義満の時代になると，しだいに幕府の機構も整備されていった。将軍を補佐するために足利一門の者が選ばれて管領が任命され，侍所や政所などの中央諸機関を管轄した。京都内外の刑事裁判や警備を管轄した侍所の長官には，赤松・一色・山名・［　g　］の4氏（四職）から任命されることが慣例であった。室町幕府では，有力守護が在京して幕府の運営に参加していたので，その領国は主に守護代によって統治されていた。

江戸時代⑧になると，徳川家康・秀忠時代に側近たちがその職制を担っていたのをあらため，3代将軍家光のころまでに行政組織が整備されるようになった。老中が任命され，将軍のもとで政務を取りまとめた。若年寄は，老中を補佐するとともに，旗本・御家人にかんする政務を扱った。老中のもとに大目付・町奉行・勘定奉行などが設置された。

〔設　問〕

(1)　空欄a～gにあてはまる語を解答用紙B面の所定欄に記入しなさい。

(2)　下線部①～⑧にかんして，下記の問にたいする答を1つずつ選び，解答用紙A面の所定欄にマークしなさい。

①　橋本龍太郎内閣成立以後の出来事として，適切なものはどれか。

(ア)　昭和天皇が亡くなり，元号が平成にかわった。

(イ)　PKO協力法が成立し，その年に自衛隊がカンボジアに派遣された。

(ウ)　自由民主党による長期政権が終焉し，いわゆる55年体制が崩壊した。

(エ)　阪神・淡路大震災と，オウム真理教による地下鉄サリン事件がおこった。

(オ)　ときの首相が北朝鮮を訪問し，国交正常化を目指し日朝平壌宣言が発表された。

②　5世紀から6世紀にかんする次の記述のうち，適切でないものはどれか。

(ア)　国造であった磐井が九州で反乱を起こした。

(イ)　大臣の蘇我馬子が，大連の物部守屋を滅ぼした。

(ウ)　ヤマト政権の直轄地である屯倉が各地に設置された。

(エ)　七支刀によれば，倭が海を渡って朝鮮半島に出向いた。

(オ)　ヤマト政権と密接な関係にあった加耶（伽耶）諸国が百済・新羅に併合された。

③　憲法十七条に記されている文章を書き下したものとして，適切なものはどれか。

(ア)「旧の賦役を罷めて田の調を行へ」

(イ)「広く会議を興し万機公論に決すべし」

(ウ)「人たるもの五倫の道を正しくすべき事」

(エ)「和を以て貴しとなし，忤ふること無きを宗とせよ」

(オ)「其の子無きの女人等，所領を養子に譲り与ふる事，不易の法勝計すべからず」

④　遷都にかんして，古代の都が移動した順番として，適切なものはどれか。

(ア)　平城京→恭仁京→難波宮→紫香楽宮→長岡京

(イ)　平城京→恭仁京→難波宮→紫香楽宮→平城京

(ウ)　平城京→紫香楽宮→難波宮→恭仁京→平城京

(エ)　平城京→難波宮→恭仁京→紫香楽宮→長岡京

(オ)　平城京→難波宮→恭仁京→紫香楽宮→平城京

⑤　平安時代にかんする次の記述のうち，適切でないものはどれか。

(ア)　律令の規定を修正する格や，施行上の細則である式が制定された。

(イ)　藤原冬嗣は嵯峨天皇の信任を得，のちの仁明天皇に娘を嫁がせた。

(ウ)　10世紀にはいると，漢字の草書体をもとにした平仮名がうまれた。

(エ)　醍醐天皇や村上天皇の時期には，摂政・関白が置かれないこともあった。

(オ)　白木造・檜皮葺で，主に寝殿と対屋からなる寝殿造とよばれる住宅様式が発達した。

⑥　鎌倉時代にかんする次の記述のうち，適切でないものはどれか。

(ア)　平頼綱が討伐された。

(イ)　梶原景時が討伐された。

(ウ)　土岐康行が討伐された。

(エ)　畠山重忠が討伐された。

(オ)　北条高時が執権に就任した。

⑦　下の地図Aは，現在の日本列島（北海道や沖縄などを除く）の地図である。後醍醐天皇の討幕計画が発覚したのち，1332年に配流された場所を囲んだものとして，適切なものはどれか。

⑧　江戸時代にかんする次の記述のうち，適切でないものはどれか。

(ア)　18世紀初頭に富士山の大噴火がおこり，周辺地域に甚大な被害をもたらした。

(イ)　天保の改革で水野忠邦は，株仲間の解散を命じ，商人の自由な営業を認めて，物価引き下げを期待した。

(ウ)　松平定信が老中を辞任したあと，11代将軍家斉はしばらくのあいだ，定信の政治理念である質素倹約の精神を継承した。

(エ)　18世紀後半，藩政改革がおこなわれた。改革に成功した名君として，熊本藩の細川重賢や，秋田藩の佐竹義和があげられる。

(オ)　江戸時代当初からほとんどの藩では家臣団を編成したものの，彼らに領地をあたえず，年貢を蔵米として支給する俸禄制度を採用した。

A

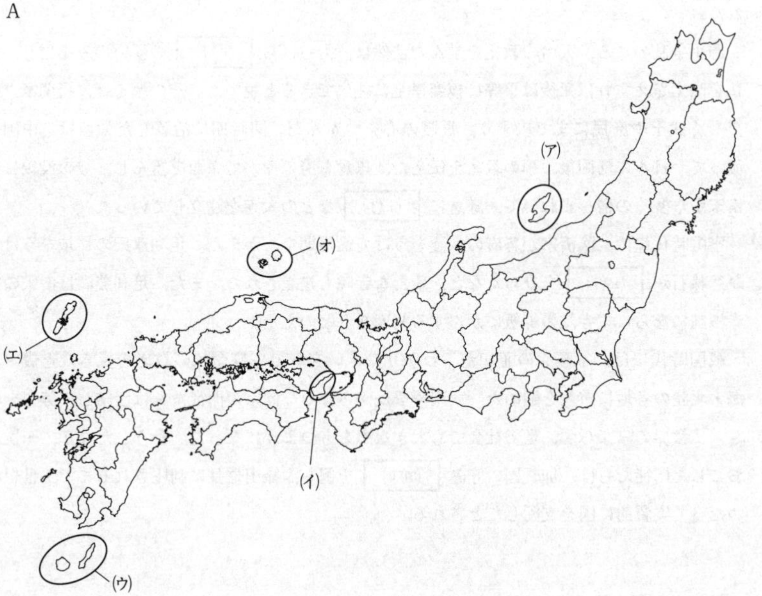

Ⅱ　次のAとBの文章を読み，文中の空欄(a)(b)〜(m)(n)にはいる，もっとも適切な語句を語群より選び，その番号を解答用紙A面の所定欄にマークしなさい。なお，選択肢はすべて2ケタの数字であり，空欄内の左側のアルファベットは10の位を，また右側のアルファベットは1の位をあらわすこととする。

A　朝鮮半島から公式に伝えられた仏教は，飛鳥時代に，豪族や王族によって広められた。都を中心に大きな寺院がつくられ，これらは権威の象徴となった。天武天皇の治世には，(a)(b)　など国家が維持・管理をおこなう大寺院が建立され，仏教興隆が国家的に推進されている。

奈良時代になると，仏教は，国家の保護をうけてますます栄えた。もっともあいつぐ大寺院の造営は，国家財政への大きな負担となり，政治に介入する僧も現れて混乱が引き起こされた。桓武天皇はこのような弊害を好まなかったため，新京遷都にあたって諸寺院を移転させなかった。その一方，唐に留学した最澄がひらいた天台宗など，新しい仏教が支持されるようになった。最澄は，独自に弟子を養成して僧の資格を与えることを目指していたが，南都諸宗から激しい反対をうけることとなった。最澄はその反論として『　(c)(d)　』を著した。

摂関時代には，現世の不安から逃れようと，浄土教が流行した。浄土教は，基本的に　(e)(f)　を信仰し，来世において極楽浄土に往生することを願うものである。この教えは院政期になると，特定の寺院に属さない　(g)(h)　とよばれた人たちによって全国に布教された。

源平争乱のころ，天台の教えを学んだ法然は，もっぱら　(e)(f)　の誓いのみを信じ，念仏を唱えさえすれば死後は平等に極楽浄土に往生できると説いた。その教えは，摂関家だけでなく武士や庶民にまで広まり，貴賤の心をつかんだ。同時期に活躍した栄西は，中国に渡って，日本に帰国後，禅の教えを伝えた。鎌倉幕府はやがて栄西を重んじ，彼の没後には南宋から多くの僧をまねいて，鎌倉に　(i)(j)　などの大寺を建立していった。

室町時代には，臨済宗が幕府の保護をうけて最盛期をむかえた。足利尊氏の帰依をうけた夢窓疎石が　(k)(l)　をひらくなど，新たな寺院も建立された。また，足利義満は南宋の官寺の制にならって寺院の等級にかんする制度をととのえた。

戦国時代には，本願寺の蓮如が，わかりやすい文章で専修念仏の教えを説き，近畿・東海・北陸の各地に布教を進めた。武士や農民からなる一向宗の門徒たちは団結して勢力を増し，仏教界のみならず，世俗社会でも大きな力をもつようになった。そうしたなか，一揆をおこした門徒たちは，加賀国の守護　(m)(n)　を倒し，織田信長に制圧されるまで1世紀にわたって実質的に国を支配したとされる。

B　明治政府は，富国強兵を実現するために，自ら工場を経営するなどして産業の保護や育成をはかった。たとえば輸出増大のため品質改善と模範工女の養成を目指した富岡製糸場が現在の［(a)(b)］県に設立され，全国から集められた多くの工女が新しい技術を習得して各地に伝えていった。

工場で働く人々は，その労働力と引き換えに賃金を得た。なお，官営工場の多くは，のちに民間に売り渡されることとなる。戦費調達や紙幣増発により急速にインフレーションが進行し，国家財政の危機におちいったからである。1881年に大蔵卿に就任した［(c)(d)］は，増税による歳入増加，軍事費以外の歳出緊縮をおこなって危機を打開していった。厳しい財政の引き締めにより，米などの物価は著しく下落し，全国的に深刻な不況となった。

産業革命期の民間工場労働者は女性が多数を占める一方で，男性の労働者は重工業や鉱山・運輸産業に従事した。いずれも，劣悪な労働環境のもと，低い賃金で長時間労働を強いられたことがわかっている。その過酷な実態は，［(e)(f)］の『日本之下層社会』などで明らかにされている。

労働者の待遇改善を求める労働争議は，日清戦争後に増加した。1897年，アメリカでの経験をうけて［(g)(h)］らは労働組合期成会を結成し，労働運動の指導に乗り出した。この頃になると，労働者が団結して資本家に対抗する動きが本格化してくる。政府は法律を制定して労働者の権利を制限し，労働運動の取り締まりをおこなった。その反面，労働条件を改善して労資対立を緩和しようとする動きもあった。

第一次世界大戦後には，ふたたび労働運動が活発となり，労働者の祭典であるメーデーもはじまった。また，1922年，小作人の全国組織である［(i)(j)］も結成された。その後，昭和初期の恐慌下で労働争議や小作争議が激増したが，戦争の拡大により，産業や経済は国家の直接統制下に置かれることとなった。

敗戦後の日本では，占領政策として労働組合の育成が進められ，労働者の団結権・団体交渉権・争議権が保障された。労働組合の結成が進み，1946年には，全国組織として右派の日本労働組合総同盟（総同盟），左派の［(k)(l)］が組織された。大衆運動の高揚を背景に戦後2度目の総選挙では日本社会党が第1党となり，同党の片山哲を首班とする3党連立内閣のもとで労働省が設置された。しかし，この内閣は炭鉱国家管理問題などをめぐる内部対立により半年あまりで総辞職し，ついで［(m)(n)］が内閣を組織した。

〔語　群〕

01　愛知	02　朝倉孝景	03　芦田均
04　阿弥陀仏	05　石橋湛山	06　井上馨
07　永平寺	08　大隈重信	09　陰陽師
10　桂太郎	11　金閣	12　群馬

13 顕戒論　14 建長寺　15 建仁寺
16 興福寺　17 西光万吉　18 西大寺
19 堺利彦　20 三教指帰　21 幣原喜重郎
22 斯波義敏　23 修験者　24 清浄光寺
25 浄妙寺　26 性霊集　27 白拍子
28 鈴木文治　29 全国農民組合　30 全国労働組合総連合（全労連）
31 全日本産業別労働組合会議（産別会議）　32 大官大寺
33 大徳寺　34 高野房太郎　35 田中正造
36 天龍寺　37 富樫政親　38 南禅寺
39 西川光二郎　40 入唐求法巡礼行記　41 日本農民組合
42 日本労働組合総連合会（連合）　43 日本労働総同盟
44 農業協同組合　45 農地委員会　46 畠山義就
47 聖　48 福岡　49 不動明王
50 文鏡秘府論　51 法興寺　52 法華経
53 松方正義　54 薬師仏　55 山形
56 山本作兵衛　57 山本茂実　58 横山源之助
59 吉田茂

Ⅲ 次のA～Gの文章を読み，設問に答えなさい。

A （和銅四年冬十月甲子）詔して曰く，「夫れ銭の用なるは，財を通して有无を貿易する所以なり。当今，百姓なお習俗に迷ひて未だ其の理を解せず。僅に売買すと雖も，猶ほ銭を蓄ふる者无し。其の多少に随ひて節級して位を授けよ。……」と。

B ……ヲレラカコノムキマカヌモノナラハ，メコトモヲヲイコメ，ミヽヲキリ，ハナヲソキ，カミヲキリテ，アマニナシテ，ナワ・ホタシヲウチテ，サエナマント候ウテ，せメせンカウせラレ候アイタ，ヲンサイモクイヨ〱ヲソナワリ候イヌ。

C 一五四九年八月，聖母の祝日，サンタ＝フェーのパウロの故国なる［ ア ］に着きたり。彼の親戚その他は大なる愛情を示して我等を迎へたり。

日本につきては我等が見聞して知り得たるところを左に述ぶべし。第一我等が今日まで交際したる人は新発見地中の最良なる者にして，異教徒中には日本人に優れたる者を見ること能はざるべしと思はる。この国の人は礼節を重んじ，一般に善良にして悪心を懐かず，何よりも名誉を大切とするは驚くべきことなり。国民は一般に貧窮にして，武士の間にも武士にあらざる者の間にも貧窮を恥辱と思はず。彼等の間にはキリスト教諸国にありと思はれざるもの一つあり。すなわち武士は甚だ貧しきも，武士にあらずして大なる富を有する者これを大に尊敬して，甚だ富裕なる者に対するがごとくすることなり。また武士甚だ貧しくして多額の財産を贈らるるも，決して武士にあらざる階級の者と結婚することなし。

D　……今度武州寺尾村同国代場村の者，病馬之を捨て，不届の至に候。死罪にも仰せ付けらるべく候え共，此度ハ先命御たすけ，流罪仰せ付けられ候。向後，相背に於ては，急度曲事仰せ付けらるべく候条，御料は御代官，私領は地頭より前方仰せ出され候趣，弥堅相守り候様，念を入れ申し付くべき者也。

E　今般［　イ　］改正ニ付，旧来田畑貢納ノ法ハ悉皆相廃シ，更ニ地券調査相済次第，土地ノ代価ニ随ヒ百分ノ三ヲ以テ［　イ　］ト相定ムヘキ旨仰セ出サレ候条，改正ノ旨趣別紙条例ノ通相心得ヘシ。

F　我等ハ茲ニ我［　ウ　］国ノ独立タルコト及［　ウ　］人ノ自由民タルコトヲ宣言ス。……是レ天ノ明命，時代ノ大勢，全人類共存同生権ノ正当ナル発動ナリ。天下何物ト雖モ此ヲ沮止抑制シ得ズ。旧時代ノ遺物タル侵略主義，強権主義ノ犠牲トナリテ有史以来累千年，初メテ異民族箝制ノ痛苦ヲ嘗メテヨリ茲ニ十年ヲ過ギタリ。我生存権ノ剝喪シタル凡ソ幾何ゾ，心霊上発展ノ障礙タル凡ソ幾何ゾ，民族的尊栄ノ毀損タル凡ソ幾何ゾ，新鋭ト独創トヲ以テ世界文化ノ大潮流ニ寄与補裨スベキ機縁ヲ遺失シタル凡ソ幾何ゾ。

G　(1)計画の目的

国民［　エ　］計画は，速やかに国民総生産を倍増して，雇用の増大による完全雇用の達成をはかり，国民の生活水準を大幅に引き上げることを目的とするものでなければならない。この場合とくに農業と非農業間，大企業と中小企業間，地域相互間ならびに所得階層間に存在する生活上および所得上の格差の是正につとめ，もって国民経済と国民生活の均衡ある発展を期さなければならない。

〔設　問〕

(1)　次のａ～ｇの問にたいする答を解答用紙Ｂ面の所定欄に記入しなさい。

ａ　文章Ａは，711年に出された法令の一部である。この法令を何というか。

ｂ　文章Ｂは，1275年，ある荘園の農民が地頭の非法を訴えるために書かれたものである。この荘園を何というか。

c　文章Cは，ある西洋人が記した手紙の一部である。文中の［ア］にはいる言葉を答えよ。

d　文章Dは，1687年に出された江戸幕府の法令の一部である。このときの将軍は誰か。

e　文章Eは，1873年に出された法令の一部である。文中の［イ］にはいる言葉を漢字2文字で答えよ。

f　文章Fの文中にある［ウ］にはいる言葉を漢字2文字で答えよ。

g　文章Gは，1960年に成立した池田勇人内閣が掲げた新政策について説明した文書の一部である。［エ］にはいる言葉を漢字4文字で答えよ。

(2)　次の①～⑦の問にたいする答を1つずつ選び，解答用紙B面の所定欄にマークしなさい。

①　文章Aに関連し，奈良時代に活躍した歌人として適切な人物は誰か。

(ア)　在原業平

(イ)　大友黒主

(ウ)　小野道風

(エ)　文屋康秀

(オ)　山部赤人

②　文章Bに関連し，鎌倉時代にかんする次の記述のうち，適切でないものはどれか。

(ア)　遠隔地での決済に為替が用いられた。

(イ)　後鳥羽上皇は北条義時追討の号令を発した。

(ウ)　悪党とよばれる武力集団の活動が各地に広がった。

(エ)　尾張では大陸の影響をうけた瀬戸焼が生産された。

(オ)　大仏様の建築様式をとりいれた円覚寺舎利殿がつくられた。

③　文章Cに関連し，キリスト教にかんする次の記述のうち，適切でないものはどれか。

(ア)　宣教師の養成機関としてコレジオがつくられた。

(イ)　天正遣欧使節団がローマ教皇のもとに派遣された。

(ウ)　豊後の戦国大名である大友義鎮はキリスト教の洗礼をうけた。

(エ)　宣教師たちは天文学，医学，地理学などの新たな技術や学問を伝えた。

(オ)　豊臣秀吉はバテレン追放令を出して，スペイン・ポルトガルとの貿易を禁止した。

④　文章Dに関連し，設問(1)dの人物が将軍をつとめていた時期に実施された政策として，適切なものはどれか。

(ア)　閑院宮家を創設し，朝廷との結びつきを強めた。

(イ)　海船互市新例を定めて，年間の貿易量を制限した。

(ウ)　武家諸法度（寛文令）を発布し，あわせて殉死の禁止を命じた。

(エ)　慶安の変が発生し，これをきっかけに末期養子の禁を緩和した。

(オ)　服忌令を発布し，近親者の死に際して喪に服すべき期間を定めた。

⑤　文章Eに関連し，明治政府によっておこなわれた諸政策にかんする次の記述のうち，適切なものはどれか。

(ア)　琉球と北海道に開拓使が設置された。

(イ)　工部省が，上野で内国勧業博覧会を開催した。

(ウ)　渋沢栄一が中心となって国立銀行条例を制定した。

(エ)　大教宣布の詔が発せられ，仏教の国教化政策が推し進められた。

(オ)　新貨条例において，金貨と交換できる兌換紙幣の発行が定められた。

⑥　文章Fの作成から，もっとも近い時期におきた出来事は次のうちどれか。

(ア)　日本が国際連盟を脱退した。

(イ)　日露戦争が終結し，ポーツマス条約が結ばれた。

(ウ)　第一次世界大戦が終結し，ベルサイユ条約が結ばれた。

(エ)　日本がポツダム宣言を受諾し，第二次世界大戦が終結した。

(オ)　サンフランシスコ平和条約が結ばれ，日本は主権を回復した。

⑦　文章Gに関連し，1960年代の出来事にかんする次の記述のうち，適切でないものはどれか。

(ア)　農業基本法が制定された。

(イ)　美濃部亮吉が東京都知事に就任した。

(ウ)　日本の経済協力開発機構（OECD）加盟が実現した。

(エ)　四大公害裁判は，原告である住民側の敗訴におわった。

(オ)　東京オリンピックと同じ年に，東京・大阪間で新幹線が開業した。

■世界史■

（60分）

I　次のA～Cの文章を読み，設問⑴～⑽に対する答えをそれぞれ①～⑤から1つ選んで，その記号を解答用紙の所定欄にマークしなさい。

A　野生の麦類の栽培と偶蹄類の家畜化を背景にメソポタミア文明と$_{1}$エジプト文明が形成され，やがて，両文明を含むオリエント地域を統一する勢力があらわれた。それが，前9世紀以降に台頭したアッシリアである。しかし，その属州支配は多くの反発と反乱をまねき，アッシリアは前7世紀末に都ニネヴェが陥落して滅亡した。その後，$_{2}$リディア，新バビロニア，エジプト，メディアの4王国が分立したが，いずれもスサにおこったアケメネス朝により征服され，オリエントは再び統一された。

$_{3}$アケメネス朝のオリエント支配は比較的長く続いたが，前5世紀前半のギリシア征服戦争（ペルシア戦争）に失敗し，さらに前4世紀後半には，マケドニアのアレクサンドロスに攻め込まれて，終焉を迎えた。アレクサンドロス没後のオリエント世界では，各地に設けられたギリシア風の都市にギリシア人が移住し，ヘレニズム諸王国が成立した。

いっぽう，西方におこったローマと東方におこったパルティアは，ヘレニズム諸王国を制圧しながら，メソポタミア近辺をめぐって激しい抗争を続けた。パルティアはササン朝にとって代わられたが，ササン朝もローマとの激しい攻防を繰り広げた。

アケメネス朝とパルティア，そしてササン朝もイラン系の王朝であり，この地にはイラン人を中心とした統治構造と官僚制度を備えた伝統が形成され，後世にも多大な影響を残した。

〈設問〉

⑴　下線部1に関する記述としてもっとも適切なものは，次のうちどれか。　［1］

① アメンホテプ4世（イクナートン）はアトン神を唯一神とする宗教改革を断行した。
② 「エジプトはナイルのたまもの」と伝えたのは，トゥキディデスである。
③ 中王国時代末期，ヒクソスがスーダンから侵入してエジプトを支配した。
④ ラメス（ラメセス）2世はカデシュの戦いで，ヒッタイトを滅ぼした。
⑤ ロゼッタ=ストーンは線文字Bの解読の手がかりになった。

(2)　下線部2に関する記述としてもっとも適切なものは，次のうちどれか。　**2**

① サルゴン1世はユダ王国を滅ぼし，住民を都に連行した。

② 新バビロニア王国のハンムラビ王は，法に基づく強力な政治をおこなった。

③ 当時のエジプト王国では，クフ王らによってピラミッドが盛んに建設された。

④ メディア王国は小アジアに建国した。

⑤ リディア王国は世界史上はじめて貴金属製の貨幣をつくった。

(3)　下線部3に関する記述としてもっとも適切なものは，次のうちどれか。　**3**

① キュロス2世は新バビロニア王国から自立した後に，征服活動を開始した。

② スサ・サルデス（サルディス）間など，王都と地方を結ぶ「王の道」が設けられ，駅伝制が敷かれた。

③ ゾロアスター教が信仰されていたが，末期にマニ教が国教となった。

④ 武断主義的な属州支配により，支配下にあった民族特有の文化は急速に衰えた。

⑤ ペルシア戦争の発端となったイオニアの反乱は，エフェソスを中心に始まった。

B　7世紀にアラビア半島で勃興したイスラームは，$_4$正統カリフ時代からウマイヤ朝時代に急速にその勢力を拡大し，西方では東ローマ帝国（ビザンツ帝国）からシリアやエジプトなどの領土を奪い，北アフリカ沿岸を西進してイベリア半島までをも制圧した。東方ではササン朝ペルシアを征服して，さらに内陸アジアへと支配を拡大させた。しかし，8世紀半ば，ウマイヤ朝は革命運動により倒され，代わりにアッバース朝が成立した。アッバース朝はティグリス河畔に都(　5　)を建設した。いっぽう，ウマイヤ朝の一族はイベリア半島に逃れ，コルドバを都に後ウマイヤ朝を建てたため，イスラーム世界は政治的に分裂することになった。

イスラーム文化は，アラブ固有の文化に各地の文化遺産を積極的に吸収して織り込んだことから，時代や民族の枠を超えた普遍的で高度なレベルに到達した。アッバース朝時代，(　5　)の「知恵の館（バイト=アルヒクマ）」では，ギリシア語文献のアラビア語への翻訳が組織的に進められ，さらにイランやインドの学問もとりいれられた。特に$_6$この時期，十進法や数字，またゼロの概念をインドから学んで計算が便利になり，代数学が発達した。哲学と医学の分野では，(　7　)がギリシア哲学を研究してイスラーム哲学を体系化するとともに，彼が書いた『医学典範』はラテン語に翻訳され，西ヨーロッパ医学の原点の一つとなった。また，技術面でも，西アジア一帯における運河開削，地下水路開掘にかかわる技術は，各地の灌漑施設を充実させ農業生産を向上させることとなった。

〈設問〉

(4) 下線部4に関する記述としてもっとも適切なものは，次のうちどれか。 4

① ウマイヤ朝はシリア総督ムアーウィヤによりひらかれた。

② ウマイヤ朝は東ゴート王国を滅ぼした。

③ この時期のカリフは，アラブ軍兵士のためにイクター制を実施した。

④ ササン朝滅亡のきっかけとなった戦いは，タラス河畔でおこなわれた。

⑤ シーア派は，正統カリフ，ウマイヤ朝とつづいた政権の正統性を認めた。

(5) 空欄5に入る地名は，次のうちどれか。 5

① イスファハーン

② サマルカンド

③ ダマスクス

④ バグダード

⑤ ペルセポリス

(6) 下線部6の時代の代数学を代表する学者としてもっとも適切な人物は，次のうち誰か。 6

① イブン=ルシュド

② ウマル=ハイヤーム

③ フィルドゥシー

④ フワーリズミー

⑤ ラシード=アッディーン

(7) 空欄7に入る人物のラテン名は，次のうちどれか。 7

① アヴィケンナ

② アヴェロエス

③ アベラール

④ トマス=アクィナス

⑤ ベネディクトゥス

C 第一次世界大戦で戦場となった西アジアのアラブ地域は，イギリスの矛盾する秘密外交に翻弄された。イギリスがフセイン・マクマホン協定でアラブ国家の独立を約束したことをうけ，アラブ人は対オスマン帝国戦に参戦したものの，この約束は戦後反故にされ，イギリスとフランスと(　8　)との間に結ばれたサイクス・ピコ協定が優先された。その結果，

（　9　）はフランスの，イラク・パレスチナなどはイギリスの委任統治下におかれた。また，ユダヤ人に「民族的郷土（ナショナル=ホーム）」の設立を認めたバルフォア宣言を背景に，世界各地からユダヤ人がパレスチナに移住し，$_{10}$現在につながるパレスチナ紛争の原因となった。

〈設問〉

(8)　空欄8に入る国は，次のうちどれか。　**8**

①　アメリカ
②　イタリア
③　オランダ
④　スペイン
⑤　ロシア

(9)　空欄9に入る地域は，次のうちどれか。　**9**

①　アラビア半島
②　イラン
③　エジプト
④　シナイ半島
⑤　シリア

(10)　下線部10に関する記述a～cの正誤の組合せとしてもっとも適切なものは，次のうちどれか。　**10**

a　国際連合によってアラブ人地域とユダヤ人地域の分割案が提示され，アラブ連盟はこれを受け入れた。

b　イギリス・フランスはスエズ運河の国有化に反発して，イスラエルとともにエジプトに侵攻した。

c　第4次中東戦争にさいしてアラブ産油国は，石油価格を大幅に引き下げた。

①　すべて誤り
②　aのみ正しい
③　bのみ正しい
④　cのみ正しい
⑤　すべて正しい

Ⅱ　次の文章を読み，設問(1)〜(10)に対する答えをそれぞれ①〜⑤から１つ選んで，その記号を解答用紙の所定欄にマークしなさい。

ローマは古代から，税や貢納，あるいは寄付など他から送られてくる富に支えられてきた稀有な存在である。そのローマが古代以来整えてきたさまざまな制度や法の体系は，後世に多大な影響を与えてきた。たとえば，共和政ローマの呼称「ローマ元老院ならびに民衆Senatus Populusque Romanus」の略号S.P.Q.R.は，ローマが支配した各地の建造物に刻印されたが，ローマでは今でも公共建築はもちろんのこと，バス，マンホールの蓋からゴミ箱にいたるまで，S.P.Q.R.と表示されている。共和政の理念をあらわすこのマークは後の欧米各国にも受け継がれ，アムステルダムの市庁舎にはS.P.Q.A.，ハンブルクの市庁舎にはS.P.Q.H.，シカゴの裁判所にはS.P.Q.C.と刻まれるなど，ローマの影響の一端を垣間見ることができよう。

$_{1}$ローマは前509年にエトルリア系の王を追放して，共和政に移行した。政権を握った貴族（パトリキ）に対して，平民（プレブス）は参政権と債務奴隷化の阻止などを要求して身分闘争を展開した。このプレブスの要求は，ローマの征服活動と連動していた。前396年のウェイイ征服後に，ローマの征服活動は活発になり，パトリキは武具を自弁して重装歩兵として従軍するプレブスに譲歩していった。そして，$_{2}$前367年のリキニウス・セクスティウス法や前287年のホルテンシウス法などにより，長く続いた身分闘争は表面的には終了した。しかし，いくら譲歩をかさねても，政治的実権は有力貴族の集まる元老院から離れることはなく，征服活動からもたらされる支配の果実はローマ全体を潤した。イタリア半島の都市は，前３世紀前半までにローマの支配下に入り，その市民たちは征服戦争に駆り出されていった。こうした都市は，植民市，自治市，同盟市として区分され，結束してローマに対抗しないように個別にローマと条約を結ばされた。

$_{3}$半島外の海外領土は属州とされ，総督がローマから派遣されて行政にあたった。市民権を制限したギリシアのポリスとは異なり，ローマは服属した住民の一部にローマ市民権を与えて懐柔することで，広大な領域を支配することになった。

前146年は，大きな節目の年となった。この年に，$_{4}$ローマは３次にわたるポエニ戦争を通じて長年西地中海の覇権を争ってきたカルタゴを最終的に破り，文字通り破壊した。また，ギリシアではマケドニアに続き，ペロポネソス半島のアカイア同盟を打倒し，同盟の中心コリントスも徹底的に破壊した。

この間，ローマ人はギリシア文化に深く傾倒するようになっていたため，$_{5}$多くの知識人や文人たちがギリシア・ヘレニズム世界からローマに招聘され，多大な影響を与えることとなった。

征服活動と並行して，ローマの政治と社会は大きな変革期を迎えていた。前２世紀末，ローマは$_{6}$「内乱の1世紀」と呼ばれる時代に突入し，閥族派と平民派との間で激しい政争がくりひろげられた。前1世紀になると，土地を喪失した中小農民や下層民も市民権さえもっていれば，有力なパトリキやノビレス（新貴族）の庇護民（クリエンテス）となることで，生活が保障されるようになった。政界を左右する有力者（パトロン）はクリエンテスを家族ごと食客として抱え込み，戦時には私兵として戦陣に駆り出し，公職に立候補する際には票田として利用するようになった。

第2回三頭政治を経て権力の頂点に立ったオクタウィアヌスは，エジプトを制圧してローマに凱旋し，内乱を終結させた。彼は自ら「市民のなかの第一人者」を意味する（　7　）と称し，共和政の仕組みをまといながら事実上の一人支配を始めた。これをもってローマは帝政時代に入ったとされる。

その後約2世紀にわたって続く$_{8}$「ローマの平和（パクス=ロマーナ）」の時代，広大な領域内では$_{9}$ローマ風の都市が多数建設された。主要都市は規格化された街道で結ばれ，一定の距離ごとに宿駅が置かれ，公用の駅伝馬車が疾走した。

$_{10}$パクス=ロマーナ期，東西交流も活発におこなわれた。陸上の絹の道（シルク=ロード）や草原の道（ステップ=ロード）に加えて，季節風を利用した海上交易も盛んになり，その航路の海の道（マリン=ロード）は，地中海から，紅海，アラビア海，ベンガル湾，南シナ海に達した。

〈設問〉

(1)　下線部1にもっとも近い時期にギリシアで起きた出来事は，次のうちどれか。　11

①　カイロネイアの戦い
②　クレイステネスの改革
③　パルテノン神殿の完成
④　ペロポネソス戦争の勃発
⑤　ミケーネ文明の崩壊

(2)　下線部2の内容を説明する文章としてもっとも適切なものは，次のうちどれか。　12

①　護民官が設置された。
②　コンスルのうち一人は平民から選ばれるようになった。
③　初めて慣習法が成文化された。
④　平民会の決議が元老院の認可なしに国法となることが定められた。
⑤　平民だけが参加できる民会（平民会）が設けられた。

(3)　下線部3に関する記述としてもっとも適切なものは，次のうちどれか。　13

① 元老院議員が属州総督に任命されることはなかった。

② 属州が増えるにつれ，奴隷は使役されなくなった。

③ 属州で富を集積した有力者は，おもにコロヌスを用いたラティフンディア経営をおこなった。

④ 属州での徴税は，富裕者だった騎士（エクイテス）が請け負った。

⑤ ローマが最初に設置した属州は，ダキア州であった。

(4)　下線部4に関する記述としてもっとも適切なものは，次のうちどれか。　14

① カルタゴはアラム人の植民市として建設された。

② カルタゴは現在の南フランス沿岸部にたてられた都市国家だった。

③ 第1次ポエニ戦争は，クレタ島をめぐって始まった。

④ 第3次ポエニ戦争でカルタゴを最終的に破ったのは，平民派のスラである。

⑤ ローマは第2次ポエニ戦争でハンニバルに苦しめられたが，ザマの戦いで彼を破った。

(5)　下線部5に関する記述としてもっとも適切なものは，次のうちどれか。　15

① エピクテトスはエピクロス派の哲学者として活躍した。

② ストラボンは『ゲルマニア』を著した。

③ プトレマイオスは地動説を唱えた。

④ プルタルコスは『博物誌』によって当時の自然科学を集大成した。

⑤ ポリビオスは政体循環史観で知られる。

(6)　下線部6に関する記述としてもっとも適切なものは，次のうちどれか。　16

① グラックス兄弟は大土地所有制をさらに促進しようとしたが，失敗した。

② この時期に，剣闘士スパルタクス率いる大反乱が起こった。

③ 同盟市戦争後，ローマはそれまで与えていたローマ市民権を諸都市から剥奪した。

④ ポンペイウスはガリア遠征により名声を高めた。

⑤ マリウスは志願兵制を廃止して，市民皆兵を徹底する改革をおこなった。

(7)　空欄7に入る語としてもっとも適切なものは，次のうちどれか。　17

① インペラトル

② コンキスタドール

③ ディクタトル

④ プリンケプス

⑤ マヨル=ドムス

(8) 下線部8に関する記述としてもっとも適切なものは，次のうちどれか。 18

① この時期の帝政は専制君主政（ドミナトゥス）とよばれる。

② ネルウァ帝の時代にローマの版図は最大となった。

③ マルクス=アウレリウス=アントニヌス帝が『自省録』を執筆した。

④ 四帝分治制（テトラルキア）が始まった。

⑤ 『ローマ法大全』が編纂された。

(9) 下線部9を起源としない都市は，次のうちどれか。 19

① ウィーン

② ケルン

③ パリ

④ ペテルブルク

⑤ ロンドン

(10) 下線部10に関する記述としてもっとも適切なものは，次のうちどれか。 20

① インド南端部では，チョーラ朝やパーンディヤ朝などのクメール国家が栄えた。

② 西域都護の班固は，部下の甘英を大秦国に派遣した。

③ 「大秦王安敦」によって派遣された使節が日南郡にいたった，という記録が残る。

④ デカン高原から西北インドまでの広い地域で，海上交易の利を得たグプタ朝が栄えた。

⑤ マレー半島の先端部に扶南が建国され，その港オケオではローマ貨幣も出土した。

Ⅲ　次の文章を読み，設問⑴～⑽に対する答えをそれぞれ①～⑤から１つ選んで，その記号を解答用紙の所定欄にマークしなさい。

中世ヨーロッパの国家と教会との関係について，東ヨーロッパではビザンツ帝権がおおむね教権を凌いでいたことから一円構造にあるといわれるのに対し，西ヨーロッパでは王権と教権とが互いに拮抗することが多く，二つの中心をもつ楕円構造を成していたといわれる。そもそも，この特質の差はローマ帝国時代の五大教会のうち，イスラーム圏に入らなかった二つの教会に由来した。

1ローマ教会はフランク王権とつながり，西ヨーロッパ内での主導権を確立していった。また，８世紀以降も2コンスタンティノープル教会との首位権争いを繰り広げ，次第に強大な権限と権威とを身につけていった。フランク王国のカールは西ヨーロッパのほぼ全域を統一したが，その死後は，諸侯権力の自立化に歯止めが利かなくなっていた。政治的な分権化が進むなか，共通の教義と儀礼をもつローマ教会は，教皇を頂点とする聖職位階制（ヒエラルキー）を通じて，都市や村落の人々を一元的に把握して強大化した。

ローマ教会にとって，11世紀は大きな転換期となった。まず，ローマ教会とコンスタンティノープル教会は，1054年に相互に破門して分離した。これはそれ以前から始まっていたラテン・ゲルマン的なカトリック世界とギリシア・スラヴ的な正教世界との分離を象徴する大きな事件でもあった。その後，両者の関係修復の試みは幾度かおこなわれたものの，最終的な和解は20世紀の第２バティカン公会議まで持ち越されることになった。

クリュニー派の聖職者イルデブランドは，1073年に教皇グレゴリウス７世として即位し，皇帝や諸侯などの俗人による聖職者の任命を聖職売買（シモニア）として禁ずる改革をすすめた。これに神聖ローマ皇帝ハインリヒ４世が反発し，教皇と皇帝との間に3叙任権闘争が始まった。また，その間，クリュニー修道院出身のウルバヌス２世が，ビザンツ皇帝の要請に応えるかたちで十字軍の派遣を提唱し，国王を含む諸侯・騎士勢力によるイスラーム世界への軍事遠征が始まった。

1198年に即位したインノケンティウス３世は，イングランド王ジョンを破門して臣従させ，第４回十字軍と4カタリ派に対するアルビジョワ十字軍の派遣を提唱した。また，フリードリヒ２世を帝位に推挙し，アッシジで結成された(　5　)を公認し，「教皇は太陽，皇帝は月」という演説をおこなうなど，彼の時代に教皇権は最高潮に達した。

しかし，14世紀に入るとフランス王は国内の教会組織を取り込もうとして，ローマ教皇の前に立ちはだかり，とりわけ6フィリップ４世は大きな揺さぶりをかけた。

15世紀前半に開催されたコンスタンツ公会議では，教会にとっての新たな火種についても議論された。そこでは，ウィクリフとその教説に共鳴した7フスが異端とされ，召喚されたフスはそのまま火刑に処された。それは，従来の修道院運動などのカトリック内改革運動というレベルにとどまらず，宗教改革運動の前触れだった。

1517年，ルターの「95か条の論題」を機に，カトリック教会の存在理由そのものを否定する宗教改革が始まった。オスマン帝国・フランスと敵対していた皇帝カール５世[8]は，諸侯と結びついて展開するこの改革運動への対応に苦慮したが，ついに1555年にアウクスブルクの和議が成立した。その後，ルター派の教会は主にドイツ北部から北欧にかけて，カトリックに取ってかわっていくことになった。

フランス出身のカルヴァンは，1536年以降，スイスの（　9　）で改革運動を展開した。彼は予定説を唱え，勤労の結果としての蓄財を肯定したこともあり，カルヴァン派は各地の新興市民層に受け入れられていった。

イングランドでは，かつてルター改革を批判して「信仰の擁護者」の称号を教皇から得ていたヘンリ８世がローマ教会からの離脱を図り，エリザベス１世のもとでイギリス国教会が確立した[10]。

〈設問〉

(1)　下線部１に関する記述としてもっとも適切なものは，次のうちどれか。　21

①　カールはヴァンダル王国を滅ぼして，その領土をローマ教会に寄進した。

②　クローヴィスはトゥール・ポワティエ間の戦いで，ウマイヤ朝勢力を破った。

③　５世紀末にフランクを統一したカール=マルテルは，アタナシウス派に改宗した。

④　ビザンツ皇帝レオン３世は，カールにローマ皇帝の冠を授けた。

⑤　ピピンはラヴェンナ地方をランゴバルド王国から奪い，ローマ教皇に寄進した。

(2)　下線部２に関する記述としてもっとも適切なものは，次のうちどれか。　22

①　ユスティニアヌス１世は，ミラノにハギア=ソフィア聖堂を建立した。

②　グレゴリウス１世は，聖像禁止令を発布した。

③　聖像禁止令はビザンツ帝国の滅亡まで堅持され，聖像崇拝はおこなわれなくなった。

④　ヘラクレイオス１世はイタリア半島に遠征軍を送り，ローマ帝国の版図を一時回復した。

⑤　ローマ教会は聖像禁止令に反発し，東西教会の対立は決定的となった。

(3)　下線部３に関する記述ａ～ｃの正誤の組合せとしてもっとも適切なものは，次のうちどれか。　23

ａ　アミアンの和約が締結され，皇帝は叙任権を喪失することとなった。

ｂ　ヴォルムス協約により政教分離の妥協が成立し，皇帝は叙任権を喪失することとなった。

c　カルケドン公会議が開催され，教皇は叙任権を獲得することとなった。

① すべて誤り
② aのみ正しい
③ bのみ正しい
④ cのみ正しい
⑤ すべて正しい

(4)　下線部4に関する記述としてもっとも適切なものは，次のうちどれか。 24

① イングランド王リチャード1世が，この十字軍を率いた。
② この十字軍はブルターニュ地方のカタリ派に対して派遣された。
③ この十字軍はヘンリ2世が率い，王権は南フランスに広がった。
④ この十字軍は南フランスの諸侯に保護されたカタリ派に対して派遣された。
⑤ ヨハネ騎士団がこの十字軍に際して新たに結成された。

(5)　空欄5に入る修道会は，次のうちどれか。 25

① イエズス会
② シトー修道会
③ ドミニコ修道会
④ フランチェスコ修道会
⑤ ベネディクト修道会

(6)　下線部6に関する記述a～cの正誤の組合せとしてもっとも適切なものは，次のうちどれか。 26

a　国内の聖職者にも課税しようとして，ボニファティウス8世と衝突した。
b　教皇権の絶対性を主張する教皇は，フィリップ4世の軍によりアナーニで一時とらえられた。
c　対イングランド戦の戦費を調達するために，三部会を招集した。

① すべて誤り
② aのみ正しい
③ bのみ正しい
④ cのみ正しい
⑤ すべて正しい

(7)　下線部7に関する記述としてもっとも適切なものは，次のうちどれか。　27

① アリストテレス哲学の影響をうけたスコラ学を大成した。

② イングランドを離れずに聖書を英訳するなどして，自説の普及につとめた。

③ 彼が活躍した当時の教会建築の主流は，シャルトル大聖堂に代表されるバロック様式だった。

④ 彼の火刑に反発した支持者がおこした反乱が長く続いた。

⑤ 聖書の尊重を唱えたが，教会財産と教皇の権力については認めた。

(8)　下線部8と同時期のフランス王が保護したイタリア出身の芸術家は，次のうち誰か。　28

① ゴヤ

② ドラクロワ

③ レオナルド=ダ=ヴィンチ

④ レンブラント

⑤ ルノワール

(9)　空欄9に入る地名は，次のうちどれか。　29

① ジュネーヴ

② チューリヒ

③ ベルン

④ ライプツィヒ

⑤ ローザンヌ

(10)　下線部10に関する記述としてもっとも適切なものは，次のうちどれか。　30

① イギリス国教会の儀礼から，カトリック的な要素は徹底的に排除された。

② エリザベス1世は人身保護法を制定した。

③ 解散させられた修道院の土地は売り払われ，ジェントリはこれを獲得して社会的地位を高めた。

④ ヘンリ8世に仕えた大法官トマス=モアは，『愚神礼賛』を著した。

⑤ メアリ1世の治世下に，統一法が制定された。

Ⅳ 次のA～Cの文章を読み，設問(1)～(10)に対する答えをそれぞれ①～⑤から1つ選んで，その記号を解答用紙の所定欄にマークしなさい。

A　ブリュメール18日のクーデタののち第一統領となり，1802年にフランスの終身統領となった$_1$ナポレオンは，1804年5月，国民投票で圧倒的な支持を受けて皇帝に即位し，ナポレオン1世と称した。$_2$即位の翌年から諸国は同盟を結んでナポレオン1世に戦いを挑んだが，フランス帝国軍はそれをはね返して1810～1812年頃にはその勢力は絶頂に達した。しかし，1812年におけるフランス帝国軍のロシア遠征の失敗をきっかけに，ヨーロッパ諸国は解放戦争に立ち上がり，ナポレオンを退位に追い込み，帝政の崩壊につながった。1814年から翌年にかけて，フランス革命とナポレオンによる一連の戦争の戦後処理のため，$_3$オスマン帝国を除く全ヨーロッパの支配者が参加する国際会議がウィーンで開かれた。

〈設問〉

(1)　下線部1が第一統領のときにおこなった事柄としてもっとも適切なものは，次のうちどれか。　**31**

① 王政の廃止

② ギルド制の廃止

③ 最高価格令の発布

④ 宗教協約（コンコルダート）の締結

⑤ 人権宣言の採択

(2)　下線部2の時期におきた出来事ではないものは，次のうちどれか。　**32**

① イギリスはロシア・オーストリアなどと第3回対仏大同盟を結んだ。

② ナポレオン軍は敵国イギリスとインドの連絡を断つ目的でエジプトに遠征した。

③ ナポレオンはベルリンで大陸封鎖令を発して，諸国にイギリスとの通商を禁じた。

④ ネルソンの率いるイギリス海軍が，フランス海軍をトラファルガーの海戦で破った。

⑤ フィヒテは「ドイツ国民に告ぐ」という講演をおこなった。

(3)　下線部3について，この会議の帰結に関する記述としてもっとも適切なものは，次のうちどれか。　**33**

① アレクサンドル2世は神聖同盟を提唱して，ヨーロッパのほとんどの君主を参加させた。

② オーストリア皇帝はポーランド国王を兼ね，プロイセンは東西に領土を拡大した。

③ 自由主義と国民主義（ナショナリズム）を原則とするヨーロッパの国際秩序はウィー

ン体制とよばれる。

④　ドイツには35の君主国と4つの自由都市で構成されるドイツ連邦が組織された。

⑤　メッテルニヒの主張する正統主義によってフランスやスペインでカペー朝が復活した。

B　最初に産業革命を経験したイギリスは，ナポレオン戦争後，地主を保護する穀物法などの保護政策をとった。しかし$_{4}$19世紀のイギリスでは，産業資本家が台頭して，議会立法を通じて内政面では自由主義的な改革をおしすすめ，対外的には自由貿易の実現を求めていった。こうしてイギリスは「世界の工場」とよばれるような経済的な地位を国際的に築き上げていった。$_{5}$イタリアでは1848年以降の改革運動の失敗後，サルデーニャ王を初代国王としてイタリア王国が成立し，政治的・経済的統合の土台が築かれた。ドイツではドイツ関税同盟の結成とともに経済統合が実現したが，$_{6}$政治的にはこれにおくれて1871年のドイツ帝国の成立とともに統合がなされた。独立後，西部・南部へと領土を拡大していったアメリカ合衆国は$_{7}$南北戦争を経て大国化していった。

〈設問〉

(4)　下線部4に関する記述としてもっとも適切なものは，次のうちどれか。　34

①　イギリスと自治領との関係を定めたウェストミンスター憲章が発布された。

②　航海法が定められて，自由貿易の原則が確立された。

③　審査法が廃止され，カトリック教徒解放法が成立して，国教徒以外も公職につけるようになった。

④　リカードは『諸国民の富』(『国富論』) を著して自由放任主義をとなえた。

⑤　労働者は権利の章典をかかげてチャーティスト運動をおこした。

(5)　下線部5の時期における事柄に関する記述としてもっとも適切なものは，次のうちどれか。　35

①　カヴールは，ナポレオン3世とプロンビエールの密約を結んでオーストリアに対して戦争をおこし，フランス軍の力を借りてオーストリア軍を破った。

②　サルデーニャ王国の首相であった自由主義者のガリバルディは，イタリア王国の初代首相となって，産業の振興や近代化のために力を尽くした。

③　サルデーニャ軍は，ナポリとトリノで蜂起した秘密結社カルボナリを鎮圧した。

④　「青年イタリア」出身で急進派のマッツィーニは，千人隊 (赤シャツ隊) をひきいて両シチリア王国を占領した。

⑤　プロイセン=オーストリア戦争 (普墺戦争) に際して教皇領が，プロイセン=フランス

戦争（普仏戦争）に乗じてヴェネツィアがイタリア王国に併合された。

(6) 下線部6に関する記述a〜cの正誤の組合せとしてもっとも適切なものは，次のうちどれか。　36

a　ドイツ関税同盟に入っていたオーストリアは，ドイツ帝国の成立とともにこの同盟を離脱し，オーストリア=ハンガリー帝国として同君連合国家を成立させた。

b　統一ドイツの構成・範囲に関する構想のうち大ドイツ主義は，オーストリアを除いて，プロイセンを中心に統一を目指す方式である。

c　保守的なユンカー出身のビスマルクはドイツ帝国成立後，鉄血政策を開始した。

① すべて正しい
② aのみ正しい
③ bのみ正しい
④ cのみ正しい
⑤ すべて誤り

(7) 下線部7のあとにおきた事柄は，次のうちどれか。　37

① アメリカ=メキシコ戦争
② カリフォルニアでのゴールドラッシュ
③ 最初の大陸横断鉄道の完成
④ テキサス併合
⑤ モンロー教書の発表

C　ロシアでは<u>1917年の２つの革命</u>$_{8}$の後，1922年の12月にはロシア・ウクライナ・ベラルーシ（白ロシア）・ザカフカースの４つのソヴィエト共和国で構成されるソ連（ソヴィエト社会主義共和国連邦）の成立が宣言された。また東ヨーロッパでは，<u>ドイツ・オーストリア=ハンガリー帝国・ロシアの３帝国が解体したことによって新しい諸国家が独立した</u>$_{9}$。第二次世界大戦が終わるとアメリカ合衆国を中心とする資本主義圏とソ連を中心とする社会主義圏の間の<u>冷戦</u>$_{10}$がはじまった。

〈設問〉

(8) 下線部8に関する記述としてもっとも適切なものは，次のうちどれか。　38

① ロシア十月革命（十一月革命）では，地主の土地を没収する「土地に関する布告」が採択された。

② ロシア十月革命（十一月革命）では，血の日曜日事件をきっかけに労働者・農民が蜂起し，ニコライ1世を皇帝とするロシア帝国は崩壊した。

③ ロシア二月革命（三月革命）において，ストルイピンの改革によってミール（農村共同体）が解体された。

④ ロシア二月革命（三月革命）において，ドゥーマとよばれる国会（下院）が開設され，普通選挙によって労働者・兵士が参政権を得た。

⑤ ロシア二月革命（三月革命）において，メンシェヴィキのケレンスキーとレーニンは，ボリシェヴィキのトロツキーを排除して，臨時政府を樹立した。

(9) 下線部9に関して，このときに独立した国ではないものは，次のうちどれか。 39

① チェコスロヴァキア

② フィンランド

③ ブルガリア

④ ポーランド

⑤ ラトヴィア

(10) 下線部10の1940～1950年代における状況に関する記述としてもっとも適切なものは，次のうちどれか。 40

① アメリカ合衆国のトルーマン=ドクトリンを受けてヨーロッパ共同体（EC）が結成された。

② イギリスのチャーチルは，ソ連がバルト海からアドリア海まで「鉄のカーテン」をおろしていると批判した。

③ オーストリアは，ソ連の主導で結成されたワルシャワ条約機構に加盟した。

④ キューバでソ連の支援によるミサイル基地の建設が発覚し，キューバ危機が発生した。

⑤ ソ連は各国共産党の間の連絡・調整機関としてコミンテルンを設立した。

V　次のA～Bの文章を読み，設問(1)～(10)に対する答えをそれぞれ①～⑤から1つ選んで，その記号を解答用紙の所定欄にマークしなさい。

A　綿花・綿織物から世界の歴史を振り返ると，さまざまな地域の結びつきが見えてくる。まず綿花が世界的に広まったのは大航海時代であり，なかでも${}_{1}$インド産の綿織物は，${}_{2}$イギリス東インド会社によって大量に輸入された。ヨーロッパではすでに${}_{3}$毛織物や絹織物も使用されていたが，吸湿性に優れ，染色が容易な綿織物は，とくに貴族社会を魅了した。また綿織物は，ヨーロッパ・アフリカ大陸・アメリカ大陸を結ぶ大西洋三角貿易において主要な商品であり，北アメリカではプランテーション（大農園）で綿花が生産されるなど，${}_{4}$奴隷制と密接に結びついていた。一方，綿布の需要が高まっていたイギリスでは，18世紀後半から紡績や織布の技術革新が行われ，綿工業を中心に${}_{5}$産業革命が進展していくこととなる。

〈設問〉

(1)　下線部1の宗教に関する記述としてもっとも適切なものは，次のうちどれか。　41

① ヴァルダナ朝の時代に，ジャイナ教が開かれた。
② クシャーナ朝のカニシカ王は，大乗仏教を厚く保護した。
③ グプタ朝の時期には，仏教が栄え，仏典の結集が行われた。
④ サータヴァーハナ朝の時代に，ヒンドゥー教が確立した。
⑤ マウリヤ朝の時期に，バクティ運動によって仏教は衰退に向かった。

(2)　下線部2が関わっていない出来事としてもっとも適切なものは，次のうちどれか。　42

① アンボイナ事件
② 中国貿易独占権廃止
③ プラッシーの戦い
④ ベンガル分割令
⑤ ボストン茶会事件

(3)　下線部3の歴史に関する記述a～cの正誤の組合せとしてもっとも適切なものは，次のうちどれか。　43

a　中国の絹織物は，隊商交易の拠点となったオアシス都市を介し，西方にもたらされた。

b　明代に，生糸や陶磁器の生産が進展し，宋応星は『天工開物』で産業技術を解説した。

c　イギリスでは，15世紀末以来，囲い込み（エンクロージャー）がすすみ，羊毛生産が増大した。

① すべて誤り
② aのみ正しい
③ bのみ正しい
④ cのみ正しい
⑤ すべて正しい

(4) 下線部4に関する記述としてもっとも適切なものは，次のうちどれか。 44

① アメリカでは，ミズーリ協定によって，奴隷制を支持する南部とその拡大に反対する北部の対立が激化した。
② イギリスでは，グラッドストンの努力で奴隷貿易禁止法が制定された。
③ 西アフリカでは，大西洋三角貿易において，奴隷貿易に依存する王国が奴隷狩りによって1000万人以上の男女をアメリカに送り出した。
④ ハイチでは，黒人奴隷が蜂起し独立運動がおき，トゥサン＝ルヴェルチュールを初代大統領とする黒人共和国ができた。
⑤ ポルトガルは，ブラジルにおける奴隷制プランテーションで主に綿花を栽培させた。

(5) 下線部5に関する出来事を年代が古いものから順に並べた場合，もっとも適切なものは，次のうちどれか。 45

① カートライトが力織機を発明→ジョン=ケイが飛び杼（飛び梭）を発明→マンチェスター・リヴァプール間で本格的な鉄道開通→マルクスとエンゲルスが『共産党宣言』を発表→フルトンが蒸気船を実用化
② ジョン=ケイが飛び杼（飛び梭）を発明→カートライトが力織機を発明→フルトンが蒸気船を実用化→マンチェスター・リヴァプール間で本格的な鉄道開通→マルクスとエンゲルスが『共産党宣言』を発表
③ フルトンが蒸気船を実用化→ジョン=ケイが飛び杼（飛び梭）を発明→カートライトが力織機を発明→マルクスとエンゲルスが『共産党宣言』を発表→マンチェスター・リヴァプール間で本格的な鉄道開通
④ マルクスとエンゲルスが『共産党宣言』を発表→マンチェスター・リヴァプール間で本格的な鉄道開通→カートライトが力織機を発明→ジョン=ケイが飛び杼（飛び梭）を発明→フルトンが蒸気船を実用化
⑤ マンチェスター・リヴァプール間で本格的な鉄道開通→フルトンが蒸気船を実用化→

カートライトが力織機を発明→ジョン=ケイが飛び杼（飛び梭）を発明→マルクスとエンゲルスが『共産党宣言』を発表

B 6改革・開放政策の開始以降，中国社会は急速に変化を遂げてきた。当面の目標として「小康」（何とか衣食が足りて家計に余裕が出てきた状態）が掲げられ，1人あたりGDP800ドルが目安とされていたが，今やこの目安の10倍を超え，中国は7高度経済成長期の日本が体験した以上の社会変化を経験しつつある。農村でもほとんどの世帯がテレビ，洗濯機，冷蔵庫を保有するようになり，携帯電話も急速に普及している。インターネット利用者数は，すでに2006年末の時点で日本の人口を超える1億3700万人に達し，2017年には7億7000万人にまで増加した。

こうした物質的変化や情報の流入は，ライフスタイルや価値観の急速な変化と相互関連している。近年，8中国共産党の社会主義思想にとらわれず，それとは異なる系譜に属する思想の可能性を探ろうとする関心も広がっている。

しかし，このような動向は決して今に始まったことではない。もともと9 20世紀の中国知識人たちは，世界の思想潮流に敏感に反応し，多様な思想や文化を柔軟に受容しながら，目指すべき国家や社会のありかたを模索してきた。例えばプラグマティズムは，1910年代から中国の教育界に紹介されて大きな潮流を形成するようになった。この動きの中心となった知識人たちは，いずれも1910年代にアメリカに留学し，プラグマティズムの中心的指導者である（ 10 ）に師事していた。プラグマティズムは，児童一人ひとりに実践的な問題解決能力を身につけさせ，真の共和国を築き上げるものとして，当時の中国知識人たちに歓迎された。

〈設問〉

(6) 下線部6の時代の出来事としてもっとも適切なものは，次のうちどれか。 46

① 人民公社の解体や国営企業の独立採算化がおこなわれた。
② 中華民国の領土となった台湾で，二・二八事件とよばれる大規模な蜂起が起きた。
③ 東南アジア諸国連合（ASEAN）が結成され，中国との連携強化が目指された。
④ 日本は日華平和条約を締結し，中華人民共和国と国交を結んだ。
⑤ 劉少奇のもとで部分的に市場経済が復活した。

(7) 下線部7に関する記述としてもっとも適切なものは，次のうちどれか。 47

① 沖縄返還が実現し，沖縄本島の米軍基地は全面的に撤去された。
② サンフランシスコ講和会議で全交戦国との平和条約に調印した。
③ 大躍進政策が実施され，農業生産が急増した。
④ 日韓基本条約が結ばれ，韓国との国交が正常化した。

⑤ 平和主義と国民主権にもとづく日本国憲法が公布された。

(8) 下線部8に関する記述としてもっとも適切なものは，次のうちどれか。 48

① コミンテルンの指導のもと，孫文らによって結成された。

② 八・一宣言を発して抗日民族統一戦線の結成を訴えた。

③ プロレタリア文化大革命開始後，鄧小平ら党内少数派の権限が強くなった。

④ 北京を首都とする中華ソヴィエト共和国臨時政府を樹立した。

⑤ 毛沢東を主席，張学良を首相とする中華人民共和国を成立させた。

(9) 下線部9に関する記述としてもっとも適切なものは，次のうちどれか。 49

① 康有為は雑誌『新青年』を刊行し，儒教道徳を批判した。

② 徐光啓は『農政全書』を編さんし，西洋技術もまじえて農業のあり方を説いた。

③ 陳独秀は『文選』の中で，白話（口語）文学を提唱した。

④ 李時珍は『本草綱目』を編さんし，薬学・植物学を解説した。

⑤ 魯迅は『狂人日記』などの小説で，自国民の心理の暗黒面を描いた。

(10) 空欄10に入る人物は，次のうち誰か。 50

① オーウェン

② サルトル

③ デューイ

④ フーリエ

⑤ フロイト

一四　藤原公任が編纂した作品を次の中から一つ選び、その番号をマークしなさい。

1　新古今和歌集　　2　万葉集　　3　方丈記　　4　奥の細道　　5　和漢朗詠集

第三問　次の一、二の問いに答えなさい。

一　次の傍線部の漢字の読みをひらがな（現代仮名遣い）で解答用紙の所定欄に記しなさい。

（1）物議を醸す。

（2）畏怖の念を抱く。

（3）自縄自縛におちいる。

二　次の傍線部のカタカナを漢字に直して解答用紙の所定欄に記しなさい。

（1）過去の事例にカンがみる。

（2）財源をネンシュツする。

（3）シコウサクゴの末に完成に至った。

エ　上達部や殿上人たちは、道長に対する公任の卑屈な態度を苦々しく思った。

オ　公任の詠んだ歌の悪口を言う人もいたが、道長は公任の歌を高く評価した。

一三　藤原実資の日記『小右記』長保元年十月二十八日条には、問題文の内容に関連する記事が載る。次の文章は、原文を一部残しながら、その記事を書き下したものである。これによると実資は、和歌を献上せよという藤原道長（左府）の命に対し、詠歌を辞退していることがわかる。これについて、(i)(ii)の問いに答えなさい。

彼此《かれこれ》、云はく、「昨、左府に於いて和歌を撰び定む」と。是れ入内する女御の料の屏風歌。花山法皇・[注]右衛門督公任・左兵衛督高遠・宰相中将斉信・源宰相俊賢、皆、和歌有り。上達部、左府の命に依り和歌を献ずること、往古、聞かざる事なり。何況於二法皇御製一哉。〔中略〕今夕、和歌を催さるる御消息有り。 X レ申二不レ堪由一。

注　右衛門督公任＝この時点の藤原公任の官職は右衛門督であった。

(i)　傍線部「何況於二法皇御製一哉」の解釈として最も適当なものを次の中から一つ選び、その番号をマークしなさい。

1　ましてや法皇がご自分の和歌を下賜されるなど、聞いたことがない。
2　法皇みずから和歌を下賜されることは、むろん故実にのっとっている。
3　かりにも法皇がお詠みになった和歌を欠くなど、あってはならないことだ。
4　左府ではなく、むしろ法皇の命によって和歌を献じるべきではないか。
5　言うまでもなく、法皇がお詠みになった和歌は最も優れていた。

(ii)　波線部は「堪へざる由を申さしむ」と読む。空欄 X に入る漢字として最も適当なものを一つ選び、その番号をマークしなさい。

1　当　　2　令　　3　被　　4　即　　5　可

九 傍線部(10)「いみじく候ふわざかな」の解釈として、最も適当なものを次の中から一つ選び、その番号をマークしなさい。

1 ひどく念入りなご準備でございますな。
2 まことにすばらしい腕前でございますね。
3 あまりに見苦しいおこないでございますな。
4 大変こまったことでございますな。
5 非常にありがたいおはからいでございますね。

一〇 傍線部(12)「故なくは詠みたまはじ」の解釈として、最も適当なものを次の中から一つ選び、その番号をマークしなさい。

1 きっかけがなくてお詠みになれないのだろう。
2 特別な理由もないのでお詠みになる必要はない。
3 褒美がなければ無理にはお詠みになるまい。
4 風情のない歌はお詠みにならないだろう。
5 縁がないのでお詠みになるはずがない。

一一 傍線部(13)「今なむ、胸すこし落ちゐ侍りぬる」とあるが、誰がなぜこのように言ったのか。三十字以内で説明しなさい。

※〈解答は、マークシート裏面の所定欄をよく確認したうえで、そこに記述すること。〉

一二 次のア〜オについて、問題文の内容に合致するものには1、そうでないものには2をそれぞれマークしなさい。

ア 道長は、公任の歌人としての力量に大いに期待を寄せていた。
イ 公任は与えられた題ではよい歌が詠めないので、道長に歌の題を変えてもらった。
ウ 公任は、道長の娘の入内にあたり、道長家の繁栄を寿ぐ歌を巧みに詠んだ。

六　傍線部(6)「長き名に候ふべし」とは、どういうことか。その説明として最も適当なものを次の中から一つ選び、その番号をマークしなさい。

1　自分の平凡な歌であっても、優れた歌人の歌として書き付けられれば、後の世にまで伝わる名声になるだろうということ
2　自分の詠んだ歌が、道長によって悪い例として書き付けられたならば、広く世間の噂の種になるだろうということ
3　優れた歌に混じって、たいしたことのない自分の歌が書き付けられると、のちのちまでの汚名になるだろうということ
4　優れた歌人の代表作として、見るべきところのない歌を道長が選ぶと、歌の道の悪しき前例になるだろうということ
5　歌人たちにとって、自分の歌が優れた歌として道長に選ばれるということは、これまでの精進の証となるだろうということ

七　傍線部(7)「あるべきことにもあらず」の解釈として、最も適当なものを次の中から一つ選び、その番号をマークしなさい。

1　信用ならないことだ。
2　どうせそんなことだろう。
3　これまで前例のないことだ。
4　とんでもないことだ。
5　おそらく実現できないだろう。

八　傍線部(8)「なむ」と、文法的に同じものを次の中から一つ選び、その番号をマークしなさい。

1　日ごろ経ればにや、今日はいと苦しくなむ。
2　死なむと思ふとも死なれず。
3　いまは帰らせたまひなむ。
4　ただ一言聞きおくべきことなむありける。
5　いつしか梅咲かなむ。

二　傍線部(1)「四月」は、旧暦の呼称で何というか。正しいものを次の中から一つ選び、その番号をマークしなさい。

1　きさらぎ　2　ふづき　3　さつき　4　みなづき　5　うづき

三　傍線部(2)「まゐり」は敬語であるが、誰に対する敬意を表しているか。正しいものを次の中から一つ選び、その番号をマークしなさい。

1　女院　2　道長　3　歌よみども　4　公任　5　行成

四　傍線部(3)「え詠み出でぬに、さりとも」の解釈として、最も適当なものを次の中から一つ選び、その番号をマークしなさい。

1　詠出してしまったが、まさか行成はそうしないだろう。
2　詠出できなかったので、さすがに道長も許さないだろう。
3　詠出できないが、そうはいっても公任ならできるだろう。
4　詠出しおおせたので、さぞ道長も喜んでいるだろう。
5　詠出できないのに、ましてや公任にはできないだろう。

五　傍線部(5)「悪くて奉りたらんは、まゐらせぬには劣りたることなり」とあるが、どういうことか。その説明として最も適当なものを次の中から一つ選び、その番号をマークしなさい。

1　悪意のある歌を詠むような者には、詠進させるべきではないということ
2　無様な様子で歌を詠進するくらいなら、参上しない方がよいということ
3　遅れて歌を献上するのであれば、参内しない方がよいということ
4　出来の悪い歌を詠んだ歌人は、参上させるまでもないということ
5　よくない歌を詠進するくらいなら、献上しない方がよいということ

(13)「今なむ、胸すこし落ちゐ侍りぬる」など申したまひける。

(『古本説話集』による)

注1　枚＝屏風の一面。この場合は、四月の情景が描かれている。
注2　権大納言行成＝藤原行成。小野道風、藤原佐理とともに三蹟と称される能書家。
注3　色紙形＝屏風に四角形の紙を貼り、描かれた絵に応じた和歌などを書き込んだもの。
注4　長能＝当時の有力歌人。
注5　陸奥紙＝陸奥で生産された、厚手で白い上質紙。
注6　帥殿＝藤原伊周。道長の甥。
注7　紫の雲＝瑞雲。また皇后の異称。

一　傍線部(4)(9)(11)の現代語訳として最も適当なものをそれぞれ一つずつ選び、その番号をマークしなさい。

(4)　さらに
1　まったく　2　今さらながら　3　以前よりは　4　それほど　5　いつものように

(9)　まめやかに
1　こまごまと　2　穏やかに　3　大きな声で　4　腹を立てて　5　真剣に

(11)　心にくく
1　もったいぶっていると　2　うまいやり方だと　3　心ひかれるように
4　快い態度だと　5　心苦しいことに

第二問　次の文章は、藤原道長（殿）が娘彰子（女院）の入内の折に新調した屏風を飾るため、藤原公任（四条大納言）に歌を詠むよう命じた場面である。これを読んで、後の問いに答えなさい。

今は昔、女院内裏へはじめて入らせおはしましけるに、御屏風どもをせさせたまひて、歌よみどもに詠ませさせたまひけるに、(1)四月、藤の花おもしろく咲きたりける枚《ひら》注1を、四条大納言あたりて詠みたまひけるに、その日になりて、人々歌ども持てまゐりたりけるに、大納言、遅くまゐりければ、御使して、遅きよしをたびたび仰せられつかはす。権大納言行成注2、御屏風たまはりて、書くべきよしなしたまひければ、いよいよ立ち居待たせたまふほどに、(2)まゐりたまへれば、「歌よみども、はかばかしき歌どももえ詠み出でぬに、(3)さりとも」と、誰も心にくがりけるに、御前にまゐりたまふや遅きと、殿の、

「いかにぞ、あの歌は。遅し」

と仰せられければ、

(4)「さらにはかばかしく仕《つかまつ》らず。(5)悪《わろ》くて奉りたらんは、まゐらせぬには劣りたることなり。歌詠むともがらの、すぐれたらん中に、はかばかしからぬ歌書かれたらむ、(6)長き名に候ふべし」

とやうに、いみじく逃れ申したまへど、殿、

(7)「あるべきことにもあらず。異人《ことひと》の歌なくても有りなむ。(8)御歌なくは、おほかた色紙形注3を書くまじきことなり」

など、(9)まめやかに責め申させたまへば、大納言、

(10)「いみじく候ふわざかな。此度《こたみ》は、誰もえ詠みえぬ度《たび》に侍るめり。中にも長能注4をこそ、さりともと思ひたまへつるに、『岸の柳』といふことを詠みたれば、いと異様《ことやう》なることなりかし。これらだにかく詠みそこなへば、公任はえ詠み侍らぬもことわりなれば、許し賜《た》ぶべきなり」

と、さまざまに逃れ申したまへど、殿あやにくに責めさせたまへば、大納言、いみじく思ひわづらひて、懐より陸奥紙《みちのくにがみ》注5に書きて奉りたまへば、ひろげて前に置かせたまふに、そこらの上達部・殿上人、(11)心にくく思ひければ、「さりとも、この大納言(12)故なくは詠みたまはじ」と思ひつつ、いつしか、帥殿《そちどの》注6読み上げたまへば、

紫注7の雲とぞ見ゆる藤の花いかなる宿のしるしなるらん

と読み上げたまふを聞きてなむ、褒めののしりける。大納言も、殿をはじめ、みな人、いみじと思ふ気色を見たまひて、

己〉が強く意識されるということ

4　役者の〈自己〉とは演戯していないときのその人のことと考えられがちであるが、実際には演戯の場に立つときに現れるその人の通常とは異なるあり方を表しているということ

5　役者の〈自己〉はその演じる登場人物のキャラクターに体現されると考えるのが自然だが、その逆により大まかな〈役柄〉というレベルであらわになるということ

一一　傍線部(10)「舞台の成果が劇作術以上に俳優の作業にかかっているこれらの演劇」に共通してみられる特質を問題文ではどのように考えているか。四十字程度で説明しなさい。

※〈解答は、マークシート裏面の所定欄をよく確認したうえで、そこに記述すること。〉

一二　次のア〜オについて、問題文の内容に合致するものには1、そうでないものには2をそれぞれマークしなさい。

ア　田楽と猿楽で演じられていたものは、ともに〈純粋演戯〉の典型と考えられる。

イ　ルネッサンス以降の西洋世界では、仮面は虚偽であり、真実はその下に隠されているという思想が定着していた。

ウ　登場人物自身による語りの構造は西洋において演劇の一様式として完成を見た。

エ　登場と同時に観客の心をとらえて離さないような演戯する者の持つ魅力を世阿弥は「花」と呼んだ。

オ　能のシテ役も歌舞伎の女形も役者自身の性別を強調して演じることが重要である。

一三　能を近代劇に翻案した「近代能楽集」や、「仮面の告白」「金閣寺」の作者を次の中から選び、その番号をマークしなさい。

1　太宰治　2　川端康成　3　谷崎潤一郎　4　志賀直哉　5　三島由紀夫

七　空欄 X に入る言葉として最も適当なものを次の中から一つ選び、その番号をマークしなさい。

1　盤石　　2　不在　　3　周知　　4　永遠　　5　虚偽

八　傍線部(7)「人形浄瑠璃」の作者として江戸時代に活躍した人物を次の中から一人選び、その番号をマークしなさい。

1　柿本人麻呂　　2　与謝蕪村　　3　近松門左衛門　　4　鴨長明　　5　和泉式部

九　傍線部(8)「〈純粋演戯〉においてすら、演戯者は彼自身ではない」と筆者が述べるのはなぜか。その理由として最も適当なものを次の中から一つ選び、その番号をマークしなさい。

1　〈純粋演戯〉において、演じる者は日常の自分とは異なる身体の魅力を舞台上で発揮しなければならないから
2　〈純粋演戯〉において、演じる者は日常の身体の使い方や行動の仕組みを忘却しなければならないから
3　〈純粋演戯〉において、演じる者は登場人物になりきることで日常の自分とは異なる存在になっているから
4　〈純粋演戯〉において、演じる者は普通の人間とはかけ離れた身体的能力を持つ必要があるから
5　〈純粋演戯〉において、演じる者は役者として登場する以上は本来の自分という意識は捨てなければならないから

一〇　傍線部(9)「演戯する存在としての彼自身こそが、逆説的に、役者の〈自己〉なのである」とはどういうことか。その説明として最も適当なものを次の中から一つ選び、その番号をマークしなさい。

1　役者の〈自己〉は役者を志す以前から存在していたと考えるのが普通だが、よく考えると演技の訓練を通してこそその人の役者の〈自己〉が形成されるということ
2　役者の〈自己〉については役者自身がよく知っていると思われがちであるが、意外なことに観客の方が役者としてのその人のことをよく知っているということ
3　役者の〈自己〉は舞台上で演じているときにあらわになると通常は考えられているが、本質的には舞台から離れているときにその人の〈自

うことか。その説明として最も適当なものを次の中から一つ選び、その番号をマークしなさい。

1　演戯者は〈祭儀の仮面〉をつけると神にまつりあげられてしまうが、〈演劇の仮面〉をつけると人間にとどまることができるということ
2　〈祭儀の仮面〉では神が人間を利用しているのに対し、〈演劇の仮面〉では人間が神になり代わることができるということ
3　〈祭儀の仮面〉は人間から神への変身を保証していたが、〈演劇の仮面〉は人間が劇中の登場人物として現れることを可能にするということ
4　〈祭儀の仮面〉は人間を支配しているのに対し、〈演劇の仮面〉では人間が仮面と対等の立場になることができるということ
5　演戯者は〈祭儀の仮面〉を通すと神の目から見ざるをえないが、〈演劇の仮面〉では神の目と人間の目を切り替えられるということ

四　傍線部(4)「演劇的幻想を括弧に入れる」とはどういうことか。その説明として最も適当なものを次の中から一つ選び、その番号をマークしなさい。

1　演劇的幻想は真実ではないと認識するということ
2　演劇的幻想を重要なものとして特別扱いするということ
3　演劇的幻想は一時的なものであると提唱するということ
4　演劇的幻想を現実のものとして扱うということ
5　演劇的幻想を具体的なセリフとして体現させるということ

五　傍線部(5)「露呈」と、語中における「露」の意味が最も近いものを次の中から一つ選び、その番号をマークしなさい。

1　結露　2　露文　3　甘露　4　吐露　5　露命

六　傍線部(6)「熟知」に近い意味の言葉として最も適当なものを次の中から一つ選び、その番号をマークしなさい。

1　寛解《かんかい》　2　膾炙《かいしゃ》　3　通暁《つうぎょう》　4　韜晦《とうかい》　5　矜持《きょうじ》

注2 複式夢幻能＝二場によって構成される能で、主人公（シテ）が、神・霊・精など超自然的存在のもの。
注3 ブレヒト＝ベルトルト・ブレヒト。一八九八〜一九五六年。ドイツの劇作家、詩人。
注4 ロシア・フォルマリズム＝一九一〇年代から一九二〇年代末にかけて、ロシアの文学研究者や言語研究者によって推進された文学・芸術運動。文学作品の自律性を強調し、言語表現の方法と構造の面から文学作品を解明することを目指した。
注5 S・K・ランガー＝一八九五〜一九八五年。アメリカの哲学者。
注6 コメディア・デ・ラルテ＝イタリアで一六世紀から一七世紀にかけて栄え、ヨーロッパ諸国に影響を与えた演劇。
注7 増の面＝能面の一つ。女神、天女または高貴な女人などに用いる。
注8 三体＝能で、物まねの基本となる三つの姿。老体・女体・軍体。

一 傍線部(1)「〈代行型演戯〉において、演戯者は基本的に二重性を負わされている」とはどういうことか。その説明として最も適当なものを次の中から一つ選び、その番号をマークしなさい。

1 〈代行型演戯〉においては、演戯者は登場人物の外見を装うとともに、その仮面をかぶる必要があるということ
2 〈代行型演戯〉においては、演戯者は一つの役のなかに虚構の人物と実在の人物の両方を想起させる必要があるということ
3 〈代行型演戯〉においては、演戯者のなかで登場人物とそれを演じる役者が重なりあうことが求められるということ
4 〈代行型演戯〉においては、演戯者は姿を舞台上に存在させつつも意識は舞台の外に向けなければならないということ
5 〈代行型演戯〉においては、演戯者は登場人物とそれを演じる役者という二つの面を持たざるをえないということ

二 傍線部(2)「何某」に近い意味の言葉として最も適当なものを次の中から一つ選び、その番号をマークしなさい。

1 なにやつ　2 かしこ　3 だれそれ　4 いずこ　5 よそごと

三 傍線部(3)「そのような〈祭儀の仮面〉が〈演劇の仮面〉となったとき、仮面は虚構を再-現前させるための〈仕掛け〉に変わる」とはどうい

こう考えれば、たとえばコメディア・デ・ラルテ[注6]のように、演じられる内容が近代劇のように登場人物のレベルでは分化していず、〈役柄〉という形で〈役者〉そのものと重なっている演戯が、即興を中心とする職業劇団として、ヨーロッパで最も早く成立したことも納得がいく。即興とは当てずっぽうにでたらめをやることなどではまったくなく、その日の舞台という、内容も時・空も限定された場で、劇団内構造の原理に従って、自己の持つ厖大《ぼうだい》な演戯力——そこには当然おびただしい台詞がある——を、瞬時にかつ的確に引き出して、それを活きた物として見せることである。従って即興とは、そのような演戯的知を内蔵しかつ担いうる総合的身体の訓練を前提として初めて可能なのであった。

コメディア・デ・ラルテの〈仮面＝役柄〉は、西洋近代の劇作術における登場人物の徹底した個性化、つまり同じ人間は絶対に二人とはいないという原則からすれば、未分化の、遅れたものであるが、近年とみにこのジャンルが再評価されているのも、この点にかかっている。確かにそこには、人間が実人生において演じている〈役割〉は、各人の個別性にもかかわらず、関係構造として幾つかの類型に分けられ、そのような関係の内部でこそ強烈な存在感も発揮され得るという認識が働いていよう。しかしコメディア・デ・ラルテにおいては、同時に、類型の仮面の下に——というかその上に——きわめて多様な表現が可能になるのであった。

同じようなことは、近代戯曲の登場人物としてみれば顔立ちも心理も定かではない能のシテの役にも言える。そこでは、同じ増《ぞう》[注7]の面をつけて『野宮《ののみや》』の六条御息所と『定家』の式子内親王を演じ分けることが要求され、かつ可能なのであって、それはことごとくシテ＝演者の演戯のレベルでの変奏にかかっている。それは、役柄という類型の範列を「三体」[注8]といった典型の範列へと考え直し、そのために不可欠な〈役者体〉の形成の根幹として、「舞歌二曲」の習練を説いた世阿弥の時点で、すでに鋭く自覚されていたことだった。幼児から少年期には、「物まね」（登場人物としての表現）などはやらせずに、舞と歌のみを徹底的に仕込んで、幽玄の花を咲かせることのできる身体を作っておくべきだと言うのである。歌舞伎の女形の場合も同じである。絶対に女優の代用などではなく、また単に女装した男というのでもなく、踊りと音曲で作り上げた女形という特殊な体のあり方、現われ方の上に立って、女以上に女であるような、多様な幻想の演戯的変奏をするのである。(10)舞台の成果が劇作術以上に俳優の作業にかかっているこれらの演劇が、現代における西洋型演劇の地平で脚光を浴びてきたのも、いわれのないことではない。

（渡辺守章『演劇とは何か』による）

注1　スタニスラフスキー・システム＝ロシアの俳優、演出家スタニスラフスキー（一八六三～一九三八年）が創造した近代俳優術。俳優の身体的な訓練と舞台での役づくりという肉体・精神両面の関係を認識把握させることを通して、役との同一化、内面からの表現を目ざしたもの。

そのものに対する戦略であった。

劇作術とのかかわりで付け加えれば、〈代行型演劇〉による演劇は、アリストテレスも定義するとおり、作者が報告者の立場に終始する〈歴史〉とも、作者が報告者でありかつ物語中の人物にもなる〈叙事詩〉とも異なって、作者が現実の人間を行動させることによって、物語を語るのである。しかし、そのような「アリストテレス型」の演劇の内部においても、登場人物自身による〈語り〉は、ギリシア悲劇においても十七世紀フランス演劇においても、等しく重要な見せ場であったばかりでなく、日本の能や(7)人形浄瑠璃のように、〈語り物〉構造を保有しながら演劇の一様式として完成し得たものもある。

ブレヒトの叙事的演劇の発想のヒントも能であったし、現代作家のうちにはベケットや特にマルグリット・デュラスの近作のように、〈語り物〉構造の上に立つ作品も多く、このような作品にあっては、演戯者は演戯のレベルですでに〈語り手〉と〈行為者〉という二重性を担わされるのである。

それでは、代行型ではない演戯、物語や筋の展開などのない、踊りなどの〈純粋演戯〉においては、〈演戯者〉は単純に彼自身であろうか。これも経験則が教えてくれるように、ショーの踊り子からバレエのダンサーに至るまで、日常生活においてはなんの変哲もない人間が、舞台に立つとまったく別人のごとき輝きを発するという現象は、しばしば起きる。そのような、登場したとたんに観客の心をパッととらえて離さないような魅力、ほとんど呪縛力というべきものを、世阿弥は「花」と呼び、その内実を、能の美的規範としては、「幽玄」つまり優美艶麗とした。それは役者の単なる現実の身体的資質の函数《かんすう》ではなく、他者の視線の前に自分の身体を演出する才能であるが、しかしその演出が見えてはいけない。それを、「秘すれば花」と世阿弥は説いた。そのうえで、舞台上で行動をするわけだから、この行動の仕組み、組み立てが必要である。［中略］そのような〈行動の仕組み〉そのものが〈花〉を活かしも殺しもするのであり、身体演戯はそれを仕掛けとして持っていなければならない。

言いかえれば、(8)〈純粋演戯〉においてすら、演戯者は彼自身ではないのであり、さらには、〈純粋演戯〉においてこそ、このような〈虚構の身体〉を作ることが不可欠の前提となっている。この位相は、実は〈代行型演戯〉の場合にも、役あるいは登場人物によって覆い隠されることが多いとはいえ、存在している。初めに〈何某の演ずるハムレット〉と言い、演戯者と登場人物とを共に見ているのだと述べたが、その演戯者は、すでに現実の何某ではないので、現実生活の一市民でもなくまた登場人物でもないこのレベルを、観客は演戯的存在の現象する場として見ている。(9)演戯する存在としての彼自身こそが、逆説的に、役者の〈自己〉なのである。

今、比喩的に〈仮面〉といったが、祭儀においては仮面が変身を保証していた。神の面をつけた者は、神そのものと見なされていたのであり、面が見るのは神が見るのであって、神の面の下から人間の目が見ているなどということは瀆神《とくしん》行為以外の何ものでもなかった。しかし、(3)そのような〈祭儀の仮面〉が〈演劇の仮面〉となったとき、仮面は虚構を再-現前させるための〈仕掛け〉に変わる。仮面が人間を使うのではなく、人間が意識的に仮面を使うのだ。その意味で、世阿弥が完成したいわゆる複式夢幻能[注2]は、仮面による憑依《ひょうい》・変身の手続きと成果を、劇作術の仕組みそのものに置きかえたものだともいえる。［中略］

ともあれ、ルネッサンス以降の西洋世界では、仮面（マスク）はいかがわしい虚偽の外見であり、真実はその下に隠されているという思想が定着していたから、逆に外に現われたものは徹底的に真実に似ていなければならなかった。それは、演劇的幻想を生み出すすべての要因、すなわち演戯、劇作術、舞台形象等のすべての領域について要求された。しかし、演劇的幻想という虚偽を真実と取り違えさせようという組織的な企てだと考えれば、それは一つの欺瞞《ぎまん》である。たとえばブレヒト[注3]は、そのような演劇的欺瞞が社会的欺瞞につながるとして、役者も観客も自己のうちに批判的距離を保つことの必要を説いたが、この「異化作用」の論は、(4)演劇的幻想を括弧に入れる実践だともいえる。それをさかのぼれば、ロシア・フォルマリズム[注4]の(5)〈仕掛けの露呈〉に繋《つな》がるのだが、作業のレベルを見せることが舞台的要素となるという〈二重性〉は、日本の伝統演劇に共通して見られる特性である。

このような基本的二重性に加えて、〈代行型演戯〉には〈生成的二重性〉とも呼ぶべき構造がある。すなわち演者は、当然そこに演じられる物語のすべてを知ったうえで、あたかもまったく知らないような顔をしてそれを演じなければならない。これは古典劇のように観客が(6)熟知した作品の場合には、観客の内部でも引き受けられる〈遊戯《ゲーム》〉であるが、このように全体構造を〈宙吊り〉にして、あたかもそれが［ X ］であるかのように振る舞いつつ、しかもつねにそのような全体構造との関係で部分を、しかも時間の軸に沿って作っていくという、演劇に固有の体験を、S・K・ランガー[注5]は「未決の形式」と呼んだ。このような生成構造を、前もって仕組んでおくものが、劇作術にほかならない。

しかしこの〈未決の形式〉は、演戯者の内部で、演戯者相互ならびにそれと舞台の全体との間で、また観客の内部で、そして舞台と客席の間で演じられるものであるから、一つの複雑な〈遊戯〉（英語なら game、フランス語なら jeu）、いやむしろ〈勝負〉や〈勝負事＝賭〉に近い。そこに立ち現われるのは、演劇という営為につきものである〈他者〉という、結局は予見不可能な偶然性の働きであり、その〈他者〉とは、まずは演戯者自身の二重性にひそんでいる。世阿弥が「離見の見」という語で言おうとしたことは、このような〈他者の視線〉に身をさらして演戯することの条件

国語

（六〇分）

第一問 次の文章を読んで、後の問いに答えなさい。

〈演じる者〉と〈演じられるもの〉との関係で、舞台表現は大きく二つの傾向に分かれる。［中略］演者が彼自身を表わしている場合と、彼以外の人間を、それになり代わって、再現＝表象している場合との二つである。たとえば日本の十四世紀の芸能には、田楽と猿楽があって、共に〈能〉を演じていた。しかし田楽は、上演の前半で刀玉などの曲芸や美少年の集団歌舞を演じ——これが田楽の元芸である——次いで〈登場人物〉と〈物語＝筋〉のある〈能〉を演じたのに対し、猿楽は翁猿楽という豊穣祭祀《ほうじょうさいし》の演劇化を元芸として、〈能〉を演じていた。折口信夫によれば、〈能〉は〈態〉の略字であり、本来〈物まね〉を意味していたというから、その意味では、〈能〉とは、舞台上演のうち〈物まね〉に基づく部分、つまりアリストテレスなら〈ミメーシス mimēsis〉と説く部分を指すのである。田楽元芸のように純粋にショー的なパフォーマンスを〈純粋演戯〉と呼ぶなら、それに対して〈能〉は、〈代行型演戯〉の典型なのであった。［中略］

(1)〈代行型演戯〉において、演戯者は基本的に二重性を負わされている。舞台上で行動しているのは〈本物のハムレット〉——というものがあると仮定しての話だが——ではなく、(2)〈何某の演ずるハムレット〉である。その際、登場人物という外見あるいは仮面の下に、役者が完全に消え去るべきであり、虚構の人物とそれを演ずる人間とが過不足なく重なり合わなければならない、というのが、代換不可能な近代的個我の表現たろうとした、近代の写実主義的俳優術の要請である。その典型をスタニスラフスキー[注1]・システムに見ることができるし、近代劇作術もそのような登場人物と演戯者の関係を前提とした。しかし人が舞台上に見にくるのは、〈何某の演ずるハムレット〉であることが多く、良きにつけ悪しきにつけ、人は登場人物と役者とを同時に見ているのである。

解答編

英語

I

解答　1－c　2－d　3－f　4－e　5－c　6－f
7－e　8－b　9－c　10－b

◀解　説▶

1．全文は（The book was so）fascinating that I couldn't help（but keep reading it.）となる。so＋形容詞〔副詞〕＋that S V で「とても～なのでSはVする」の意味になる。such は後ろに（形容詞＋）名詞を伴うので本問では不可。can't help but *do* は「～しないではいられない」の意味。直訳は「その本はとても面白かったので読み続けずにはいられませんでした」である。

2．全文は（We couldn't have cancelled）the barbecue if it hadn't（rained.）となる。仮定法過去完了の文。if 節には過去完了を用いる。unless はほぼ if ～ not と等しい意味だが，本問では hadn't が否定形のため二重否定となり不適切。

3．全文は（I have to）remember to get my groceries（on Saturday.）となる。remember to *do* で「忘れずに～する」の意味。remember *doing* は「～したことを覚えている」の意味なので本問では不適切。よって getting は不要。

4．全文は What do you think will（be done next?）となる。Yes か No 以外の答えを求める疑問文では疑問詞が文頭に来なければならないため，will be done の主語である What が do you think の前に出ている。本問では「どうなる」を What … will be done で表しているため，happen は不要。

5．全文は（All）other things being equal(,) a（morning meeting suits me better.）となる。All other things being equal は独立分詞構文で「他のすべてが同じとすると」の意味を表す。可算名詞の単数形には原則とし

て冠詞が必要なので morning meeting に a が付く。same は the same の形で使うため不可。

6．全文は He finds himself quite attractive(.) となる。find O C で「O を C と思う」の意味になる。S と同一人物・ものが O に来るときは再帰代名詞を用いるため，him は不可。

7．全文は（My friend）Linda is such a nice（person.）となる。My friend Linda は同格で「私の友達のリンダ」の意味になる。関係代名詞 who は不要。such には very と同じ意味がある。

8．全文は（The school is）right in the middle of（the spring break.）となる。right は強調語で，in the middle of を強調し「真っただ中」の意味になる。during は一語で「～の間」の意味を表すため，本問では使えない。

9．全文は（The fact）that he proved to be（false amazed people.）となる。that は関係代名詞の目的格で，prove O to be C の O の代わりをしている。したがって proved to be には O がない。The fact … false が S で，amazed が V，people は O。直訳すると「彼が間違いだと証明した事実は人々を驚かせた」となる。it は it proved to be C「C ということが分かった」という表現で用いるが，本問では意味が合わず不可。

10．全文は（The building）couldn't have been being heated（with solar power.）となる。couldn't have *done* で「～ではなかっただろう」の意味を表す。「暖められて」の部分に進行形を用いて be being heated とするが，前記の表現と合わせると couldn't have been being heated となるため be は不要。

II 解答

1－a　2－c　3－d　4－b　5－a　6－a
7－c　8－c　9－c　10－d

◆全　訳◆

≪ある社員のパソコンファイルをめぐる社員同士の会話≫

ジム　　：あのねえ，僕の新しいコンピュータを再起動したら報告書が全部消えちゃったんだ。

キャロル：分かりました。質問してもいいですか？

ジム　　：うーん，いいと思うよ。

キャロル：ファイルは保存しましたか？

ジム　　：保存？　ああ，うん。画面に出てた。もちろん保存されてた。

キャロル：いえ，つまり，プログラムを使って保存しましたか？　このキーを押して，それからこのキーを押さなきゃ駄目です。それかドロップダウンメニューを使ってもいいです，そして…

ジム　　：ちょっと！　ファイルの保存法は知ってるよ。僕は馬鹿じゃない。

キャロル：そういう意味ではありません。私はただ尋ねていたんです…

ジム　　：つまりだ，僕はここで何年も働いている。今はもうコンピュータの使い方は知っているつもりだ。君たち技術屋はみんな同じだ。君らはただ君ら以外の人間は皆まぬけか何かだと思ってる。

キャロル：いえいえ。そんなことはまったく言っていません…

ジム　　：そうして君らはやって来て，君らが僕ら全員よりはるかに優れてるように聞こえるよう，あらゆるごたいそうな恐ろしい言葉を使うのさ。「サーバ」とか「メインフレーム」とか「ダウンロード」とか。なぜそんな難しい言葉をいつも使う必要があるんだい？

キャロル：まあ，それはただそう呼ばれているだけで。

ジム　　：そうさ！　いつでも自分たちは実に賢いかのように振る舞っている。でも今，君は僕の報告書に何が起きたかを言うことさえできないんだよ。

キャロル：分かりました。すみません。いいですか，あなたがどうやってファイルを保存するのか見せていただくのはどうでしょう。

ジム　　：なぜ？　僕を馬鹿にするためか？　みんなと同じようにやってるよ。まず，ファイルをクリックして，それからそれを画面の下にあるこのフォルダへドラッグする。

キャロル：ああ…下のそのフォルダですか？

ジム　　：そう，その通り。それから僕はそれが保存されているか確かめるためにそのフォルダをクリックして「エンター」を押す。

キャロル：ああ，なるほど。

ジム　　：何？　何がおかしい？

キャロル：いえ，それはただ…

ジム　　：ただ何だよ？　マウスがちゃんと動いていないとか？　ハード

ディスクに問題があるとか，なんでもいいけど。続けて。教えてよ。

キャロル：ええと，ただその「フォルダ」はゴミ箱ということだけです。ファイルを保存するかわりに，あなたは捨てちゃったんです。

ジム　　：何だって？　あり得ない。ええと，戻してくれ。それが君の仕事だ。

キャロル：ああ，すみません。それはできません。いったんファイルを捨てたら，それは永久に戻りません。

ジム　　：でも…でもそれはおかしい！　どうして僕のコンピュータにフォルダのように見えて実はファイルを捨てるようなものがあるんだろうか？

キャロル：ええと，それは私にはゴミ箱のように見えますけど。しかも，それには「ゴミ箱」と名前がついてます。でしょう？　それから，それをクリックした時にあなたが本当にファイルを削除したいのかどうか聞かれます。

ジム　　：それは単なる言い訳だ。これは君のせいだからな。君のだ，そして君の部署全員のだ。さあもう一度始めなくっちゃ。文句を言ってやるからな。

キャロル：ええと，その，もしそれがお役に立つならばどうぞそうしてください。

ロジャー：やあジム！　頑張ってるね。予算報告書は順調に進んでいるといいな。

ジム　　：あの，ロジャーさん，実はその件でお話ししなければならないことが。ちょっと問題がありまして。

ロジャー：ジム，問題って？

ジム　　：ええ，はい。あのですね，すべて終わっていたんですが，その時このキャロルがファイルを削除してしまって取り戻せないんです。

キャロル：えっと，ちょっと待ってください！

ロジャー：言い訳は無用だぞ，お嬢さん。この会社では，もし間違いを犯したらその責任は取らねばならない。

◀解　説▶

1．空所の前でジムは「僕はそんなに馬鹿じゃない」と言っている。それを受けてキャロルが「そうは言っていません。私はただ尋ねていたんです」と返す場面なので，それに近い a が正解。imply「～を暗に意味する」

2．ジムは勤務経験が長いのでコンピュータの使い方は心得ていると言っている。「僕はここで何年も働いている」という意味になる c が正解。

3．空所の前でジムは「サーバ」「メインフレーム」などのコンピュータ専門用語を「ごたいそうで恐ろしい」（big, scary）と形容している。「複雑な」を意味する d が文脈に合う。

4．空所を受けてキャロルは「下のそのフォルダですか？」と尋ねている。よって画面の「下部」を意味する b が正解。

5．ジムはゴミ箱フォルダにファイルを入れてエンターキーを押してしまったので「ファイルを保存するかわりに，あなたは捨てちゃったんです」という意味になる a が正解。

6．ジムはキャロルからゴミ箱フォルダについて説明を受けても納得せず，ファイルが消えたのはキャロルとキャロルの部署のせいだと言い張っている。選択肢の中で納得した様子がないのは a のみ。make excuses「言い訳をする」

7．キャロルがファイルを削除したと誤解したロジャーは，この会社では間違いを犯した者はどうしなければならないのかを言っている。「責任を取る」の意味が作れる c が正解。take responsibility for ～「～の責任を負う」

8．「以下の文のうちどれがロジャーの反応を最もよく表しているか？」

ロジャーはジムから報告書のファイルをキャロルが削除したと聞かされ「言い訳は無用だぞ，お嬢さん」とキャロルに言っている。c．「彼はキャロルが間違いを犯したと思っている」が正解。

9．「以下のどの文が本文におけるジムの行動を最もよく表しているか？」

ジムは報告書ファイルが消えたことに関して，キャロルに対してはキャロルとキャロルの所属する部署の責任だと言い，ロジャーに向かってもキャロルがファイルを削除したと言っている。c．「彼は自分の間違いを他の人たちのせいにしている」が正解。blame *A* for *B*「*B* を *A* のせいにする」

10．「次には何が起きそうか？」

キャロルは一度削除したファイルは永久に戻らないと言っているので，a．「キャロルがファイルを見つけるだろう」は不適当。find は「見つける」

で「探す」ではない。「～を探す」は search〔look〕for ～。また，ジムはコンピュータに問題があったとは考えていないので，b.「ジムは新しいコンピュータを入手するだろう」も不適当。c.「ロジャーが新しい予算報告書を書くだろう」にも根拠がない。d.「ジムは再び報告書を書かねばならないだろう」はジムの最後から3つ目の発言に「さあもう一度始めなくっちゃ」とあるので正解。

III　解答

1－c　2－b　3－a　4－d　5－a　6－a
7－b　8－d　9－d　10－a

◆全　訳◆

≪命を賭けて主人の子供を救った忠犬の物語≫

13世紀に，大ルウェリン王子と呼ばれる高貴な男がいた。彼の住んでいたところは北ウェールズのカーナーヴォンシャーの美しい村の近くにある大きな宮殿だった。その王子はとても熱心なハンターで，多くの時間を周りの田園地帯や森で，やはりそこを住み処とする野生動物たちを狩って過ごしていた。彼は多くの狩猟犬を飼っていたが，一番のお気に入りはゲラートと呼ばれる犬だった。その犬はルウェリン王子の飼うすべての狩猟犬の中で最も美しく，最も大きく，最も勇敢で，主人とともに狩りをすることを何よりも楽しんでいた。しかし，ゲラートの力と技にもかかわらず，その犬は森深くに住む野生の狼を王子が捕らえるのを一度も助けることができていなかった。

ある日，ルウェリン王子は妻や友人たちとともに狩りに出かけていた。夫婦は自分たちの息子である赤ん坊を子守女に預けており，今まさに家へと戻ろうとしていた。その時，ゲラートは立ち止まり，空気を嗅いで吠え始めた。そして突然，彼はルウェリン王子が呼び戻そうとしたにもかかわらず，城の方向へと全力で走り去った。

狩りの一行が家に着いた時，子守女が悲嘆に打ちひしがれた様子で彼らを出迎えた。「どうかお許しください」彼女はすすり泣いた。「私はただ少しの間お子様から離れただけなのです…そうしたら犬が…」彼女がそう言った時，ゲラートが彼らの元に走って来た。その犬は大きく音を上げて息を切らしており，鮮血の斑点が全身を覆っていた。

王子とその妻は子供のことを恐れる気持ちでいっぱいになり脅えていた。

そして彼らが赤ん坊の部屋に駆け込んだ時，彼らは言葉を失った。家具はひっくり返り，カーテンは壁から引きちぎられて，あたり一面血の海だった。部屋の中央には子供のベッドが床の上でさかさまになっていた。最悪だったのは赤ん坊の毛布がずたずたに切り裂かれていたことだった。「私の息子はどこ？」ルウェリン王子の妻は叫んだ。「私たちの息子に何が起きたの？」

ルウェリン王子は傷んだ寝具と血で汚れた彼の犬を見た。彼は激怒した。「この邪悪な犬め」と彼はゲラートに向かって叫んだ。「お前は私の息子を殺したのだ」彼は剣を引き抜き，その動物の奥深くそれを突き刺した。ゲラートは子供のベッドの横の床に倒れた。そして最後に一目主人を見て，彼は死んだ。しばらくの間，沈黙が続いた。

その時，夫婦は自分たちの小さな子供のやわらかな泣き声を聞いた。ルウェリン王子の妻はベッドに駆け寄り，正しい向きにひっくり返すと，彼女の息子が完全に無傷で床の上に横たわっているのを見た。そこにはまた，赤ん坊の引き裂かれた毛布に覆われた巨大な狼の体も見えた。ゲラートが戦い殺した狼であった。

遅すぎたが，ルウェリン王子は自分のしたことに気づいた。ゲラートは危険な犬ではなく英雄なのだった。彼は狼の匂いを嗅ぎ取った時，猟から走り去ったのだ。その勇敢な犬は主人の子供を守るため，自分よりはるかに大きく強いどう猛な動物と戦ったのだ。

自分のしたことに気づき，その王子は恥と後悔とでいっぱいになった。「勇敢なゲラートよ，お前はこんな仕打ちを受ける必要はなかった」彼は言った。彼は家来たちの方を向いた。「私の忠実で忠誠なる仲間を連れて行け。我々はこれほどに勇敢な友に似つかわしい葬儀を挙げてやろう」家来たちはゲラートを運び去り，彼を宮殿近くの緑の草原に埋葬した。そこを通る誰しもがゲラートの物語を知るように，その場所に石碑が置かれた。

今，多くの時が流れた。ゲラートが主人とともに狩りをした場所には町や村や道路が広がった。これらの村の一つはベドゲラートと名付けられているが，それはウェールズ語で「ゲラートの墓」を意味する。その地名はウェールズの地図でスノードン山の近くに見つけることができる。その村を訪れる者たちは今でもゲラートの最後の休息地であることを記す石板を見ることができ，この勇敢で忠実な友の物語を読むことができる。毎年何千人もの人々がこの地を訪れ，勇気の意味について考える。そして愚かさの意味も。

しかしゲラートの墓には小さな問題があり，それはこういうことである：その気高い獣の最後の休息地を記す石は，実際には200年も経っていないのである！　ゲラートと王子の物語は作り話に他ならないであろう可能性がとても高い。歴史と神話とが少々混乱したようである。

というのも話によると，デイヴィッド=プリッチャードという男がかつてベドゲラートの村に住み始めた。彼はロイヤル・ゴート・インの所有者で，商売はうまくいっていなかった。彼の宿屋にはほとんど飲食をしに来る客がいなかったため，彼はその小さな村にもっと多くの訪問客を引きつける方法を考え出さなければならなかった。彼は主人によって誤って殺された勇敢な犬の話を聞いたことがあり，それを村に合うように作りかえたのだった。彼はどうやらゲラートという名を考え出したらしい。そして近くの教会とその王子との関係からルウェリンという名前を物語に入れた。多くの人々は犬の墓を印す石を置いたのはプリッチャードであったのではないかと疑っている。

この物語の背後にある真実が何であれ，それは確かにあのよく知られたことわざを私たち皆に思い起こさせる：「人の一番の友は実に犬である（犬は人間の最良の友)」。

◀解　説▶

1．「忠犬ゲラートについて最もよく特徴を述べているのはどれか？」

第1段第5文（He was the …）にゲラートは「主人とともに狩りをすることを何よりも楽しんでいた」と書かれていることから，c．「王子と狩りをすることが彼の最大の喜びであった」が正解。

2．「『ゲラートは立ち止まり，空気を嗅いで吠え始めた』が示唆するのは次のうちどれか？」

第7段第3文（He had raced …）で王子が気づいた通り，ゲラートは「狼の匂いを嗅ぎ取った時，猟から走り去った」ので，b．「その犬は狼が城の近くにいることを嗅ぎ取った」が正解。

3．「空欄（　2　）を埋めよ」

空欄の後には，子供のベッドがさかさまになっていることや毛布がずたずたに引きちぎられていることが書かれている。この流れに合うものは，a．

「家具はひっくり返り，カーテンは壁から引きちぎられて，あたり一面血の海だった」である。

4．「『最後に一目主人を見る』というフレーズが最も示唆しているだろうと思われるものは何か？」

文学的な力を問う問題で論理的に正解を導き出せないが，ゲラートが命を賭けて主人の息子を守った忠犬であることを考える。猟犬としては主人の狩りの役には立てなかったものの，真っ先に異変に気づき，城に向かって走り出し，赤ん坊を守るために狼をやっつけた。にもかかわらず，主人から出た言葉は You have killed my son. で，おまけに切りつけられて死ぬのだから，自分の行いを主人に理解してもらえず，悲しかったということが読み取れる。死ぬ間際に主人に向けた瞳からすくい取れる想いは d.「主人の誤解に対する悲しみ」である。a は自分の行いに満足するのは，「忠犬」という意味からずれる。b は「主人のやさしさ」とあるが剣で刺された直後なので合わない。c.「赤ん坊に対する深い心配」は一見紛らわしいが，赤ん坊が心配なら，主人ではなく赤ん坊を見るだろう。最後の瞬間に主人を見たというところに，ゲラートの主人への思いを感じ取りたい。

5．「王子が “Brave Gelert, you did not deserve this.” と言ったのは，彼が＿＿＿だったからだ」

下線部の意味は直訳すると「勇敢なるゲラートよ，お前はこれを受けるに値しなかった」であるが，文脈から意訳すると「勇敢なゲラートよ，お前はこんな仕打ちを受ける必要はなかった」ほどの意味である。前出第7段第3文（He had raced …）で王子はゲラートが「狼の匂いを嗅ぎ取った時，猟から走り去った」と気づいており，自分は罪のないゲラートを刺し殺してしまったと悔やむ場面なので，a.「ついに非があるのはゲラートではなく狼だと理解した」が正解。

6．「犬が埋葬されたベドゲラート村について，正しいものはどれか？」

第9段最終2文（Every year thousands …）より，a.「多くの旅行者たちが今でもそこを訪れ，忠誠の美徳と過ちの結果について考える」が正解。

7．「ゲラートの墓と物語について，正しくないものはどれか？」

第10段・11段（There is, however … the dog's grave.）に犬と王子の物語は作り話であることが述べられているため，b.「それらは犬とその主人に関する史実を思い出させるものとして役立ってきた」が正解。

8.「空欄（　5　）を埋めよ」

第8段第4・5文（“Take my loyal … a courageous friend.”）で王子は家来たちに対して「私の忠実で忠誠なる仲間を連れて行け。我々はこれほどに勇敢な友に似つかわしい葬儀を挙げてやろう」と言い，ゲラートのことを仲間，友と呼んでいる。王子と犬の物語は人間と忠犬との友情を描いたものであるので，d.「人の一番の友は実に犬である」が正解。

9.「デイヴィッド=プリッチャードが行ったかもしれないことに対する筆者の姿勢を示唆するものは次のうちどれか？」

最終段（Whatever the truth …）で筆者は「この物語の背後にある真実が何であれ，それは確かにあのよく知られたことわざを私たち皆に思い起こさせる：『人の一番の友は実に犬である』」と締めくくっているため，d.「その犬の物語に関する真実性はあまり重要とは考えていない」が正解。

10.「本文によると，正しいのは次のどれか？」

第3段第2文（“Please forgive me,”…）で子守女は「そうしたら犬（が）…」としか言っておらず，何が起きたかをはっきりと説明していない。このために王子は誤解してゲラートを殺してしまったため，a.「子守女があいまいだったため，王子はゲラートの物語において誤った結論に至った」が正解。

Ⅳ　解答

1－a　2－d　3．全訳下線部参照。　4－b
5－d　6－a　7－c　8－c　9－c　10－d

◆全　訳◆

≪対立に対処する方法≫

対立は我々の生活における自然な一部である。我々は自分たちの価値観，信念，行動その他多くのことに基づいて時々他人と意見が相違する。しかし最近，我々は深刻な対立のように感じられるものがアメリカを分断しているのを見てきた。我々はなんらかの解決に向けてどのように動くか。家族や親戚における対立に焦点を当てさせて欲しい。ひょっとしたら家庭により近いところから始めると我々は国家的規模で対立を抑える方法を学べるかもしれない。

私の臨床上の経験では，対立の解決を通して関係はより強固に，より永続的に，より密接になる。しかし解決には訓練が必要である。それには家庭や友人間や我々の属する地域共同体における有効な関係のために必要な技術を身につける必要がある。対立を抜けていく過程はまた，我々が困難から回復し自分たち自身と他者についてより多くを学ぶ能力を身につけるための重要な方法でもある。(1)我々はこれらの技術を身につけ始めるのに若すぎるということは決してない，というのもその利益は生涯続き得るからだ。

家族の間では，私の臨床上の観点からは悩ましい二つの状況がある。
1．見かけ上は対立がない，つまり，隠された対立がある，決して争わない家族。
2．対立が目に見え，しばしば暴力的で相手を傷つけるようなものである家族。
これら二つの状況に共通するものは「対立解決の欠如」である。

一つの状況では，対立は否定されるか隠されている。もう一方では，憤怒と厳しさの感情が平和と許しを認めない。両方の場合において，対立は我々が家族間において互いに対して持つ必要な愛着を損ね，そしてその関係だけでなくまた個人的な安全，許容，自尊の感覚に圧力をかける。

ここに重要な前提がある：我々は皆，時々対立するであろう――それは人間関係における基本的事実である。しかし我々がそれを明白にする時，我々がその中における役割に責任を負う時，そしてそれを解決する時，我々はより密接になる。我々の愛着と帰属感は大いに改善する。

対立解決のための指針
解決は必ずしも我々が合意することを意味しない。我々は合意しないことに対して合意することができる。解決は間違いなく以下のことを含む：
• 違いの理解
• 許容
• 忍耐

• 意見の相違にかかわらず互いを愛せること

多くの対立において，今起きていることは明白である——ひょっとしたらそれは，規則や行動もしくは意見の相違をめぐる争いかもしれない。しかし時には，物事の根源に到達することはより難しい。そして人々は必ずしも状況を扱うための技術や洞察力を持っているわけではない一方で，それでもなんらかの対立があることは明らかなのだ。

対立が明白でない時，我々はその影響を子供もしくはティーンエイジャーの行動にのみ見るかもしれない。例えば，夫と妻の対立では，子供は怒りや敵対行動や腹痛のような身体的症状を示すかもしれない。子供たちは両親の言い争いに無意識に勘づき，それは行動上の問題の中に現れる。

これを念頭に置き，ここにいくつかの助言がある。

1．オープンな会話をし，両者の観点に耳を傾けなさい。
2．判断を下すのに注意をしなさい。
3．頻繁に会話をし，感情を抑制しなさい。
4．謝罪する準備をしなさい。
5．問題を特定し，計画を立てなさい。
6．責任を受け入れなさい——皆が悪いのであるし誰も悪くない。
7．暴力は対立において決して許容されるべきではない。
8．結果と償いは時には解決の一部である。
9．勝ち負けの話ではない——相違もしくは妥協とともに生きることを学びなさい。
10. 専門家の助けを求めなさい。

セラピストとして，また親として，仕事の中で私はいくつかのことを学んだ。それらの一つは，ドナルド=ウィニコットを引用すれば，「我々は失敗によって成功するのだ」。そして私が犯した最も一般的な失敗は，私の望むように行動していない患者を無意識に責めたり批判したりすることである。それは私がセラピストとして対処する必要のある対立だ。

◀解　説▶

1．最終段（In my work …）に筆者はセラピストで患者を相手に仕事をしている旨が書かれているので，aが正解。

2．第2段第1文（In my clinical …）に「対立の解決を通して関係はより強固に，より永続的に，より密接になる」と述べられているので，dが正解。

3．too ～ to *do* 構文は一般的には「あまりにも～すぎて *do* できない」と訳すよう教えられるが，「*do* するには～すぎる」とも訳せる。ここでは後者の訳が適当。as は理由を表す。

4．箇条書きされている二つの状況が，「私の臨床上の観点から」どのような状況なのかを考える。まず，二つの状況は決して c．beneficial「有益な」状況ではない。また，箇条書きの後に「これら二つの状況に共通するもの」と述べられていることから，二つは別ものという前提があるはずなので，a．identical「同一の」状況というのも合わない。同一というなら共通点しかないはずである。セラピストの筆者の意見は，「対立解決」に関して助言することだが，第4段（In one situation, …）からその対立が隠されていたり，怒りゆえに許しの余地がなかったりすると，解決の糸口も見つけられないことがうかがえる。そんな状況は助言する側からみると困った，悩ましいものであるだろうから，b．worrying「悩ましい」が適切。d．annoying「イライラさせる」

5．下線部は「帰属感」と and で結ばれているため，意味の近い d．「他者への強い愛情」が正解。

6．下線部の後の箇条書きに「違いの理解」，「許容」という言葉があることから，aが正解。

7．意見の相違が顕在化していない場合の家族への影響については第8段（When conflict is …）に記されているが，a，b，dについてはすべて書かれている一方，cへの言及はない。

8．下線部に続く箇条書きには，自分と相手の「両者の観点に耳を傾けなさい」とあるため，自分の意見を通そうという a は不適当。また「判断を下す際には注意するように」とも書かれているため，自分で判断することを勧める b も不適当。「皆が悪いのであるし誰も悪くない」とも書かれているため，「誰の考えが間違っているか注視しなさい」という d も不適当。

c は第 6 段（Resolution does not …）の箇条書きに「違いの理解」,「許容」,「意見の相違にかかわらず互いを愛せること」が対立の解決には必要と述べられているため文脈に合致する。

9．第 1 段第 1 文（Conflict is a …）に「対立は我々の生活における自然な一部である」とあり，また第 5 段第 1 文（Here is the …）にも「我々は皆，時々対立するであろう――それは人間関係における基本的事実である」とあるので，c が正解。

10．家族間の対立については国家規模での対立を解決する方法を考える手段として挙げられており，主要なテーマではないため，a.「家族における対立を取り除く方法」は不適当。第 6 段（Resolution does not …）では意見が相違しても相手を愛することの重要性が述べられているため，b.「他者を無視することによって対立を解決すること」も不適当。第 9 段（With this in …）の箇条書き 9 番（It's not about…）では「勝ち負けの話ではない」と記されているため，c.「対立での勝ち方」も不適当。本文は人間社会にはつきものの対立にどう対処するかが述べられているため，d.「対立の対処法を学ぶこと」が正解。

日本史

I

解答　(1)a．推古　b．内臣　c．神祇官　d．三善康信
e．連署　f．綸旨　g．京極

(2)①—(オ)　②—(エ)　③—(エ)　④—(イ)　⑤—(ウ)　⑥—(ウ)　⑦—(オ)　⑧—(オ)

◀解　説▶

≪古代～近世の政治≫

(1)a．推古天皇は，592年の崇峻天皇暗殺後に即位した。最初の女性の天皇である。聖徳太子を摂政とし，その治世においては冠位十二階，憲法十七条，遣隋使の派遣などがあった。

b．内臣は，大化の改新の際に新設された古代の官職である。左大臣・右大臣と並ぶ重職で中臣鎌足が任じられた。

e．連署は，鎌倉時代の執権を補佐し政務を行う役職のことである。鎌倉幕府が発行する公文書に執権とともに署名することからこう呼ばれた。

f．綸旨は，天皇の命をうけて蔵人が発行する文書である。建武の新政時に，後醍醐天皇は，綸旨を数多く発行した。

(2)②(エ)誤文。七支刀は，奈良県の石上神宮に所蔵されているもので，4世紀後半につくられたものとされる。

⑤(ウ)誤文。すでに9世紀には万葉仮名の草書体を簡略化した平仮名が使用されていた。

⑥(ウ)誤文。土岐康行は，室町時代の武将である。美濃，尾張，伊勢3カ国の守護であったが，1390年謀反を起こしたとされ討伐された。

⑦(オ)は隠岐である。後醍醐天皇は鎌倉幕府討幕をめざし，1324年に正中の変，1331年に元弘の変を起こしたが失敗し，1332年，隠岐に配流された。

⑧(オ)誤文。江戸時代初期には，大名が家臣に一定の領地を与え支配させる地方知行制がみられたが，17世紀を通じて多くの藩では俸禄制度に移行していった。

II　解答

A．(a)(b)―32　(c)(d)―13　(e)(f)―04　(g)(h)―47　(i)(j)―14　(k)(l)―36　(m)(n)―37

B．(a)(b)―12　(c)(d)―53　(e)(f)―58　(g)(h)―34　(i)(j)―41　(k)(l)―31　(m)(n)―03

◀解　説▶

≪古代～中世の仏教，近現代の社会・経済≫

A．(c)(d)『顕戒論』は，最澄が著した宗論書である。大乗戒壇設立に対する南都諸宗の論難に反駁し，大乗戒の思想の正統性を語り，大乗戒壇の設立を朝廷に訴えた。

(e)(f)阿弥陀仏は，西方極楽浄土に存在する仏のことである。すべての衆生を救おうと四十八願をたて，それを達成したとされる。浄土宗・浄土真宗では本尊とされている。

(g)(h)聖とは，平安中期以後，僧位僧官につかず隠遁修行し民間布教をはかった僧のことをいう。上人とも呼ばれる。

(k)(l)天龍寺は，臨済宗天龍寺派の大本山で京都五山の一つである。夢窓疎石のすすめにより，足利尊氏・直義が後醍醐天皇の冥福を祈るため建立した。

B．(c)(d)松方正義は，明治十四年の政変（1881年）以降，大蔵卿として松方財政と呼ばれる紙幣整理などのデフレ政策を実施した。蔵相を歴任し，首相にも二度就任している。

(e)(f)横山源之助は，明治時代の社会問題研究家である。横浜毎日新聞の記者となり，都市の底辺部の実態調査を行い，『日本之下層社会』を著した。

(g)(h)高野房太郎は，明治時代の労働運動家である。アメリカに渡り，AFL（アメリカ労働総同盟）会長ゴンパーズに影響を受け，帰国後，職工義友会・労働組合期成会を設立し，労働組合運動に携わった。

(m)(n)芦田均は，1947年に民主党を結成し，日本社会党と国民協同党との連立内閣である片山哲内閣の外相に就任した。1948年には同じく3党連立で芦田内閣を組織するが半年後，昭和電工事件で辞職した。

Ⅲ　解答

⑴a．蓄銭叙位令　b．阿氏河荘　c．鹿児島
d．徳川綱吉　e．地租　f．朝鮮　g．所得倍増

⑵①―㈹　②―㈹　③―㈹　④―㈹　⑤―㈲　⑥―㈲　⑦―㈵

◀解　説▶

≪古代～現代の史料問題≫

⑴a．史料の「和銅」「銭を蓄ふる者无し」「位を授けよ」などから，711年の蓄銭叙位令だとわかる。

c．史料の「一五四九年」，問題文の「ある西洋人」から，イエズス会のフランシスコ=ザビエルであることがわかる。そこからザビエルが日本に最初に到着した鹿児島を導き出したい。

e．史料の「田畑貢納ノ法」「地券」「百分のノ三」，問題文の「1873年に出された法令」から，地租改正の史料であることがわかる。

f．史料は，日本統治下の朝鮮で，1919年に発生した三・一独立運動の中で出された独立宣言である。やや難しい問題である。

⑵②㈹誤文。円覚寺舎利殿は，大仏様ではなく，禅宗様（唐様）でつくられた建築物である。

③㈹誤文。豊臣秀吉は1587年に博多でバテレン追放令を出し，宣教師の国外追放を命じたが，貿易は奨励していた。

⑥文章Fは1919年のことである。㈰1933年（1935年発効），㈪1905年，㈲1919年，㈵1945年，㈹1951年。よって㈲が正解となる。

⑦㈵誤文。四大公害裁判とは，水俣病，イタイイタイ病，新潟水俣病，四日市ぜんそくの四大公害に関する訴訟のことであるが，いずれも原告である住民側が勝訴している。

■世界史■

I　解答

(1)―①　(2)―⑤　(3)―②　(4)―①　(5)―④　(6)―④
(7)―①　(8)―⑤　(9)―⑤　(10)―③

◀解　説▶

≪西アジア史≫

(1)②誤文。「エジプトはナイルのたまもの」は，ヘロドトスの言葉。

③誤文。ヒクソスはシリア方面から侵入した。

④誤文。カデシュの戦いでヒッタイトは滅びず，新王国と平和条約を締結した。

⑤誤文。ロゼッタ=ストーンは神聖文字（ヒエログリフ）解読のきっかけとなった。

(2)①誤文。ユダ王国を滅ぼしたのはネブカドネザル２世。

②誤文。ハンムラビ王は古バビロニア王国の国王。

③誤文。ピラミッドの造営は古王国時代。

④誤文。メディア王国はイラン高原に建国した。

(3)①誤文。キュロス２世はメディアから自立した。

③誤文。マニ教の成立は３世紀前半頃である。

④誤文。アケメネス朝は諸民族の文化・伝統に寛容な統治を行った。

⑤誤文。イオニアの反乱はミレトスで発生した。

(4)②誤文。ウマイヤ朝は西ゴート王国を滅ぼした。

③誤文。正統カリフ時代やウマイヤ朝ではアター制が行われた。

④誤文。ササン朝滅亡のきっかけとなったのはニハーヴァンドの戦い。

⑤誤文。正統カリフやウマイヤ朝の正統性を認めたのはスンナ派。

(10) aは誤文。国際連合による分割案をユダヤ人は受け入れたが，アラブ連盟は受け入れなかった。bは正文。cは誤文。アラブ産油国は親イスラエル諸国への石油禁輸を行い，OPEC（石油輸出国機構）が原油価格を大幅に引き上げた。よって答えは③となる。

Ⅱ 解答

⑴—② ⑵—② ⑶—④ ⑷—⑤ ⑸—⑤ ⑹—②
⑺—④ ⑻—③ ⑼—④ ⑽—③

◀解 説▶

≪古代ローマ≫

⑶①誤文。元老院議員は属州総督に任命され，莫大な富を得た。

②・③誤文。イタリア半島などではコロヌスではなく奴隷を利用したラティフンディアが拡大した。

⑤誤文。ローマの最初の属州はシチリアである。

⑷①誤文。カルタゴはフェニキア人の植民市。

②誤文。カルタゴは北アフリカの現チュニジアに建設された。

③誤文。第1次ポエニ戦争はシチリア島をめぐって始まった。

④誤文。カルタゴを滅ぼしたのは小スキピオ。

⑸①誤文。エピクテトスはストア派の哲学者。

②誤文。ストラボンの著作は『地理誌』であり，『ゲルマニア』はタキトゥスの著作。

③誤文。プトレマイオスは天動説を唱えた。

④誤文。『博物誌』はプリニウスの著作であり，プルタルコスは『対比列伝』（『英雄伝』）をまとめた。

⑹①誤文。グラックス兄弟は大土地所有の土地を没収し無産市民に分配することを目指したが，失敗した。

③誤文。同盟市戦争の結果，イタリア半島にローマ市民権が拡大した。

④誤文。ガリア遠征を行ったのはカエサル。

⑤誤文。マリウスは志願兵制を実施する兵制改革を実施した。

⑻①誤文。「ローマの平和」の時代は元首政が行われていた。

②誤文。ローマの版図が最大となったのはトラヤヌス帝の時代。

④誤文。四帝分治制は専制君主政を始めたディオクレティアヌス帝が導入した。

⑤誤文。『ローマ法大全』はビザンツ帝国のユスティニアヌス帝が編纂させた。

⑽①誤文。チョーラ朝やパーンディヤ朝はドラヴィダ系の国家。

②誤文。西域都護となったのは班超であり，その兄の班固は『漢書』の著者として知られる。

④誤文。グプタ朝は北インドを統一した王朝であり，海上交易で繁栄したわけではない。

⑤誤文。扶南が建国されたのはメコン川流域である。

III 解答

(1)—⑤　(2)—⑤　(3)—③　(4)—④　(5)—④　(6)—⑤
(7)—④　(8)—③　(9)—①　(10)—③

◀解　説▶

≪ローマ教会≫

(1)①誤文。ヴァンダル王国は北アフリカに建国され，ビザンツ帝国のユスティニアヌス帝に滅ぼされた。

②誤文。トゥール・ポワティエ間の戦いで，カロリング家のカール=マルテルがウマイヤ朝を撃退した。

③誤文。フランクを統一したのはクローヴィス。

④誤文。カールはローマ教皇レオ3世からローマ皇帝の冠を受けた。

(2)①誤文。ハギア=ソフィア聖堂はコンスタンティノープルに建立された。

②誤文。聖像禁止令はビザンツ皇帝レオン3世が発布した。

③誤文。聖像禁止令は843年に解除された。

④誤文。ローマ帝国の版図を一時回復したのはユスティニアヌス帝。

(3) aは誤文。アミアンの和約はナポレオンとイギリスとの和約（1802年）。bは正文。cは誤文。カルケドン公会議（451年）では単性論が異端とされた。よって答えは③となる。

(5)④が正しい。フランチェスコ修道会は，インノケンティウス3世が口頭で認可した。その後，ホノリウス3世が正式に承認した。

(10)①誤文。イギリス国教会では教義や祭礼にカトリック的な要素を残している。

②誤文。人身保護法が制定されたのは1679年で，チャールズ2世の時代。

④誤文。トマス=モアの著作は『ユートピア』であり，『愚神礼賛』はエラスムスの著作。

⑤誤文。統一法はエドワード6世やエリザベス1世の時代に制定されたが，カトリックに復帰したメアリ1世の治世下には制定されていない。

Ⅳ 解答

⑴—④　⑵—②　⑶—④　⑷—③　⑸—①　⑹—⑤
⑺—③　⑻—①　⑼—③　⑽—②

◀解　説▶

≪ナポレオン1世，19世紀のヨーロッパ，ロシア革命≫

⑵②不適。ナポレオンによるエジプト遠征は1798～99年であり，第一共和政期における総裁政府の時代である。

⑶①誤文。神聖同盟を提唱したのはアレクサンドル1世。

②誤文。ポーランド国王はロシア皇帝が兼任した。

③誤文。ウィーン体制では自由主義と国民主義が抑圧された。

⑤誤文。正統主義を主張したのはフランスのタレーランであり，フランスやスペインではブルボン朝が復活した。

⑷①誤文。ウェストミンスター憲章は戦間期の1931年に制定された。

②誤文。航海法が廃止され，自由貿易体制が進展した。

④誤文。『諸国民の富』（『国富論』）はアダム=スミスの著作。

⑤誤文。チャーティスト運動では，人民憲章（ピープルズ=チャーター）が掲げられた。

⑸②誤文。イタリア王国の初代首相はカヴール。

③誤文。カルボナリはオーストリア軍により鎮圧された。

④誤文。両シチリア王国を占領したのはガリバルディ。

⑤誤文。イタリア王国はプロイセン=オーストリア戦争（普墺戦争）に際してヴェネツィアを，プロイセン=フランス戦争（普仏戦争）に際して教皇領を併合した。

⑹aは誤文。オーストリアはドイツ関税同盟に参加していない。bは誤文。大ドイツ主義はオーストリアを含めてのドイツ統一を目指した。cは誤文。ビスマルクはプロイセンの首相になると鉄血政策を開始し，ドイツ統一を達成した。よって答えは⑤となる。

⑻②誤文。ロシア帝国はロシア二月革命（三月革命）によってニコライ2世が退位し，崩壊した。

③誤文。ストルイピンの改革は日露戦争後に実施された。

④誤文。開設されたドゥーマは制限選挙であった。

⑤誤文。ロシア二月革命（三月革命）後の臨時政府の中心となったのは立憲民主党である。またレーニンとトロツキーはボリシェヴィキに，ケレン

スキーは社会革命党にそれぞれ所属している。

⑽①誤文。ヨーロッパ共同体（EC）の結成は1967年。

③誤文。オーストリアは永世中立国であり，ワルシャワ条約機構には加盟していない。

④誤文。キューバ危機は1962年に発生した。

⑤誤文。コミンテルンの結成は1919年であり，1947年にはコミンフォルムが設立された。

V　解答

⑴―②　⑵―④　⑶―⑤　⑷―③　⑸―②　⑹―①
⑺―④　⑻―②　⑼―⑤　⑽―③

◀解　説▶

≪イギリス産業革命，中国の改革・開放政策≫

⑴①誤文。ジャイナ教は前5世紀頃にマガダ国で成立した。

③誤文。グプタ朝では特にヒンドゥー教が広まった。仏典の結集はマウリヤ朝で行われた。

④誤文。ヒンドゥー教の確立はグプタ朝の頃。

⑤誤文。バクティ運動は南インドで7世紀頃に広がった。

⑷①誤文。ミズーリ協定では奴隷制度についての妥協が成立した。

②誤文。奴隷貿易禁止法の制定は1807年で，グラッドストンの誕生以前のこと。

④誤文。トゥサン=ルヴェルチュールはハイチの独立直前に獄死した。

⑤誤文。ブラジルでは主にサトウキビがプランテーションで栽培された。

⑹改革・開放政策は1978年以降実施された。

②誤文。二・二八事件は1947年に発生した。

③誤文。東南アジア諸国連合（ASEAN）の結成は1967年。

④誤文。日華平和条約は日本と中華民国との条約であり，中国との国交樹立は日中共同声明（1972年）の結果である。

⑤誤文。劉少奇が経済計画を見直し市場経済を復活させたのは「大躍進」政策が失敗した1959年のこと。

⑺①誤文。沖縄には現在でも，在日米軍の専用施設の70％が集中している。

②誤文。サンフランシスコ講和会議には中国は出席していない。また，ソ連などは会議には出席したが，平和条約には調印していない。

③誤文。大躍進政策では，生産力が停滞し数千万の餓死者が出たと推計されている。

⑤誤文。日本国憲法の公布は1946年のこと。

⑻①誤文。中国共産党は陳独秀や李大釗により結成された。

③誤文。プロレタリア文化大革命では毛沢東が復権し，鄧小平は実権派（走資派）として失脚した。

④誤文。中華ソヴィエト共和国臨時政府の首都は江西省の瑞金におかれた。

⑤誤文。中華人民共和国建国時の首相は周恩来。

⑼①誤文。『新青年』を刊行したのは陳独秀。康有為は清末の変法運動の指導者。

②誤文。『農政全書』は明代の著作。

③誤文。『文選』は南朝梁の昭明太子が選定した。白話文学を提唱した雑誌は『新青年』。

④誤文。『本草綱目』は明代の著作。

れほどめでたい家のしるしであるだろうか〟の意。天人や仏菩薩が乗ってくる「紫の雲」は〝めでたいしるし〟。「藤の花」を藤原氏の象徴としている。公任は藤の花を紫雲にたとえて、藤原道長家の繁栄の祝いとしたので合致する。

エ、合致しない。次の箇所の解釈に注意しよう。傍線部(3)の後に「誰も心にくがりけるに」、傍線部(11)の前後に「そこらの上達部・殿上人、心にくく思ひければ」とあるが、これらの「心にくし」は〝苦々しい〟という意味ではなく〝心ひかれる〟の意である。オ、合致しない。公任自身が自分の歌を卑下するような台詞はあるが、結果的には最後、皆が公任の歌を聞いて称賛する。文章の主題は公任の歌に対する称賛であり、道長はじめ人々は公任を頼みにしているのである。

一三 (i)「何況」は「なんぞいはんや」と読み〝まして…〟の意。傍線部の解釈は〝ましてや法皇の御製(＝天皇や皇族が詠んだ和歌や詩文)についてはなおさらである〟。〝まして…〟は、傍線部の直前の文「上達部、…聞かざる事なり」(＝上達部が、左府の命によって和歌を献上することは、昔から、聞いたことのないことである)を踏まえての内容になっている。実資は、まして法皇が自分の歌を下賜されるなんて前代未聞だと言っている。

(ii)リード文に「実資は、和歌を献上せよという藤原道長(左府)の命に対し、詠歌を辞退している」とある。波線部は〝(実資は)堪えられないということを申させた〟の意で、実資は、道長の使いの者へ詠歌辞退を伝えさせた。解答としては、使役の助動詞「しむ」に相当する漢字を選ぼう。一般的には「使」を用いるが、選択肢にないので、命令してさせる場合に用いる2の「令」が正解となる。

一四 『和漢朗詠集』は藤原公任撰の詩歌集で、平安時代中期の成立。

三

解答

一 (1)かも (2)いふ (3)じじょうじばく

二 (1)鑑(鑒も可) (2)捻出(拈出も可) (3)試行錯誤

用法の「なむ」。4は、係助詞「なむ」で、結びは「ける」。5は、活用語の未然形に付く終助詞「なむ」で、他者への願望〝…てほしい〟を表す。

九　形容詞「いみじ」は善悪とも〝程度が甚だしい〟意となる。ここでは〝まったく弱る、本当に困る、ひどく辛い〟といった解釈となる。「候ふ」は丁寧語でここでは補助動詞〝…ます、…（て・で）ございます〟の意。

一〇　「故」は、いろいろな事柄の根本を表す語で〝原因、理由〟〝由来、由緒〟〝風情、趣〟などの意味がある。ここは〝風情、趣〟の意。詠歌を極力辞退しようとした公任が差し出してきた歌であり、大勢の上達部や殿上人はつまらない歌のはずはないと期待をしていたのである。「じ」は打消推量の助動詞、ここは〝…ないだろう〟の意。

一一　傍線部(13)の直前の「大納言も、殿をはじめ、みな人、いみじと思ふ気色を見たまひて」に着目しよう。主語は、歌をほめられた公任である。「今なむ、胸すこし落ちゐ侍りぬる」とは〝今やっと、胸のつかえが少し落ち着きました〟の意。自信がないという理由で詠進を辞退するほど思案した公任であったが、道長からはどうしても詠進するように再三言われたので、苦しんだ上で差し出した歌である。道長、上達部、殿上人たちが歌に喜ぶ姿を見て公任は一安心したのである。

一二　ア、全体的に合致する内容。特に傍線部(7)を含む文「あるべきことにも…書くまじきことなり」に着目しよう。〝とんでもないことだ。他の歌人の歌はなくてもよいだろうが、あなたの歌がなければ、そもそも色紙形を書くつもりはない〟という意味であり、ここまで道長が言っているように、問題文の主題は藤原公任の歌に対する称賛である。イ、合致しない。歌の題については、問題文初めにあるように、公任へは藤の花の一面（屏風）が題材として割り当てられている。傍線部(10)を含む台詞で、当時の有力歌人長能でも「岸の柳」（「岸」は彼岸、「柳」は離別を表し不吉な題材）の歌を詠んでしまい、場の雰囲気をわるくすることもあり、私（公任）がうまく詠めないのは当然です、と言っている場面はあるが、公任が自分に与えられた歌の題材の変更を申し出ている場面はない。ウ、公任の歌「紫の雲とぞ見ゆる藤の花いかなる宿のしるしなるらん」は〝紫の雲かと見える（素晴らしく咲いている）藤の花は、ど

(11)「心にくく」は形容詞（ク活用）「心にくし」の連用形。ねたましく感じるほど相手がすぐれていることをいう。ここでは大納言が詠んだ歌に心がひかれている心情が読み取れるので、3が最適となる。

二 旧暦四月の別名は「卯月」で、季節は夏となる。

三 道長が和歌を献上させようとしている場面で藤原公任が来るのが遅れており、道長が使いを出して催促している。立ったり座ったりして落ち着かない道長のところへ公任が参上したのである。「まゐり」は道長に敬意を表す謙譲語。

四 副詞「え」は下に打消の語を伴い〝とても…できない〟。「出でぬに」の「に」は接続助詞でここでは逆接。「さりとも」は〝そうであっても〟の意。傍線部(3)を含む会話文は〝他の歌人たちは、たいした歌などは詠めないが、そうであっても（この大納言（＝公任）は名歌を詠んできたはずだ）〟という解釈となる。

五 藤原公任（四条大納言）の台詞である。「悪くて」は〝下手な（歌）を〟の意。「ん」は仮定・婉曲の助動詞で、〝…としたら、そのような〟の意。「悪くて奉りたらん」と「まゐらせぬ」を比べると前者の方がよくないと言っている。つまり、歌を献上するのを公任は辞退しようとしているので、5が正解。

六 傍線部(6)の後の「とやうに、いみじく逃れ申したまへど」〝と言って、極力辞退申し上げなさるが〟に着目しよう。「名」は〝評判、うわさ、名ばかり、虚名〟などの意があるが、ここでは〝（悪い）評判〟や〝不名誉〟といった解釈になる。公任は、歌の献上を辞退したい理由を道長に述べている。

七 傍線部(7)の前の「殿」に着目しよう。公任が歌の献上を辞退したいと述べたことに対する道長の台詞である。「あるべきことにもあらず」とは〝もってのほかだ〟の意。その後に〝他の人の歌はなくてもよい。あなたの歌がないならば、そもそも色紙形を書くつもりはない〟とまで言っている。道長の、公任（の歌）に対する敬意がうかがえる。

八 「有りなむ」の「なむ」は、活用語の連用形に接続する連語で確述用法と呼ばれ〝きっと…する〟の意。「な」は完了の助動詞「ぬ」未然形＋推量の助動詞「む」。1は、係助詞「なむ」で、結びは省略されている。2は、ナ変動詞「死ぬ」未然形活用語尾「な」＋推量の助動詞「む」。3が正解。ハ行四段活用動詞「たまふ」連用形に接続する確述

二

出典　『古本説話集』〈上巻〉

解答

一　(4)―1　(9)―5　(11)―3
二　5
三　2
四　3
五　5
六　3
七　4
八　3
九　4
一〇　4
一一　公任は詠進に思案したが、殿や人々の喜ぶ様を見て安心したから。（三十字以内）
一二　ア―1　イ―2　ウ―1　エ―2　オ―2
一三　(i)―1　(ii)―2
一四　5

▲解　説▼

一　(4)副詞「さらに」は下に打消の語がくると〝まったく…ない〟の意。傍線部(4)を含む文の解釈は〝まったく立派な歌は詠めません〟となる。

(9)「まめやかに」は形容動詞（ナリ活用）「まめやかなり」の連用形で、〝まじめに、真剣に〟の意。

う。第九段落内の「日常生活においてはなんの変哲もない人間が、舞台に立つとまったく別人のごとき輝きを発する」や「他者の視線の前に自分の身体を演出する才能」といった「〈虚構の身体〉」の説明に合致する1が最適。

一〇　第二段落に「人は登場人物と役者とを同時に見ている」とあり、これを踏まえて、舞台上の役者が「現実生活の一市民でもなくまた登場人物でもないこのレベル」（傍線部(9)直前）に達していることに着目しよう。「自己」とは〝自分・おのれ〟の意であるが、ここにおいて「役者の〈自己〉」は通常の〝自分〟ではなく、役者と登場人物の「二重性」のうちにある。4が最適。

一一　「これらの演劇」とは、「現代における西洋型演劇」とは別の演劇ジャンルのこと。具体的には「コメディア・デ・ラルテ」の「即興」（第十一・十二段落）や「能のシテ」や「歌舞伎の女形」（第十三段落）である。「舞台の成果が劇作術以上に俳優の作業にかかっている」とは、演戯の「即興」や「変奏」の重要性のこと。舞台で輝きを発するためには身体的な訓練が不可欠で、その上で初めて即興や変奏につながるという特質をまとめよう。〈虚構の身体〉を覚えるとは、つまり本文の「演戯的知」や「類型」を覚えることと同義であるため、そちらに置き換えて記述してもよい。

一二　ア、第一段落で田楽の元芸は〈純粋演戯〉であったと記されているが、猿楽の方は〈能〉＝〈代行型演戯〉を元芸としたとあるので合致しない。イ、第四段落の冒頭文と合致する。ウ、第七段落後半参照。「〈語り物〉構造を保有しながら演劇の一様式として完成し得た…」とあるのは、西洋だけでなく「日本の能や人形浄瑠璃」も同様であるので、ウのように「西洋において…」と限定するのは不適切である。エ、第九段落での例示に合致する。オ、役者自身の性別を強調して演じる重要性が書かれた箇所は問題文中にない。最終段落で能のシテ役や歌舞伎の女形の例が示されるが、舞台で輝く身体訓練を積んでいる者が多様な幻想の演戯を変奏できるのだという説明のためである。

◀解　説▶

一　第二段落最終文「しかし」以降に着目しよう。「舞台上に見にくるのは、…良きにつけ悪しきにつけ、人は登場人物と役者とを同時に見ているのである」とあるように、観客は、物語中の登場人物（例えばハムレット）をどんな役者がどのように演じているのか興味をもって見ているのである。役者というものは、舞台で登場人物としても、演じる者としても見られるという「二重性」を負わされている。5が最適。

二　「何某」は「なにがし」「なにぼう」と読み〝不明瞭のまま、どこそこ、だれそれ〟などを意味する。3が最適。

三　「〈祭儀の仮面〉」と「〈演劇の仮面〉」の違いは、傍線部(3)の前に述べられている。前者については「祭儀においては仮面が変身を保証していた。神の面をつけた者は、神そのもの…」とある。後者については、前の段落に「登場人物という外見あるいは仮面の下に、役者が完全に消え去る」とある。よって、仮面をつけることで、前者は「神」に、後者は「登場人物」になるということである。この内容をおさえている3が適切。

四　傍線部(4)の例示が、直前の「ブレヒト」の「異化作用」であることに着目しよう。「役者も観客も自己のうちに批判的距離を保つこと」とは、演劇的幻想と一旦距離を取り、その上で演劇で描いていることを現実問題として考え直させることである。1は演劇的幻想から距離を取って現実として扱うということであり、これが適切。

五　「露呈」〝隠れていたものがあらわになること〟。4「吐露」〝考えていることを包み隠さず述べること〟が近い。

六　「熟知」〝十分によく知っていること〟。3「通暁」〝非常にくわしく知り抜いていること〟が近い。

七　第五段落二・三文目「すなわち演者は、…」に着目しよう。演者はもちろん物語を知らない顔をして演じる、物語自体が有名な古典劇では観客も同様である。これを「〈生成的二重性〉」、「〈遊戯〉」、「〈宙吊り〉」という言葉で表現している。〝知っているが知らないように振る舞う〟という意味になるように空欄を埋めよう。2「不在」が最適。

八　近松門左衛門は、江戸中期に竹本義太夫と提携して浄瑠璃の名作を生んだ。

九　傍線部(8)に続く部分の「〈純粋演戯〉においてこそ、このような〈虚構の身体〉を作ることが不可欠」に着目しよ

国語

一

出典　渡辺守章『演劇とは何か』（講談社学術文庫）

解答

一　5

二　3

三　3

四　1

五　4

六　3

七　2

八　3

九　1

一〇　4

一一　演戯的知を内蔵しかつ担いうる総合的身体の訓練を前提とし、多様な表現が可能になること。（四十字程度）

一二　ア―2　イ―1　ウ―2　エ―1　オ―2

一三　5

//////////////////// · memo · ////////////////////

//////////////////// · memo · ////////////////////

//////////////////// · memo · ////////////////////

////////////////////// · memo · //////////////////////

//////////////////// · memo · ////////////////////

//////////////////// · memo · ////////////////////

教学社 刊行一覧

2025年版 大学赤本シリーズ

374大学556点
全都道府県を網羅

国公立大学（都道府県順）

全国の書店で取り扱っています。店頭にない場合は，お取り寄せができます。

1 北海道大学(文系−前期日程)
2 北海道大学(理系−前期日程) 医
3 北海道大学(後期日程)
4 旭川医科大学(医学部〈医学科〉) 医
5 小樽商科大学
6 帯広畜産大学
7 北海道教育大学
8 室蘭工業大学／北見工業大学
9 釧路公立大学
10 公立千歳科学技術大学
11 公立はこだて未来大学 総推
12 札幌医科大学(医学部) 医
13 弘前大学 医
14 岩手大学
15 岩手県立大学・盛岡短期大学部・宮古短期大学部
16 東北大学(文系−前期日程)
17 東北大学(理系−前期日程) 医
18 東北大学(後期日程)
19 宮城教育大学
20 宮城大学
21 秋田大学 医
22 秋田県立大学
23 国際教養大学 総推
24 山形大学 医
25 福島大学
26 会津大学
27 福島県立医科大学(医・保健科学部) 医
28 茨城大学(文系)
29 茨城大学(理系)
30 筑波大学(推薦入試) 医 総推
31 筑波大学(文系−前期日程)
32 筑波大学(理系−前期日程) 医
33 筑波大学(後期日程)
34 宇都宮大学
35 群馬大学 医
36 群馬県立女子大学
37 高崎経済大学
38 前橋工科大学
39 埼玉大学(文系)
40 埼玉大学(理系)
41 千葉大学(文系−前期日程)
42 千葉大学(理系−前期日程) 医
43 千葉大学(後期日程) 医
44 東京大学(文科) DL
45 東京大学(理科) DL 医
46 お茶の水女子大学
47 電気通信大学
48 東京外国語大学 DL
49 東京海洋大学
50 東京科学大学(旧 東京工業大学)
51 東京科学大学(旧 東京医科歯科大学) 医
52 東京学芸大学
53 東京藝術大学
54 東京農工大学
55 一橋大学(前期日程)
56 一橋大学(後期日程)
57 東京都立大学(文系)
58 東京都立大学(理系)
59 横浜国立大学(文系)
60 横浜国立大学(理系)
61 横浜市立大学(国際教養・国際商・理・データサイエンス・医〈看護〉学部)
62 横浜市立大学(医学部〈医学科〉) 医
63 新潟大学(人文・教育〈文系〉・法・経済科・医〈看護〉・創生学部)
64 新潟大学(教育〈理系〉・理・医〈看護を除く〉・歯・工・農学部) 医
65 新潟県立大学
66 富山大学(文系)
67 富山大学(理系) 医
68 富山県立大学
69 金沢大学(文系)
70 金沢大学(理系) 医
71 福井大学(教育・医〈看護〉・工・国際地域学部)
72 福井大学(医学部〈医学科〉) 医
73 福井県立大学
74 山梨大学(教育・医〈看護〉・工・生命環境学部)
75 山梨大学(医学部〈医学科〉) 医
76 都留文科大学
77 信州大学(文系−前期日程)
78 信州大学(理系−前期日程) 医
79 信州大学(後期日程)
80 公立諏訪東京理科大学 総推
81 岐阜大学(前期日程) 医
82 岐阜大学(後期日程)
83 岐阜薬科大学
84 静岡大学(前期日程)
85 静岡大学(後期日程)
86 浜松医科大学(医学部〈医学科〉) 医
87 静岡県立大学
88 静岡文化芸術大学
89 名古屋大学(文系)
90 名古屋大学(理系) 医
91 愛知教育大学
92 名古屋工業大学
93 愛知県立大学
94 名古屋市立大学(経済・人文社会・芸術工・看護・総合生命理・データサイエンス学部)
95 名古屋市立大学(医学部〈医学科〉) 医
96 名古屋市立大学(薬学部)
97 三重大学(人文・教育・医〈看護〉学部)
98 三重大学(医〈医〉・工・生物資源学部) 医
99 滋賀大学
100 滋賀医科大学(医学部〈医学科〉) 医
101 滋賀県立大学
102 京都大学(文系)
103 京都大学(理系) 医
104 京都教育大学
105 京都工芸繊維大学
106 京都府立大学
107 京都府立医科大学(医学部〈医学科〉) 医
108 大阪大学(文系) DL
109 大阪大学(理系) 医
110 大阪教育大学
111 大阪公立大学(現代システム科学域〈文系〉・文・法・経済・商・看護・生活科〈居住環境・人間福祉〉学部−前期日程)
112 大阪公立大学(現代システム科学域〈理系〉・理・工・農・獣医・医・生活科〈食栄養〉学部−前期日程) 医
113 大阪公立大学(中期日程)
114 大阪公立大学(後期日程)
115 神戸大学(文系−前期日程)
116 神戸大学(理系−前期日程) 医
117 神戸大学(後期日程)
118 神戸市外国語大学 DL
119 兵庫県立大学(国際商経・社会情報科・看護学部)
120 兵庫県立大学(工・理・環境人間学部)
121 奈良教育大学／奈良県立大学
122 奈良女子大学
123 奈良県立医科大学(医学部〈医学科〉) 医
124 和歌山大学
125 和歌山県立医科大学(医・薬学部) 医
126 鳥取大学 医
127 公立鳥取環境大学
128 島根大学 医
129 岡山大学(文系)
130 岡山大学(理系) 医
131 岡山県立大学
132 広島大学(文系−前期日程)
133 広島大学(理系−前期日程) 医
134 広島大学(後期日程)
135 尾道市立大学 総推
136 県立広島大学
137 広島市立大学
138 福山市立大学 総推
139 山口大学(人文・教育〈文系〉・経済・医〈看護〉・国際総合科学部)
140 山口大学(教育〈理系〉・理・医〈看護を除く〉・工・農・共同獣医学部) 医
141 山陽小野田市立山口東京理科大学 総推
142 下関市立大学／山口県立大学
143 周南公立大学 新 総推
144 徳島大学 医
145 香川大学 医
146 愛媛大学 医
147 高知大学 医
148 高知工科大学
149 九州大学(文系−前期日程)
150 九州大学(理系−前期日程) 医
151 九州大学(後期日程)
152 九州工業大学
153 福岡教育大学
154 北九州市立大学
155 九州歯科大学
156 福岡県立大学／福岡女子大学
157 佐賀大学 医
158 長崎大学(多文化社会・教育〈文系〉・経済・医〈保健〉・環境科〈文系〉学部)
159 長崎大学(教育〈理系〉・医〈医〉・歯・薬・情報データ科・工・環境科〈理系〉・水産学部) 医
160 長崎県立大学 総推
161 熊本大学(文・教育・法・医〈看護〉学部・情報融合学環〈文系型〉)
162 熊本大学(理・医〈看護を除く〉・薬・工学部・情報融合学環〈理系型〉) 医
163 熊本県立大学
164 大分大学(教育・経済・医〈看護〉・理工・福祉健康科学部)
165 大分大学(医学部〈医・先進医療科学科〉) 医
166 宮崎大学(教育・医〈看護〉・工・農・地域資源創成学部)
167 宮崎大学(医学部〈医学科〉) 医
168 鹿児島大学(文系)
169 鹿児島大学(理系) 医
170 琉球大学 医

2025年版　大学赤本シリーズ

国公立大学 その他

171 〔国公立大〕医学部医学科 総合型選抜・学校推薦型選抜※ 医 総推
172 看護・医療系大学〈国公立 東日本〉※
173 看護・医療系大学〈国公立 中日本〉※
174 看護・医療系大学〈国公立 西日本〉※
175 海上保安大学校／気象大学校
176 航空保安大学校
177 国立看護大学校
178 防衛大学校 総推
179 防衛医科大学校(医学科) 医
180 防衛医科大学校(看護学科)

※No.171～174の収載大学は赤本ウェブサイト(http://akahon.net/)でご確認ください。

私立大学①

北海道の大学(50音順)

201 札幌大学
202 札幌学院大学
203 北星学園大学
204 北海学園大学
205 北海道医療大学
206 北海道科学大学
207 北海道武蔵女子大学・短期大学
208 酪農学園大学(獣医学群〈獣医学類〉)

東北の大学(50音順)

209 岩手医科大学(医・歯・薬学部) 医
210 仙台大学 総推
211 東北医科薬科大学(医・薬学部) 医
212 東北学院大学
213 東北工業大学
214 東北福祉大学
215 宮城学院女子大学 総推

関東の大学(50音順)

あ行(関東の大学)

216 青山学院大学(法・国際政治経済学部ー個別学部日程)
217 青山学院大学(経済学部ー個別学部日程)
218 青山学院大学(経営学部ー個別学部日程)
219 青山学院大学(文・教育人間科学部ー個別学部日程)
220 青山学院大学(総合文化政策・社会情報・地球社会共生・コミュニティ人間科学部ー個別学部日程)
221 青山学院大学(理工学部ー個別学部日程)
222 青山学院大学(全学部日程)
223 麻布大学(獣医、生命・環境科学部)
224 亜細亜大学
226 桜美林大学
227 大妻女子大学・短期大学部

か行(関東の大学)

228 学習院大学(法学部ーコア試験)
229 学習院大学(経済学部ーコア試験)
230 学習院大学(文学部ーコア試験)
231 学習院大学(国際社会科学部ーコア試験)
232 学習院大学(理学部ーコア試験)
233 学習院女子大学
234 神奈川大学(給費生試験)
235 神奈川大学(一般入試)
236 神奈川工科大学
237 鎌倉女子大学・短期大学部
238 川村学園女子大学
239 神田外語大学
240 関東学院大学
241 北里大学(理学部)
242 北里大学(医学部) 医
243 北里大学(薬学部)
244 北里大学(看護・医療衛生学部)
245 北里大学(未来工・獣医・海洋生命科学部)
246 共立女子大学・短期大学
247 杏林大学(医学部) 医
248 杏林大学(保健学部)
249 群馬医療福祉大学・短期大学部
250 群馬パース大学 総推
251 慶應義塾大学(法学部)
252 慶應義塾大学(経済学部)
253 慶應義塾大学(商学部)
254 慶應義塾大学(文学部) 総推
255 慶應義塾大学(総合政策学部)
256 慶應義塾大学(環境情報学部)
257 慶應義塾大学(理工学部)
258 慶應義塾大学(医学部) 医
259 慶應義塾大学(薬学部)
260 慶應義塾大学(看護医療学部)
261 工学院大学
262 國學院大學
263 国際医療福祉大学 医
264 国際基督教大学
265 国士舘大学
266 駒澤大学(一般選抜T方式・S方式)
267 駒澤大学(全学部統一日程選抜)

さ行(関東の大学)

268 埼玉医科大学(医学部) 医
269 相模女子大学・短期大学部
270 産業能率大学
271 自治医科大学(医学部) 医
272 自治医科大学(看護学部)／東京慈恵会医科大学(医学部〈看護学科〉)
273 実践女子大学 総推
274 芝浦工業大学(前期日程)
275 芝浦工業大学(全学統一日程・後期日程)
276 十文字学園女子大学
277 淑徳大学
278 順天堂大学(医学部) 医
279 順天堂大学(スポーツ健康科・医療看護・保健看護・国際教養・保健医療・医療科・健康データサイエンス・薬学部) 総推
280 上智大学(神・文・総合人間科学部)
281 上智大学(法・経済学部)
282 上智大学(外国語・総合グローバル学部)
283 上智大学(理工学部)
284 上智大学(TEAPスコア利用方式)
285 湘南工科大学
286 昭和大学(医学部) 医
287 昭和大学(歯・薬・保健医療学部)
288 昭和女子大学
289 昭和薬科大学
290 女子栄養大学・短期大学部 総推
291 白百合女子大学
292 成蹊大学(法学部ーA方式)
293 成蹊大学(経済・経営学部ーA方式)
294 成蹊大学(文学部ーA方式)
295 成蹊大学(理工学部ーA方式)
296 成蹊大学(E方式・G方式・P方式)
297 成城大学(経済・社会イノベーション学部ーA方式)
298 成城大学(文芸・法学部ーA方式)
299 成城大学(S方式〈全学部統一選抜〉)
300 聖心女子大学
301 清泉女子大学
303 聖マリアンナ医科大学 医
304 聖路加国際大学(看護学部)
305 専修大学(スカラシップ・全国入試)
306 専修大学(前期入試〈学部個別入試〉)
307 専修大学(前期入試〈全学部入試・スカラシップ入試〉)

た行(関東の大学)

308 大正大学
309 大東文化大学
310 高崎健康福祉大学
311 拓殖大学
312 玉川大学
313 多摩美術大学
314 千葉工業大学
315 中央大学(法学部ー学部別選抜)
316 中央大学(経済学部ー学部別選抜)
317 中央大学(商学部ー学部別選抜)
318 中央大学(文学部ー学部別選抜)
319 中央大学(総合政策学部ー学部別選抜)
320 中央大学(国際経営・国際情報学部ー学部別選抜)
321 中央大学(理工学部ー学部別選抜)
322 中央大学(5学部共通選抜)
323 中央学院大学
324 津田塾大学
325 帝京大学(薬・経済・法・文・外国語・教育・理工・医療技術・福岡医療技術学部)
326 帝京大学(医学部) 医
327 帝京科学大学 総推
328 帝京平成大学 総推
329 東海大学(医〈医〉学部を除くー一般選抜)
330 東海大学(文系・理系学部統一選抜)
331 東海大学(医学部〈医学科〉) 医
332 東京医科大学(医学部〈医学科〉) 医
333 東京家政大学・短期大学部 総推
334 東京経済大学
335 東京工科大学
336 東京工芸大学
337 東京国際大学
338 東京歯科大学
339 東京慈恵会医科大学(医学部〈医学科〉) 医
340 東京情報大学
341 東京女子大学
342 東京女子医科大学(医学部) 医
343 東京電機大学
344 東京都市大学
345 東京農業大学
346 東京薬科大学(薬学部) 総推
347 東京薬科大学(生命科学部) 総推
348 東京理科大学(理学部〈第一部〉ーB方式)
349 東京理科大学(創域理工学部ーB方式・S方式)
350 東京理科大学(工学部ーB方式)
351 東京理科大学(先進工学部ーB方式)
352 東京理科大学(薬学部ーB方式)
353 東京理科大学(経営学部ーB方式)
354 東京理科大学(C方式、グローバル方式、理学部〈第二部〉ーB方式)
355 東邦大学(医学部) 医
356 東邦大学(薬学部)

2025年版　大学赤本シリーズ

私立大学②

357 東邦大学（理・看護・健康科学部）
358 東洋大学（文・経済・経営・法・社会・国際・国際観光学部）
359 東洋大学（情報連携・福祉社会デザイン・健康スポーツ科・理工・総合情報・生命科・食環境科学部）
360 東洋大学（英語〈3日程×3カ年〉）
361 東洋大学（国語〈3日程×3カ年〉）
362 東洋大学（日本史・世界史〈2日程×3カ年〉）
363 東洋英和女学院大学
364 常磐大学・短期大学 [総推]
365 獨協大学
366 獨協医科大学（医学部） [医]

な行（関東の大学）

367 二松学舎大学
368 日本大学（法学部）
369 日本大学（経済学部）
370 日本大学（商学部）
371 日本大学（文理学部〈文系〉）
372 日本大学（文理学部〈理系〉）
373 日本大学（芸術学部〈専門試験併用型〉）
374 日本大学（国際関係学部）
375 日本大学（危機管理・スポーツ科学部）
376 日本大学（理工学部）
377 日本大学（生産工・工学部）
378 日本大学（生物資源科学部）
379 日本大学（医学部） [医]
380 日本大学（歯・松戸歯学部）
381 日本大学（薬学部）
382 日本大学（N全学統一方式－医・芸術〈専門試験併用型〉学部を除く）
383 日本医科大学 [医]
384 日本工業大学
385 日本歯科大学
386 日本社会事業大学 [総推]
387 日本獣医生命科学大学
388 日本女子大学
389 日本体育大学

は行（関東の大学）

390 白鷗大学（学業特待選抜・一般選抜）
391 フェリス女学院大学
392 文教大学
393 法政大学（法〈Ⅰ日程〉・文〈Ⅱ日程〉・経営〈Ⅱ日程〉学部－A方式）
394 法政大学（法〈Ⅱ日程〉・国際文化・キャリアデザイン学部－A方式）
395 法政大学（文〈Ⅰ日程〉・経営〈Ⅰ日程〉・人間環境・グローバル教養学部－A方式）
396 法政大学（経済〈Ⅰ日程〉・社会〈Ⅰ日程〉・現代福祉学部－A方式）
397 法政大学（経済〈Ⅱ日程〉・社会〈Ⅱ日程〉・スポーツ健康学部－A方式）
398 法政大学（情報科・デザイン工・理工・生命科学部－A方式）
399 法政大学（T日程〈統一日程〉・英語外部試験利用入試）
400 星薬科大学 [総推]

ま行（関東の大学）

401 武蔵大学
402 武蔵野大学
403 武蔵野美術大学
404 明海大学
405 明治大学（法学部－学部別入試）
406 明治大学（政治経済学部－学部別入試）
407 明治大学（商学部－学部別入試）
408 明治大学（経営学部－学部別入試）
409 明治大学（文学部－学部別入試）
410 明治大学（国際日本学部－学部別入試）
411 明治大学（情報コミュニケーション学部－学部別入試）
412 明治大学（理工学部－学部別入試）
413 明治大学（総合数理学部－学部別入試）
414 明治大学（農学部－学部別入試）
415 明治大学（全学部統一入試）
416 明治学院大学（A日程）
417 明治学院大学（全学部日程）
418 明治薬科大学 [総推]
419 明星大学
420 目白大学・短期大学部

ら・わ行（関東の大学）

421 立教大学（文系学部－一般入試〈大学独自の英語を課さない日程〉）
422 立教大学（国語〈3日程×3カ年〉）
423 立教大学（日本史・世界史〈2日程×3カ年〉）
424 立教大学（文学部－一般入試〈大学独自の英語を課す日程〉）
425 立教大学（理学部－一般入試）
426 立正大学
427 早稲田大学（法学部）
428 早稲田大学（政治経済学部）
429 早稲田大学（商学部）
430 早稲田大学（社会科学部）
431 早稲田大学（文学部）
432 早稲田大学（文化構想学部）
433 早稲田大学（教育学部〈文科系〉）
434 早稲田大学（教育学部〈理科系〉）
435 早稲田大学（人間科・スポーツ科学部）
436 早稲田大学（国際教養学部）
437 早稲田大学（基幹理工・創造理工・先進理工学部）
438 和洋女子大学 [総推]

中部の大学（50音順）

439 愛知大学
440 愛知医科大学（医学部） [医]
441 愛知学院大学・短期大学部
442 愛知工業大学 [総推]
443 愛知淑徳大学
444 朝日大学 [総推]
445 金沢医科大学（医学部） [医]
446 金沢工業大学
447 岐阜聖徳学園大学 [総推]
448 金城学院大学
449 至学館大学 [総推]
450 静岡理工科大学
451 椙山女学園大学
452 大同大学
453 中京大学
454 中部大学
455 名古屋外国語大学 [総推]
456 名古屋学院大学 [総推]
457 名古屋学芸大学 [総推]
458 名古屋女子大学 [総推]
459 南山大学（外国語〈英米〉・法・総合政策・国際教養学部）
460 南山大学（人文・外国語〈英米を除く〉・経済・経営・理工学部）
461 新潟国際情報大学
462 日本福祉大学
463 福井工業大学
464 藤田医科大学（医学部） [医]
465 藤田医科大学（医療科・保健衛生学部）
466 名城大学（法・経営・経済・外国語・人間・都市情報学部）
467 名城大学（情報工・理工・農・薬学部）
468 山梨学院大学

近畿の大学（50音順）

469 追手門学院大学 [総推]
470 大阪医科薬科大学（医学部） [医]
471 大阪医科薬科大学（薬学部） [総推]
472 大阪学院大学 [総推]
473 大阪経済大学 [総推]
474 大阪経済法科大学 [総推]
475 大阪工業大学 [総推]
476 大阪国際大学・短期大学部 [総推]
477 大阪産業大学 [総推]
478 大阪歯科大学（歯学部）
479 大阪商業大学 [総推]
480 大阪成蹊大学・短期大学 [総推]
481 大谷大学 [総推]
482 大手前大学・短期大学 [総推]
483 関西大学（文系）
484 関西大学（理系）
485 関西大学（英語〈3日程×3カ年〉）
486 関西大学（国語〈3日程×3カ年〉）
487 関西大学（日本史・世界史・文系数学〈3日程×3カ年〉）
488 関西医科大学（医学部） [医]
489 関西医療大学 [総推]
490 関西外国語大学・短期大学部 [総推]
491 関西学院大学（文・法・商・人間福祉・総合政策学部－学部個別日程）
492 関西学院大学（神・社会・経済・国際・教育学部－学部個別日程）
493 関西学院大学（全学部日程〈文系型〉）
494 関西学院大学（全学部日程〈理系型〉）
495 関西学院大学（共通テスト併用日程〈数学〉・英数日程）
496 関西学院大学（英語〈3日程×3カ年〉） [新]
497 関西学院大学（国語〈3日程×3カ年〉） [新]
498 関西学院大学（日本史・世界史・文系数学〈3日程×3カ年〉） [新]
499 畿央大学 [総推]
500 京都外国語大学・短期大学 [総推]
502 京都産業大学（公募推薦入試） [総推]
503 京都産業大学（一般選抜入試〈前期日程〉）
504 京都女子大学 [総推]
505 京都先端科学大学 [総推]
506 京都橘大学 [総推]
507 京都ノートルダム女子大学 [総推]
508 京都薬科大学 [総推]
509 近畿大学・短期大学部（医学部を除く－推薦入試） [総推]
510 近畿大学・短期大学部（医学部を除く－一般入試前期）
511 近畿大学（英語〈医学部を除く3日程×3カ年〉）
512 近畿大学（理系数学〈医学部を除く3日程×3カ年〉）
513 近畿大学（国語〈医学部を除く3日程×3カ年〉）
514 近畿大学（医学部－推薦入試・一般入試前期） [医] [総推]
515 近畿大学・短期大学部（一般入試後期） [医]
516 皇學館大学 [総推]
517 甲南大学 [総推]
518 甲南女子大学（学校推薦型選抜） [新] [総推]
519 神戸学院大学 [総推]
520 神戸国際大学 [総推]
521 神戸女学院大学 [総推]
522 神戸女子大学・短期大学 [総推]
523 神戸薬科大学 [総推]
524 四天王寺大学・短期大学部 [総推]
525 摂南大学（公募制推薦入試） [総推]
526 摂南大学（一般選抜前期日程）
527 帝塚山学院大学 [総推]
528 同志社大学（法、グローバル・コミュニケーション学部－学部個別日程）

2025年版　大学赤本シリーズ

私立大学③

529 同志社大学(文・経済学部−学部個別日程)
530 同志社大学(神・商・心理・グローバル地域文化学部−学部個別日程)
531 同志社大学(社会学部−学部個別日程)
532 同志社大学(政策・文化情報〈文系型〉・スポーツ健康科〈文系型〉学部−学部個別日程)
533 同志社大学(理工・生命医科・文化情報〈理系型〉・スポーツ健康科〈理系型〉学部−学部個別日程)
534 同志社大学(全学部日程)
535 同志社女子大学 総推
536 奈良大学 総推
537 奈良学園大学 総推
538 阪南大学 総推
539 姫路獨協大学 総推
540 兵庫医科大学(医学部) 医
541 兵庫医科大学(薬・看護・リハビリテーション学部) 総推
542 佛教大学 総推
543 武庫川女子大学 総推
544 桃山学院大学 総推
545 大和大学・大和大学白鳳短期大学部 総推
546 立命館大学(文系−全学統一方式・学部個別配点方式)／立命館アジア太平洋大学(前期方式・英語重視方式)
547 立命館大学(理系−全学統一方式・学部個別配点方式・理系型3教科方式・薬学方式)
548 立命館大学(英語〈全学統一方式3日程×3カ年〉)
549 立命館大学(国語〈全学統一方式3日程×3カ年〉)
550 立命館大学(文系選択科目〈全学統一方式2日程×3カ年〉)
551 立命館大学(IR方式〈英語資格試験利用型〉・共通テスト併用方式)／立命館アジア太平洋大学(共通テスト併用方式)
552 立命館大学(後期分割方式・「経営学部で学ぶ感性+共通テスト」方式)／立命館アジア太平洋大学(後期方式)
553 龍谷大学(公募推薦入試) 総推
554 龍谷大学(一般選抜入試)

中国の大学(50音順)

555 岡山商科大学 総推
556 岡山理科大学 総推
557 川崎医科大学 医
558 吉備国際大学 総推
559 就実大学 総推
560 広島経済大学
561 広島国際大学 総推
562 広島修道大学
563 広島文教大学 総推
564 福山大学／福山平成大学
565 安田女子大学 総推

四国の大学(50音順)

567 松山大学

九州の大学(50音順)

568 九州医療科学大学
569 九州産業大学
570 熊本学園大学
571 久留米大学(文・人間健康・法・経済・商学部)
572 久留米大学(医学部〈医学科〉) 医
573 産業医科大学(医学部) 医
574 西南学院大学(商・経済・法・人間科学部−A日程)
575 西南学院大学(神・外国語・国際文化学部−A日程／全学部−F日程)
576 福岡大学(医学部医学科を除く−学校推薦型選抜・一般選抜系統別日程) 総推
577 福岡大学(医学部医学科を除く−一般選抜前期日程)
578 福岡大学(医学部〈医学科〉−学校推薦型選抜・一般選抜系統別日程) 医 総推
579 福岡工業大学
580 令和健康科学大学 総推

医 医学部医学科を含む
総推 総合型選抜または学校推薦型選抜を含む
DL リスニング音声配信　新 2024年 新刊・復刊

掲載している入試の種類や試験科目，収載年数などはそれぞれ異なります。詳細については，それぞれの本の目次や赤本ウェブサイトでご確認ください。

akahon.net
赤本　検索

難関校過去問シリーズ

出題形式別・分野別に収録した
「入試問題事典」
20大学 73点
定価**2,310～2,640**円(本体2,100～2,400円)

先輩合格者はこう使った!
「難関校過去問シリーズの使い方」

61年，全部載せ!
要約演習で，総合力を鍛える

東大の英語
要約問題 UNLIMITED

国公立大学

東大の英語25カ年[第12版] 改
東大の英語リスニング20カ年[第9版] DL 改
東大の英語 要約問題 UNLIMITED
東大の文系数学25カ年[第12版] 改
東大の理系数学25カ年[第12版] 改
東大の現代文25カ年[第12版] 改
東大の古典25カ年[第12版] 改
東大の日本史25カ年[第9版] 改
東大の世界史25カ年[第9版] 改
東大の地理25カ年[第9版] 改
東大の物理25カ年[第9版] 改
東大の化学25カ年[第9版] 改
東大の生物25カ年[第9版] 改
東工大の英語20カ年[第8版] 改
東工大の数学20カ年[第9版] 改
東工大の物理20カ年[第5版] 改
東工大の化学20カ年[第5版] 改
一橋大の英語20カ年[第9版] 改
一橋大の数学20カ年[第9版] 改
一橋大の国語20カ年[第6版] 改
一橋大の日本史20カ年[第6版] 改
一橋大の世界史20カ年[第6版] 改
筑波大の英語15カ年 新
筑波大の数学15カ年 新
京大の英語25カ年[第12版]
京大の文系数学25カ年[第12版]
京大の理系数学25カ年[第12版]
京大の現代文25カ年[第2版]
京大の古典25カ年[第2版]
京大の日本史20カ年[第3版]
京大の世界史20カ年[第3版]
京大の物理25カ年[第9版]
京大の化学25カ年[第9版]
北大の英語15カ年[第8版]
北大の理系数学15カ年[第8版]
北大の物理15カ年[第2版]
北大の化学15カ年[第2版]
東北大の英語15カ年[第8版]
東北大の理系数学15カ年[第8版]
東北大の物理15カ年[第2版]
東北大の化学15カ年[第2版]
名古屋大の英語15カ年[第8版]
名古屋大の理系数学15カ年[第8版]
名古屋大の物理15カ年[第2版]
名古屋大の化学15カ年[第2版]
阪大の英語20カ年[第9版]
阪大の文系数学20カ年[第3版]
阪大の理系数学20カ年[第9版]
阪大の国語15カ年[第3版]
阪大の物理20カ年[第8版]
阪大の化学20カ年[第6版]
九大の英語15カ年[第8版]
九大の理系数学15カ年[第7版]
九大の物理15カ年[第2版]
九大の化学15カ年[第2版]
神戸大の英語15カ年[第9版]
神戸大の数学15カ年[第5版]
神戸大の国語15カ年[第3版]

私立大学

早稲田の英語[第11版] 改
早稲田の国語[第9版] 改
早稲田の日本史[第9版] 改
早稲田の世界史[第2版] 改
慶應の英語[第11版] 改
慶應の小論文[第3版] 改
明治大の英語[第9版] 改
明治大の国語[第2版] 改
明治大の日本史[第2版] 改
中央大の英語[第9版] 改
法政大の英語[第9版] 改
同志社大の英語[第10版]
立命館大の英語[第10版]
関西大の英語[第10版]
関西学院大の英語[第10版]

DL リスニング音声配信
新 2024年 新刊
改 2024年 改訂

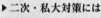

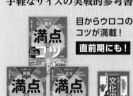

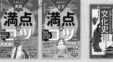

2025 年版　大学赤本シリーズ　No. 294

成蹊大学（文学部 − A 方式）

編　集　教学社編集部
発行者　上原 寿明
発行所　教学社
〒606-0031
京都市左京区岩倉南桑原町56
電話　075-721-6500
振替　01020-1-15695
印　刷　共同印刷工業

2024 年 7 月 25 日　第 1 刷発行
ISBN978-4-325-26352-4
定価は裏表紙に表示しています